金牌会计

国家一流本科专业精品教材
全国普通高等教育金牌会计丛书
上海市高校第六批应用型本科试点专业建设项目

# 会计学习题与案例集

陈丽英 ◎ 编著

上海财经大学出版社

**图书在版编目(CIP)数据**

会计学习题与案例集/陈丽英编著．—上海：上海财经大学出版社，2021.9

（全国普通高等教育金牌会计丛书）

ISBN 978-7-5642-3843-8/F・3843

Ⅰ．①会…　Ⅱ．①陈…　Ⅲ．①会计学-高等学校-习题集　Ⅳ．①F230-44

中国版本图书馆CIP数据核字(2021)第159123号

□ 责任编辑　林佳依
□ 封面设计　贺加贝

**会计学习题与案例集**

陈丽英　编著

上海财经大学出版社出版发行
（上海市中山北一路369号　邮编200083）
网　　址：http://www.sufep.com
电子邮箱：webmaster@sufep.com
全国新华书店经销
上海新文印刷厂有限公司印刷装订
2021年9月第1版　2021年9月第1次印刷

787mm×1092mm　1/16　12.75印张　326千字
印数：0 001—3 000　　定价：45.00元

# 总　序

自2009年以来，上海对外经贸大学会计学院基于深化教学改革，编写了“全国普通高等教育金牌会计丛书”，包括《基础会计学》《会计学》《中级财务会计》《高级财务会计》《审计学》《会计学案例》等教材及学习指导书。本系列教材第一版出版后，在一定程度上满足了我校和市场对会计系列教材的需求，取得了良好的社会效应。面对不断变化的会计环境，特别是会计行业中长期人才发展规划对会计人才队伍建设和高层次会计人才培养提出的新要求，2014年以后，我们以会计行业中的长期人才发展规划为依据，以培养学生提出问题、分析问题和解决问题的能力为重点，结合新的会计准则及相关规范制度对本系列第一版中的部分教材陆续进行了修订，比如修订了《初级会计学》和《审计学》。

近年来，随着大数据、人工智能、财务云、移动互联网等的发展，公司财务工作日趋标准化、便捷化、专业化及智能化，在“大智云移”条件下，会计核算及审计方法等将发生革命性变化。因此，如何将“大智云移”技术运用到会计审计领域，有效提高财务会计审计工作效率和服务质量，就成为会计审计理论界及实践界所关注的重要问题，相关政府部门对会计准则和审计准则也进行了修订，这就要求我们加强教材建设，不断完善会计审计教材，以满足高质量会计人才培养的需要。

教材质量直接关系着使用者的学习成效，关系着人才培养的质量，因此，上海对外经贸大学会计学院高度重视教材建设工作，在该系列教材编写、出版及使用的过程中，根据国家对会计人才培养目标的变化，新的国家法规、会计审计准则和制度等的不断颁布及修订，会计学科的不断发展和会计技术的不断更新，以及学习者对会计知识需求的不断增加，对教材进行了及时更新。相对本系列教材的第二版来说，本次修订出版的系列教材除了保持第二版的编写体例等技术层面的原有特色外，注重对教材内容的更新及创新，注重理论联系实践及对学生应用能力的培养，使之更加突出新知识和实务技能，使其具有更强的针对性、实用性和可操作性。为了有效地将“教”与“学”有机地联系起来，我们力争在科学界定和阐释基本概念、基本知识、基本技能的基础上，有针对性地增加教材内容的系统性、方法的先进性和能力的针对性。本次组织编写的系列丛书还将根据培养计划、培养目标与“大智云移”技术对会计审计实践的影响，陆续出版《基础会计学》《审计学》《财务管理学》《政府审计学》《大数据会计与审计》《ERP 沙盘模拟实训》《SAP 管理系统的审计模拟实训》《会计学习题集》《会计、财务管理、审计教学案例集》等教材。

一套教材只有经过不断修订才能成为精品。本系列教材第一版的出版已经过去了整整十年，其间我们对部分教材进行了修订。该套教材经过我校及相关高校广大师生的多轮教学使用，经过社会大众学习者的实践检验，已经日臻完善，我们也从中积累了丰富的使用及编写经验。我们相信，体系更加成熟、内容更加实用的新版系列教材的陆续问世，可以进一步满足广大会计师生日益增长的教学需求。

本系列教材得到了上海市高校第六批应用型本科试点专业建设的大力支持。

本系列教材不仅适用于高等院校会计、财务管理和审计专业的教学，而且适合作为财务会计审计领域在职培训教材以及业务学习的参考用书。

**从书编委会**

2021 年 5 月

# 前　言

会计学是经济管理类学生必修的一门基础课，对培养学生获取财务信息、理解经济运行具有重要的作用。然而，在编者多年的教学实践以及对同行院校的调研和沟通中发现，学生对这门课的掌握程度普遍较差，尤其是对非会计专业的学生来说，挂科率较高，教学效果不太理想。究其原因，主要是会计学课程入门较难，许多概念与原理晦涩难懂，仅靠教师课堂讲授效果甚微，必须辅之以一定的练习才能提高学习效果。而目前市面上的练习册众多，难度不一，真正适合零基础、非专业学生系统学习的配套习题少之又少。这也是我们编撰这本习题与案例集的最大初衷，希望能够真正帮助学生掌握会计原理，提高实务技能。

《会计学习题与案例集》2021 年 8 月推出第 1 版，本书适用于经管类非专业学生学习，可作为商学院或经济管理学院本科生会计学课程的学习用书，也可用作金融学、经济学、统计学等相关学科的专业选修课指导用书。

本书旨在帮助读者朋友切实提高财务思维，培养研究型学习能力，掌握会计技能。结合一线教师多年的会计学教学实践，书中系统梳理了会计学学习中的关键知识点和易错点，编撰了大量对应的具有较高效度的习题。相关的习题与案例是编者教学心血的凝结，以期能帮助读者朋友牢牢掌握会计学的基本原理和方法，增强理解和实践应用能力。

本书得到了国家一流本科专业建设及上海市高校第六批应用型本科试点专业建设的资助和支持，上海财经大学出版社的编辑们提供了大量的帮助，在此一并致谢。

由于编者水平有限，书中难免存在疏漏及错误之处，敬请批评指正。

编者
2021 年 8 月

# 目　录

# 第1章　总　论

## 一、单项选择题

1. 将企业资产和负债区分为流动和长期的前提是(　　)。

A. 会计主体　　B. 持续经营　　C. 会计分期　　D. 货币计量

2. 确立会计核算空间范围所依据的会计基本假设是(　　)。

A. 会计主体　　B. 持续经营　　C. 会计分期　　D. 货币计量

3. 建立货币计量假设的基础是(　　)。

A. 币值变动　　B. 人民币　　C. 记账本位币　　D. 币值不变

4. 会计的基本职能是(　　)。

A. 反映和管理　　B. 控制和监督

C. 反映和监督　　D. 反映和分析

5. 会计所使用的主要计量尺度是(　　)。

A. 实物量度　　B. 劳动量度

C. 货币量度　　D. 实物量度和货币量度

6. 从核算效益看，对所有会计事项不分轻重和繁简详略，采用完全相同的处理方法，不符合会计的(　　)要求。

A. 重要性　　B. 谨慎性　　C. 相关性　　D. 可比性

7. 会计分期这一会计基本假设为(　　)奠定了基础。

A. 权责发生制会计基础　　B. 可比性要求

C. 可靠性要求　　D. 谨慎性要求

8. 某企业的存货发出方法，前年采用了先进先出法，上年采用了加权平均法，今年又改用移动加权平均法，这种做法主要违背了会计的(　　)要求。

A. 重要性　　B. 可比性　　C. 可理解性　　D. 谨慎性

9. 存货期末计价采用成本与可变现净值孰低法，体现了会计的(　　)要求。

A. 可比性　　B. 可靠性　　C. 谨慎性　　D. 可理解性

10. 对可能无法收回的应收账款作信用减值损失处理，体现了(　　)会计信息质量的要求。

A. 谨慎性　　B. 客观性　　C. 重要性　　D. 实质重于形式

11. 企业将采用融资租赁方式租入的固定资产作为自有资产入账，主要体现的信息质量要求是(　　)。

A. 及时性　　B. 实质重于形式

C. 谨慎性　　D. 可靠性

12. 企业本月收到上月赊销产品款 20 000 元，本月销售产品 40 000 元，收到货款 30 000

元,余款尚未收到。按权责发生制原则,本月实现的产品销售收入为(　　)元。

A. 20 000　　B. 30 000　　C. 40 000　　D. 60 000

13. 会计核算要公私分明,即要严格区分公司所有者的活动和企业的正常活动以及企业与企业之间的活动,为此,会计需要遵循(　　)的假设。

A. 持续经营　　B. 会计主体　　C. 币值稳定　　D. 会计分期

14. (　　)是反映企业某一特定日期财务状况的报表。

A. 所有者权益变动表　　B. 现金流量表

C. 利润表　　D. 资产负债表

15. (　　)不是我国常见的会计期间。

A. 1月1日起至12月31日　　B. 1月1日起至6月30日

C. 6月1日起至9月30日　　D. 2月1日起至2月28日

16. 导致权责发生制的产生等会计处理方法的运用的基本前提或原则是(　　)。

A. 会计主体　　B. 持续经营　　C. 会计分期　　D. 货币计量

17. 我国企业会计中对收入和费用进行确认计量的基础是(　　)。

A. 实地盘存制　　B. 永续盘存制

C. 权责发生制　　D. 收付实现制

18. 下列事项中,能够引起资产总额增加的是(　　)。

A. 从银行提取现金　　B. 接受投资者投资

C. 以银行存款偿还债务　　D. 将资本公积转增资本

19. 资产、负债、所有者权益是(　　)。

A. 表示企业财务成果的会计要素　　B. 表示企业财务状况的会计要素

C. 表示企业经营成果的会计要素　　D. 表示企业经营状况的会计要素

20. 负债是指企业由于过去交易或事项形成的(　　)。

A. 现时义务　　B. 将来义务　　C. 过去义务　　D. 永久义务

## 二、多项选择题

1. 下列各项中,符合会计谨慎性要求的有(　　)。

A. 采用备抵法计提坏账准备

B. 采用加速折旧法计提固定资产折旧

C. 采用直线法计提折旧

D. 对存货的计价采用成本与可变现净值孰低法

E. 采用加权平均法计算存货发出成本

2. 可比性原则是指(　　)应当相互可比。

A. 不同企业相同会计期间可比　　B. 不同企业不同会计期间可比

C. 同一企业相同时期可比　　D. 同一企业不同时期可比

E. 以上均可

3. 下列会计处理方法中,(　　)体现了会计信息质量的谨慎性要求。

A. 将以融资租赁方式租入的资产视为企业的资产,列入企业的资产负债表

B. 对于附加售后回购协议的销售业务,不确认收入

C. 对可能发生的资产减值损失计提资产减值准备

D. 对售出商品可能发生的保修义务确认预计负债

4. 现金流量表反映了企业的(  )的现金流量。

A. 股利分配活动 B. 投资活动

C. 筹资活动 D. 经营活动

5. 会计假设是会计核算的前提,目前公认的几个会计假设包括(  )。

A. 会计分期 B. 持续经营 C. 货币计价 D. 成本计算

E. 会计主体

6. 下列有关企业会计基础的表述中,正确的有(  )。

A. 在权责发生制下,凡不属于当期的费用,即使款项已在当期支付,也不应作为当期费用计入利润表

B. 在收付实现制下,凡属于当期的收入,即使款项在当期尚未收取,也应作为当期收入计入利润表

C. 收付实现制的会计基础,是企业会计核算的主要依据

D. 权责发生制的会计基础,在企业会计核算中发挥了统驭作用

7. 采用权责发生制基础时,下列各项业务中不能确认为当期费用的有(  )。

A. 支付上个月房租 B. 计提本月短期借款利息

C. 支付下年的报纸、杂志费 D. 预付下季度房租

8. 企业的利益相关者主要有(  )。

A. 政府 B. 投资者 C. 顾客 D. 员工

E. 债权人

9. 下列各项中,属于会计信息质量要求的有(  )。

A. 重要性 B. 实质重于形式

C. 会计分期 D. 货币计量

10. 属于会计中期的会计期间有(  )。

A. 年度 B. 半年度 C. 季度 D. 月度

11. 下列属于会计核算基本前提的有(  )。

A. 持续经营 B. 会计分期 C. 会计主体 D. 货币计量

12. 下列各项中,属于反映企业财务状况的会计要素有(  )。

A. 资产 B. 负债 C. 收入 D. 费用

13. 下列各项中,属于流动资产的有(  )。

A. 应收账款 B. 预付账款 C. 无形资产 D. 存货

14. 资产的基本特征包括(  )。

A. 资产是由企业过去的交易或者事项形成的

B. 资产应为企业拥有或控制

C. 资产能够为企业带来未来的经济利益

D. 资产是企业将来要清偿的义务

15. 负债按流动性可分为(  )。

A. 流动负债 B. 非流动负债 C. 或有负债 D. 经营负债

16. 下列属于流动负债的有(  )。

A. 应付票据 B. 应付账款

C. 一年内到期的长期借款　　　　D. 应交税费

## 三、判断题

1. 会计主体不同于法律主体。一般来说，会计主体必然是一个法律主体，法律主体不一定是会计主体。（　　）

2. 我国规定以日历年度作为企业的会计年度，即以公历 1 月 1 日至 12 月 31 日止为一个会计年度，因而企业无须按季、按月编制会计报表，因为季度和月度不能作为会计期间。（　　）

3. 对融资租入的固定资产虽然企业能实际控制，但不拥有所有权，故不能将其作为企业的资产予以确认。（　　）

4. 会计的基本职能是以货币为计量形式，对经济活动进行反映和监督。（　　）

5. 某一会计事项是否具有重要性，很大程度取决于会计人员的职业判断，所以对于同一会计事项，在某一企业具有重要性，在另一个企业则可能不具有重要性。（　　）

6. 会计核算只能用货币作为计量单位。（　　）

7. 会计期间的划分，既是及时提供会计信息的前提，又是可比性要求产生的基础。（　　）

8. 持续经营的假设是会计核算的基本前提之一，是使会计信息保持一致性和稳定性的基础。（　　）

9. 为了保持会计信息的可比性，企业一旦选用某一种会计程序和方法，就不应改变。（　　）

10. 会计主体与法人主体是同一概念。（　　）

11. 会计主体是指经营性企业，不包括行政机关和事业单位。（　　）

12. 我国的会计年度为自公历 1 月 1 日起至 12 月 31 日止。（　　）

13. 会计核算必须以实际发生的经济业务及证明经济业务发生的合法凭证为依据，表明会计核算应当遵守真实性原则。（　　）

14. 资产负债表是根据各总账账户和明细账户本期发生额编制的反映一定时期企业财务状况的会计报表。（　　）

15. 资产负债表是以“资产＝负债＋所有者权益”会计等式的原理设置的。（　　）

16. 资产负债表中资产项目是按照其流动性由强到弱的顺序排列的。（　　）

17. 企业应当遵循交易或者事项的法律形式进行会计确认、计量和报告而不需要考虑交易或者事项的经济实质。（　　）

18. 企业没有将商品所有权上的主要风险和报酬转移给购货方，即使签订了商品销售合同并将商品交付给购货方，也不应当确认销售收入。这一说法，充分体现了实质重于形式的会计信息质量要求。（　　）

19. 持续经营假设是会计核算的前提。（　　）

20. 在权责发生制会计处理基础要求下，企业本期收到货币资金就意味着本期收入的增加。（　　）

21. 利润表反映了企业某一时点的经营成果。（　　）

22. 在权责发生的基础下凡是当期已经实现的收入和应当负担的费用，只要在当期没有实际收到和付出，都不能作为当期的收入和费用。（　　）

23. 会计主体假设确立了会计核算的空间范围，持续经营假设与会计分期假设确立了会计核算的时间长度，而货币计量假设则为会计核算提供了必要手段。 ( )

24. 法人可以作为会计主体，但会计主体不一定是法人。 ( )

25. 会计主体所核算的生产经营活动也包括其他企业或投资者个人的其他生产经营活动。 ( )

26. 在持续经营的情况下，分期核算的会计期间是人为划分的。 ( )

27. 财务会计报告使用者包括投资者、债权人、政府及有关部门和社会公众等。 ( )

# 第 2 章　会计循环

## 一、单项选择题

1. 复式记账是指对发生的每一项经济业务，都要以相等的金额、相反的方向，在(　　)中进行登记的方法。

A. 两个账户　　B. 两个或两个以上的账户

C. 相互关联的两个账户　　D. 两个或两个以上相互关联的账户

2. 记账凭证上记账栏中"√"记号表示(　　)。

A. 已经登记入账　　B. 已经审核

C. 此凭证作废　　D. 此凭证编制正确

3. 记账凭证是根据(　　)填制的。

A. 经济业务　　B. 原始凭证

C. 账簿记录　　D. 审核无误的原始凭证

4. 下列原始凭证中属于外来原始凭证的是(　　)。

A. 购货发票　　B. 工资结算汇总表

C. 发出材料汇总表　　D. 领料单

5. 填制会计凭证是(　　)的前提和依据。

A. 成本计算　　B. 编制会计报表

C. 登记账簿　　D. 设置账户

6. 企业对外披露的会计信息需要经过会计的加工和整理。会计信息的生成一般按(　　)的顺序进行。

A. 会计凭证→会计账簿→会计报表　　B. 会计报表→会计凭证→会计账簿

C. 会计账簿→会计凭证→会计报表　　D. 会计凭证→会计报表→会计账簿

7. 账户的贷方反映的是(　　)。

A. 费用的增加　　B. 所有者权益的减少

C. 收入的增加　　D. 负债的减少

8. 收入类账户的结构与所有者权益账户的结构(　　)。

A. 完全一致　　B. 相反　　C. 基本相同　　D. 无关

9. 下列错误中能够通过试算平衡查找的是(　　)。

A. 重记经济业务　　B. 漏记经济业务

C. 借贷方向相反　　D. 借贷金额不等

10. 登记总账与所属明细账的方法是(　　)。

A. 根据总账记明细账　　B. 根据明细账记总账

C. 根据会计凭证平行登记　　D. 先记总账后记明细账

11. 在借贷记账法下,负债、所有者权益、收入账户贷方表明(　　)。

A. 负债、所有者权益和收入增加　　B. 资产、成本和费用增加

C. 负债、所有者权益和收入减少　　D. 资产、损益减少

12. 现金和银行存款日记账属于(　　)。

A. 备查账簿　　B. 序时账簿　　C. 分类账簿　　D. 订本账簿

13. 下列各账户,年末可能有余额的是(　　)。

A. 管理费用　　B. 资产减值损失

C. 营业外收入　　D. 预付账款

14. 下列错误中(　　)能通过试算平衡发现。

A. 某项经济业务未登记入账　　B. 只登记借方金额未登记贷方金额

C. 应借应贷的账户中借贷方向记反　　D. 某项经济业务重复登账

15. 会计循环的顺序是(　　)。

A. 原始凭证、记账凭证、账簿→试算→调整→编表→结账

B. 编制凭证、分录、账簿、试算、编表、结账

C. 原始凭证、分录、账簿、试算、调整、结账、编表

D. 记账凭证、日记账、试算、调整、编表、结账

16. A 公司从 B 公司赊购一批钢材,该项业务会引起 A 公司(　　)。

A. 所有者权益增加,负债增加　　B. 资产增加,负债增加

C. 负债增加,所有者权益减少　　D. 资产增加,负债不变

17.(　　)是会计工作的起点和关键。

A. 填制和审核会计凭证　　B. 编制会计分录

C. 登记会计账簿　　D. 编制会计报表

18. 对所属的明细分类科目起着统驭作用的会计科目是(　　)。

A. 三级科目　　B. 一级科目　　C. 二级科目　　D. 明细科目

19. 下列表述中,正确的是(　　)。

A."制造费用"是费用类科目

B."利润分配"不必设明细科目

C."应收账款"下按照欠款客户设置明细账

D."累计折旧"不属于资产类科目

20. 会计科目按其所提供信息的详细程度及其统驭关系不同,分为(　　)和明细分类科目。

A. 二级明细科目　　B. 总分类科目

C. 三级明细科目　　D. 特殊明细科目

21."营业外收入"账户属于(　　)。

A. 收入类账户　　B. 所有者权益类账户

C. 损益类账户　　D. 负债类账户

22. 采购员王珂为报销差旅费填制的差旅费报销单属于(　　)。

A. 原始凭证　　B. 记账凭证　　C. 收款凭证　　D. 付款凭证

23. 银行存款日记账是由出纳员根据审核后的有关银行存款收、付款凭证,逐日逐笔顺序登记,每日结出账面余额,便于定期同银行送来的(　　)逐笔核对。

A. 银行存款余额表　　B. 对账单
C. 银行存款余额调节表　　D. 其他资料
24. 下列总分类账与明细分类账关系的表述中,错误的是(　　)。
A. 总分类账与明细分类账所反映的经济业务是相同的
B. 总分类账与明细分类账所反映的经济业务的详细程度是相同的
C. 登记总分类账与登记明细分类账的原始依据是相同的
D. 总分类账对所属明细分类账起着统驭控制作用,明细分类账对有关总分类账起着补充说明作用
25. 备抵账户余额与被调整账户余额的方向(　　)。
A. 相同　　B. 相反
C. 无联系　　D. 可能相同也可能相反
26. 下列式子中,正确地表述了账户的金额要素之间基本关系的是(　　)。
A. 期末余额=期初余额+本期增加发生额-本期减少发生额
B. 期末余额=本期增加发生额-本期减少发生额
C. 期初余额=期末余额-本期减少发生额+本期增加发生额
D. 期末余额=本期增加发生额
27. 账户的基本结构包括(　　)。
A. 会计科目、日期、金额、附件
B. 会计科目、凭证编号、日期、摘要、增减金额、余额
C. 借方、贷方、余额
D. 会计科目、借方、贷方、金额
28. 以下不符合借贷记账法的记账规则的是(　　)。
A. 资产、资本同时减少　　B. 两项资产同时增加
C. 资产、负债同时增加　　D. 资产、负债同时减少
29. 借贷记账法下的发生额平衡是由(　　)决定的。
A.“有借必有贷,借贷必相等”的规则　　B. 账户的结构
C.“资产=权益”的等式　　D. 平行登记
30. 借贷记账法是以“借”“贷”作为(　　)的一种复式记账方法。
A. 账户结构　　B. 账户对应关系
C. 记账规则　　D. 记账符号

## 二、多项选择题

1. 下列账户中属于所有者权益类账户(会计科目)的有(　　)。
A. 盈余公积　　B. 资本公积　　C. 应付债券　　D. 固定资产
E. 实收资本
2. 在借贷记账法下,下列各账户本期增加的金额记入借方的有(　　)。
A. 银行存款　　B. 实收资本　　C. 主营业务收入　　D. 销售费用
3. 下列账户中属于资产类账户(会计科目)的有(　　)。
A. 现金　　B. 实收资本　　C. 应收账款　　D. 长期借款
E. 短期借款

4. 借贷记账法的记账符号“贷”对于下列会计要素表示增加的有(　　)。

A. 所有者权益　B. 收入　C. 资产　D. 负债

E. 利润

5. 下列账户中,属于负债类账户(会计科目)的有(　　)。

A. 其他货币资金　B. 预收账款　C. 长期借款　D. 应交税费

E. 应付利息

6. 期末结转后无余额的账户有(　　)。

A. 库存商品　B. 销售费用　C. 主营业务成本　D. 实收资本

7. 属于会计中期的会计期间有(　　)。

A. 年度　B. 半年度　C. 季度　D. 月度

8. 下列属于会计核算基本前提的有(　　)。

A. 持续经营　B. 会计分期　C. 会计主体　D. 货币计量

9. 下列各项中,属于反映企业财务状况的会计要素有(　　)。

A. 资产　B. 负债　C. 收入　D. 费用

10. 下列各项中,属于流动资产的有(　　)。

A. 应收账款　B. 预付账款　C. 无形资产　D. 存货

11. 资产的基本特征包括(　　)。

A. 资产是由企业过去的交易或者事项形成的

B. 资产应为企业拥有或控制

C. 资产能够为企业带来未来的经济利益

D. 资产是企业将来要清偿的义务

12. 负债按流动性可分为(　　)。

A. 流动负债　B. 非流动负债　C. 或有负债　D. 经营负债

13. 下列属于流动负债的有(　　)。

A. 应付票据　B. 应付账款

C. 一年内到期的长期借款　D. 应交税费

## 三、判断题

1. 在借贷记账法下,全部账户本期借方发生额合计数等于全部账户本期贷方发生额合计数,则记账工作肯定无错。(　　)

2. 总分类账户和明细分类账户应该平行登记。(　　)

3. 通过试算平衡检查账簿记录后,若左右平衡,则记账没有错误。(　　)

4. 在永续盘存制下,仍然需要进行实地盘存,以查明账实是否相符。(　　)

5. 借贷记账法的借表示增加,贷表示减少。(　　)

6. 利润表反映了企业某一时点的经营成果。(　　)

7. 借贷复式记账法的基本原则是“有借必有贷,借贷必相等”。(　　)

8. 会计主体假设确立了会计核算的空间范围,持续经营假设与会计分期假设确立了会计核算的时间长度,而货币计量假设则为会计核算提供了必要手段。(　　)

9. 法人可以作为会计主体,但会计主体不一定是法人。(　　)

10. 会计主体所核算的生产经营活动也包括其他企业或投资者个人的其他生产经营

活动。 (　　)

11. 在持续经营的情况下，分期核算的会计期间是人为划分的。 (　　)

12. 财务会计报告使用者包括投资者、债权人、政府及有关部门和社会公众等。 (　　)

# 第3章　货币资金及应收款项

## 一、单项选择题

1. 下列各项中，不通过其他货币资金核算的是(　　)。

A. 信用证存款　　B. 信用卡存款

C. 银行汇票存款　　D. 备用金

2. 在记账无误的情况下，银行对账单与银行存款日记账账面余额不一致的原因是由于(　　)。

A. 暂收和暂付款　　B. 应收账款

C. 应付账款　　D. 未达账项

3. 企业平时发现现金短款，在查明原因处理之前，应在以下账户核算(　　)。

A. “其他应收款”　　B. “其他应付款”

C. “待处理财产损溢”　　D. “财务费用”

4. 某企业“应收账款”明细账借方余额合计为280 000元，明细账贷方余额合计为73 000元，坏账准备贷方余额为680元，则资产负债表的“应收账款”项目为(　　)元。

A. 207 000　　B. 279 320　　C. 206 320　　D. 280 000

5. 某企业销售商品一批，增值税专用发票上标明的价款为60万元，适用的增值税税率为13%，为购买方代垫运杂费为2万元，款项尚未收回。该企业确认的应收账款为(　　)万元。

A. 60　　B. 69.8　　C. 70.2　　D. 72.2

6. 某企业某年终“应收账款”账户所属的各明细账户中，有借方余额的明细账户的合计数为8 000元，有贷方余额的明细账户的合计数为4 000元；“预收账款”账户所属的各明细账户中，有借方余额的明细账户的合计数为3 000元，有贷方余额的明细账户的合计数为2 000元。则年末资产负债表上“预收账款”项目应填写的金额为(　　)元。

A. 3 000　　B. −1 000　　C. 6 000　　D. 2 000

7. “应收账款”账户初期余额为5 000元，本期借方发生额为6 000元，贷方发生额为4 000元，则期末余额为(　　)元。

A. 借方5 000　　B. 贷方3 000

C. 借方7 000　　D. 贷方2 000

8. 销售产品一批，价目表标明售价(不含税)20 000元，商业折扣条件为10%，增值税税率为13%。应收账款的初始入账金额为(　　)元。

A. 21 060　　B. 23 400　　C. 20 428.2　　D. 20 340

9. 企业将持有的不带息商业汇票向银行申请贴现，支付给银行的贴现息应记入的会计科目是(　　)。

A. “管理费用”　　B. “投资收益”　　C. “营业外支出”　　D. “财务费用”

10. 下列不属于其他货币资金的是(　　)。

A. 银行本票存款　　B. 商业汇票存款

C. 信用卡存款　　D. 信用证存款

11. 下列各项中,属于"其他应收款"科目核算内容的是(　　)。

A. 应收的劳务款　　B. 为购货单位垫付的运费

C. 应收的销售商品款　　D. 为职工垫付的房租

12. 2020 年 12 月 31 日,某企业应收账款账面余额为 1 200 万元,预计未来现金流量现值为 600 万元;计提坏账准备前,企业坏账准备贷方账户余额为 350 万元,不考虑其他因素,当日该企业应计提的坏账准备为(　　)万元。

A. 600　　B. 250　　C. 1 200　　D. 350

13. 企业在现金清查中发现现金短缺,无法查明原因,经批准后应记入的会计科目是(　　)。

A. "管理费用"　　B. "营业外支出"

C. "财务费用"　　D. "其他业务成本"

14. 企业将款项汇往异地银行开设采购专户,根据收到的银行汇款凭证回单联,应借记的会计科目是(　　)。

A. "其他应收款"　　B. "应收账款"

C. "其他货币资金"　　D. "材料采购"

15. 下列各项中,应记入资产负债表"其他应收款"项目的是(　　)。

A. 应付经营租赁固定资产的租金　　B. 销售商品应收取的包装物租金

C. 应付租入包装物的租金　　D. 无力支付到期的银行承兑汇票

16. 某企业年初"坏账准备"科目贷方余额为 2 万元。当年将无法收到的应收账款 1 万元确认为坏账。年末经评估,确定"坏账准备"科目贷方应保留的余额为 3.5 万元,不考虑其他因素,该企业年末应计提的坏账准备为(　　)万元。

A. 2　　B. 3.5　　C. 2.5　　D. 1.5

17. 为了保证现金的安全完整,企业应当按规定对库存现金进行定期和不定期的清查,一般采用实地盘点法,对于清查的结果应当编制(　　)。

A. 银行存款余额调节表　　B. 往来款项对账单

C. 现金盘点报告单　　D. 实存账存对比表

18. 甲企业赊销一批产品,售价为 100 万元,增值税税率为 13%,甲企业给予购货 10%的商业折扣,则甲企业应确认的销售收入的金额为(　　)万元。

A. 100　　B. 127　　C. 90　　D. 86

19. 若企业已核销的坏账又重新收回,则应借记(　　)账户。

A. "财务费用"　　B. "应收账款"　　C. "坏账损失"　　D. "坏账准备"

20. 下列各项中,不应通过"其他应收款"科目核算的是(　　)。

A. 应向保险公司收取的理赔款　　B. 租入包装物支付的押金

C. 为购货方代垫的运杂费　　D. 为职工垫付的水电费

21. 甲企业 2019 年 11 月 1 日销售一批商品,并于当日收到面值 6 000 元、期限 3 个月、不带息的银行承兑汇票一张。12 月 31 日,该应收票据的账面价值为(　　)元。

A. 6 075　　B. 6 000　　C. 6 025　　D. 6 050

22. 2019年12月1日,某公司“坏账准备”科目贷方余额为1万元。12月16日,收回已作坏账转销的应收账款1万元。12月31日,应收账款账面金额为120万元。经评估,应收账款的账面价值为108万元,不考虑其他因素,12月31日该公司应计提的坏账准备金额为(　　)万元。

A. 13　　B. 12　　C. 11　　D. 10

23. 某企业为增值税一般纳税人,本月销售一批商品,商品标价为200万元(不含税),因为是批量购买,所以给予购买方10%的商业折扣,企业按折扣后的金额开具了增值税专用发票,税率13%。同时,为购买方垫付包装费1万元,保险费0.5万元,款项尚未收回。该企业应当确认的应收账款入账金额为(　　)万元。

A. 204.9　　B. 226　　C. 208.5　　D. 206.1

24. 企业在现金清查的过程中,如果发现应由保险公司赔偿的现金短缺,应计入(　　)。

A. 管理费用　　B. 财务费用

C. 其他应收款　　D. 以前年度损益调整

25. 甲公司2019年3月1日应收账款余额为2 350万元,当月赊销商品一批,价款1 200万元,增值税税额为156万元。当月收回应收账款500万元,前期核销的坏账当月重新收回20万元。甲公司根据预期信用损失计提坏账准备,计提比例为5%。则当月甲公司应当计提的坏账准备为(　　)万元。

A. 140.3　　B. 160.3　　C. 42.8　　D. 22.8

26. 某企业采用托收承付结算方式销售一批商品,增值税专用发票注明的价款为1 000万元,增值税税额为130万元,同时为客户代垫运输费5万元,全部款项已办妥托收手续。该企业应确认的应收账款为(　　)万元。

A. 1 135　　B. 1 130　　C. 1 005　　D. 1 000

27. 如果企业预付款项业务不多且未设置“预付账款”科目,企业预付给供应商的采购款项,应记入(　　)。

A. “应收账款”科目的借方　　B. “应付账款”科目的贷方

C. “应付账款”科目的借方　　D. “应收账款”科目的贷方

28. 下列各项中,不构成应收账款入账价值的是(　　)。

A. 代购货方垫付的装卸费　　B. 确认商品销售收入尚未收到的价款

C. 销售货物发生的商业折扣　　D. 代购货方垫付的运杂费

29. 无法查明原因的现金长、短款,经批准后应分别计入(　　)。

A. 营业外收入、营业外支出　　B. 营业外收入、管理费用

C. 营业外支出、营业外收入　　D. 管理费用、营业外支出

30. 企业库存现金的最高限额一般为(　　)天日常零星开支。

A. 3至5　　B. 10　　C. 15　　D. 20

31. 对库存现金的清查应采用的方法是(　　)。

A. 核对账目法　　B. 实地盘点法

C. 永续盘存制　　D. 实地盘存制

32. 企业银行存款日记账余额是150万元,与银行对账单不符,企业日记账和银行对账单差异包括:企业收到货款10万元,银行未入账;企业开出支票5万元,对方尚未到银行办理收款;银行代扣水电费2万元,企业尚未入账。调节之后的企业银行存款余额为(　　)万元。

A. 160　　B. 165　　C. 152　　D. 148

33. 某企业月末银行存款日记账余额 80 000 元，经查有四笔未达账项：企业已付银行未付款 3 000 元；企业已收银行未收款 5 000 元；银行已收企业未收款 10 000 元；银行已付企业未付款 4 000 元。则调节后存款余额为(　　)元。

A. 82 000　　B. 86 000　　C. 90 000　　D. 84 000

34. 下列经济业务中，不会引起资产总额发生增减变化的是(　　)。

A. 接受投资者投资，款项存入银行　　B. 从银行提取现金

C. 用银行存款偿还其他应付款　　D. 采购材料入库，暂未付款

35. 下列各项中，不会引起其他货币资金发生变动的是(　　)。

A. 企业销售商品收到商业汇票

B. 企业用银行本票购买办公用品

C. 企业将款项汇往外地开立采购专业账户

D. 企业为购买基金将资金存入在证券公司指定银行开立的账户

36. 在编制资产负债表时，“货币资金”项目的填制依据不包括(　　)。

A. 库存现金　　B. 银行存款

C. 基金　　D. 其他货币资金

37. 某企业年初“坏账准备”科目的贷方余额为 20 万元，本年收回上年已确认为坏账的应收账款 5 万元，年末经减值测试，确定“坏账准备”科目年末贷方余额应为 30 万元。不考虑其他因素，该企业年末应计提的坏账准备为(　　)万元。

A. 5　　B. 30　　C. 15　　D. 10

38. 下列各项中，在确认销售收入时不影响应收账款入账金额的是(　　)。

A. 销售价款　　B. 增值税销项税额

C. 主营业务成本　　D. 销售产品代垫的运杂费

39. 企业未设置“预付账款”科目，发生预付货款业务时应借记的会计科目是(　　)。

A. “预收账款”　　B. “其他应付款”

C. “应收账款”　　D. “应付账款”

## 二、多项选择题

1. 通过“其他货币资金”账户核算的结算方式有(　　)。

A. 银行本票　　B. 银行汇票　　C. 存出投资款　　D. 信用证

E. 外埠存款

2. 下列情况中，使企业银行存款日记账余额小于银行对账单余额的有(　　)。

A. 企业开出支票，对方未到银行兑现

B. 银行误将其他公司的存款记入本企业银行存款账户

C. 银行代扣水电费，企业尚未接到通知

D. 银行收到委托收款结算方式下结算款项，企业尚未收到通知

E. 银行结算企业本年度存款利息，企业尚未收到通知

3. 下列各项经济业务中，应记入“坏账准备”科目贷方的有(　　)。

A. 当期确认的坏账损失　　B. 当期应补提的坏账准备

C. 冲回多提的坏账准备　　D. 已转销的坏账当期又收回

4. 企业因销售商品发生的应收账款，其入账价值包括的内容有（　　）。

A. 销售商品的价款　　B. 增值税销项税额

C. 代购方垫付的运杂费　　D. 代购方垫付的包装费

5. 会导致企业银行存款日记账余额大于银行对账单的有（　　）。

A. 企业已经收款入账、银行尚未收款入账的款项

B. 企业已经付款入账、银行尚未付款入账的款项

C. 银行已经收款入账、企业尚未收款入账的款项

D. 企业、银行收付款同时入账

E. 银行已经付款入账、企业尚未付款入账的款项

6. 下列各项资产中，如果发生减值应计提坏账准备的有（　　）。

A. 预付账款　　B. 其他应收款　　C. 应收票据　　D. 应收账款

7. 现金溢缺的会计核算涉及的科目有（　　）。

A. "管理费用"　　B. "营业外支出"

C. "待处理财产损溢"　　D. "其他应收款"

E. 营业外收入

8. 下列各项中，属于"其他应收款"科目核算内容的有（　　）。

A. 租入包装物支付的押金

B. 出差人员预借的差旅费

C. 为职工垫付的水电费

D. 被投资单位已宣告但尚未发放的现金股利

9. 下列项目中，可以计入应收账款入账金额的有（　　）。

A. 应收的销项税额

B. 赊销货物时给予购货方的商业折扣

C. 为购货方垫付的运费

D. 应收出租包装物的租金

10. 下列各项中，应通过"其他应收款"科目核算的内容有（　　）。

A. 代购货单位垫付的运杂费　　B. 应收出租包装物租金

C. 应向职工收取的各种垫付款　　D. 应收保险公司的赔款

11. 甲企业为增值税一般纳税人，适用的增值税税率为13%。2020年5月1日，向乙企业销售一批商品，增值税专用发票注明的价格为80万元，增值税税额为10.4万元。实际成本为35万元。商品已发出，收到客户开具的商业承兑汇票结清全部款项。下列各项中，甲企业向乙企业销售商品会计处理表述正确的有（　　）。

A. 确认应收票据90.4万元　　B. 确认主营业务收入80万元

C. 结转主营业务成本35万元　　D. 确认应收账款90.4万元

12. 下列各项中，应在"坏账准备"账户借方登记的有（　　）。

A. 冲减已计提的坏账准备　　B. 计提坏账准备

C. 收回前期已核销的应收账款　　D. 核销实际发生的坏账损失

13. 甲公司于2020年6月1日向乙公司销售一批产品，货款为80 000元，增值税税率为13%，已开出增值税专用发票，并办理托收手续，乙公司开出一张3个月不带息商业承兑汇票。2020年9月1日，甲公司该票据到期，收回到期票款。下列选项中甲公司的会计处理正确的

有(　　)。

A. 借:应收票据　　90 400
　　贷:主营业务收入　　80 000
　　　　应交税费——应交增值税(销项税额)　　10 400

B. 借:银行存款　　90 400
　　贷:应收票据　　90 400

C. 借:银行存款　　80 000
　　贷:应收票据　　80 000

D. 借:应收票据　　80 000
　　贷:主营业务收入　　80 000

14. 下列各项中,应通过“其他货币资金”科目核算的有(　　)。

A. 申请开具信用证向银行交存的信用证保证金

B. 为购买有价证券向证券公司指定账户划出的资金

C. 销售商品收到购货方交来的商业汇票

D. 申请银行本票向银行转存的款项

15. 下列事项中,会引起企业应收账款期末账面价值发生增减变动的有(　　)。

A. 企业持有的商业承兑汇票到期承兑人尚未支付

B. 实际发生坏账损失

C. 期末计提坏账准备

D. 已转销的坏账又重新收回

16. 下列关于预付账款的表述中,正确的有(　　)。

A. 预付账款是因为购货等行为发生的

B. 预付款项不多的企业可以将预付的款项记入“应收账款”的贷方

C. 预付账款属于企业的资产

D. 预付账款的减少是在企业收到购买商品时

17. 某公司出纳小王在现金清查中,发现短缺500元,经查明系业务员李某报销时计算错误导致,经批准后由李某偿还。下列关于该项经济业务的会计处理,正确的有(　　)。

A. 借:其他应收款　　500
　　贷:待处理财产损溢　　500

B. 借:库存现金　　500
　　贷:待处理财产损溢　　500

C. 借:待处理财产损溢　　500
　　贷:库存现金　　500

D. 借:营业外支出　　500
　　贷:待处理财产损溢　　500

18. 甲公司收回上年度已作为坏账转销的丁公司应收账款140 000元,款项存入银行。下列各项中,会计处理正确的有(　　)。

A. 借:坏账准备　　140 000
　　贷:信用减值损失　　140 000

B. 借:应收账款　　140 000
　　贷:坏账准备　　140 000
C. 借:信用减值损失　　140 000
　　贷:坏账准备　　140 000
D. 借:银行存款　　140 000
　　贷:应收账款　　140 000

19. 下列各项中,关于企业现金溢余的会计处理表述正确的有(　　)。
A. 应支付给有关单位的现金溢余计入其他应付款
B. 无法查明原因的现金溢余计入营业外收入
C. 无法查明原因的现金溢余冲减管理费用
D. 应支付给有关单位的现金溢余计入应付账款

20. 下列各项中,可以使用现金结算的有(　　)。
A. 支付职工工资　　B. 购买国家规定的专控商品
C. 差旅费　　D. 向农民收购农产品

21. 下列有关企业进行库存现金盘点清查时的做法中,正确的有(　　)。
A. 库存现金的清查方法采用实地盘点法
B. 在盘点库存现金时,出纳人员必须在场
C. 经领导批准,借条、收据可以抵充现金
D. 库存现金盘点报告表需由盘点人员和出纳人员共同签章方能生效

22. 下列各项中,应列入资产负债表"应收账款"项目的有(　　)。
A. 预付职工差旅费　　B. 代购货单位垫付的运杂费
C. 销售产品应收取的款项　　D. 对外提供劳务应收取的款项

23. 下列各项中,应在资产负债表"预付款项"项目列示的有(　　)。
A."应付账款"科目所属明细账科目的借方余额
B."应付账款"科目所属明细账科目的贷方余额
C."预付账款"科目所属明细账科目的借方余额
D."预付账款"科目所属明细账科目的贷方余额

24. 下列业务中,应确认为债权的是(　　)。
A. 预收销货款　　B. 预付购货款
C. 应收销货款　　D. 预支差旅费

25. 流动资产包括(　　)。
A. 库存现金　　B. 原材料　　C. 应收账款　　D. 预付账款

## 三、判断题

1. 对于现金的清查,一般采用实地盘点法。　　(　　)
2. 坏账损失的转销在批准前和财产物资的盘亏盘盈一样需要通过"待处理财产损溢"账户进行核算。　　(　　)
3. 在有商业折扣的情况下,会计上对应收账款的确认应以折扣后的金额作为入账价值。　　(　　)
4. 预付账款与应收账款都属于企业的债权,并且都产生于商品交易或劳务供应过程。因

此，对预付账款与应收账款既可以分别设置账户进行核算，又可以全部通过“应收账款”账户核算。 （ ）

5.“坏账准备”账户的余额，平时可能在借方也可能在贷方，但年末结账后的余额肯定在贷方。 （ ）

6. 已经转销的坏账以后又收回，应借记“应收账款”，贷记“坏账准备”，同时借记“银行存款”，贷记“应收账款”。 （ ）

7. 对于未达账项，应编制银行存款余额调节表进行调节，同时将未达账项编制记账凭证调整入账。 （ ）

8. 企业银行存款日记账与银行对账单不相符，肯定存在未达账项。 （ ）

9. 企业银行存款的账面余额与银行对账单余额因未达账项存在差额时，应按照银行存款余额调节表调整银行存款日记账。 （ ）

10. 现金清查时发现现金溢余，将溢余金额记入“待处理财产损溢”科目，后经进一步核查，无法查明原因，经批准后，冲减当期管理费用。 （ ）

11. 企业计提坏账准备时，按照应计提的金额，借记“信用减值损失”科目。 （ ）

12.“应收账款”科目的期末余额在借方，反映企业尚未收回的应收账款，其期末余额不会出现在贷方。 （ ）

13. 银行存款余额调节表是用来核对账目的，不能用来作为记账的凭证。 （ ）

14. 企业因业务需要支付现金时，不得从本企业的现金收入中直接支付。 （ ）

15. 企业已计提坏账准备的应收账款确实无法收回，按管理权限报经批准作为坏账转销时，应编制的会计分录是借记“信用减值损失”账户，贷记“应收账款”账户。 （ ）

16.“库存现金”科目借方登记企业库存现金的减少，贷方登记企业库存现金的增加，期末贷方余额反映期末企业实际持有的库存现金的金额。 （ ）

17. 企业到外地进行零星或临时采购，汇往采购地银行开立采购专户的款项，应借记“其他货币资金——外埠存款”科目，贷记“银行存款”科目。 （ ）

18.“其他应收款”账户的借方登记其他应收款的增加，贷方登记其他应收款的收回，期末余额一般在贷方，反映企业尚未收回的其他应收款项。 （ ）

19. 企业取得的商业承兑汇票到期承兑人无力支付款项时，企业应当将应收票据转入其他应收款科目中。 （ ）

20. 企业月末签发转账支票一张，持票单位尚未到银行办理转账，会使银行存款日记账的余额小于银行对账单的余额。 （ ）

21. 企业预付款项不多时，可以不设置“预付账款”科目，而将预付的款项记入“应付账款”科目的借方。 （ ）

22. 预付账款属于企业的资产，核算的是企业销售货物预先收到的款项。 （ ）

23. 企业库存现金低于限额时，可以用销售收入补足限额。 （ ）

24. 银行存款余额调节表中，银行对账单应减去企业已收银行未收的款项。 （ ）

25. 资产负债表中的“货币资金”项目，应根据“库存现金”“银行存款”“其他货币资金”科目期末余额的合计数填列。 （ ）

26. 资产负债表中的“应收账款”项目，应根据“应收账款”和“预收账款”账目所属各明细科目的期末借方余额合计数，减去“坏账准备”科目中有关应收账款计提的坏账准备期末余额后的金额填列。 （ ）

27. 应收及预付款项都是企业的短期债权，应收账款收取的对象是货物，预付账款收取的对象是货币资金。 ( )

## 四、综合题

1. 某企业为增值税一般纳税人，适用的增值税税率为13%。2020年3月该企业发生如下交易或事项：

(1)从银行提取现金5 000元。

(2)向B公司销售产品一批，价款为10 000元，增值税销项税额为1 300元。商品已发出，收到现金。

(3)职工张三报销办公用品费用20 000元，用现金支付。

(4)财务部李某出差借款2 000元，以现金支付。

(5)李某出差回来，报销费用1 860元，其余现金退回。

(6)盘亏现金，金额200元，经查其中应向某职工收取100元，其余无法查明原因。

要求：为上述业务编制相应的会计分录。

2. 某企业为增值税一般纳税人，适用的增值税税率为13%。2020年3月该企业发生如下交易或事项：

(1)收到某公司归还的前欠货款120 000元，款项已存入银行。

(2)向B公司销售产品一批，价款为10 000元，增值税销项税额为1 300元。商品已发出，款项尚未收到。

(3)销售甲产品20件，价款总额45 000元，增值税销项税额5 850元；以银行存款支付代垫运费200元。全部款项尚未收到。

(4)销售库存商品一批，销售价款20 000元，增值税税率为13%，款项尚未收到，收到一张期限为6个月、年利率为10%的商业承兑汇票。

要求：为上述业务编制相应的会计分录。

3. 某公司的坏账损失核算采用备抵法，并按年末应收账款后续存续期间内的预期信用损失计算。其中：

(1)2015年12月31日应收账款余额为800 000元，坏账准备提取数为24 000元。

(2)2016年10月将已确认无法收回的应收账款12 500元作为坏账处理。

(3)2016年年末应收账款余额1 200 000元，预期提取的坏账准备为36 000元。

(4)2017年6月收回以前年度已作为坏账注销的应收账款3 000元。

(5)当年年末应收账款余额1 000 000元，预期坏账准备为50 000元。

要求：请做出上述业务对应的账务处理。

4. 甲公司2018年7月31日“银行存款日记账”账面余额为60 000元；从银行获得的对账单余额为52 000元，经逐笔核对，发现有以下未达账项：

(1)公司签发支票购买办公用品，金额1 500元，银行未记账。

(2)银行划转支付的水电费3 500元，企业尚未入账。

(3)企业已经送存银行，但银行尚未入账的支票一张，金额为7 500元。

(4)银行代公司收回销货款金额1 500元，尚未通知企业。

要求：根据上述资料，编制银行存款余额调节表。

银行存款余额调节表

2018 年 7 月 31 日

| 银行存款日记账余额:60 000 | 银行对账单余额:52 000 |
|---|---|
| | |
| | |
| | |
| | |
| 调节后余额: | 调节后余额: |

5. 甲公司为增值税一般纳税人,发生了如下业务:

(1)2019 年 11 月 12 日,向乙公司(为增值税一般纳税人)销售一批产品,价款 1 600 000 元,尚未收到,已办妥托收手续,适用的增值税税率为 13%。

(2)2019 年 11 月 23 日,甲公司收到乙公司寄来的一张 3 个月期的银行承兑汇票,面值为 1 808 000 元,抵付所销售商品的价款和增值税款。

(3)2019 年 2 月 12 日,甲公司上述应收票据到期,收回票面金额 1 808 000 元存入银行。

要求:请编制相应的会计分录。

6. 雷霆公司为增值税一般纳税人,采用托收承付结算方式销售产品:

(1)2019 年 8 月 5 日,向福大公司销售商品一批,取得的增值税专用发票上注明的价款为 360 000 元,增值税税额为 46 800 元,已办理托收手续。

(2)2019 年 8 月 9 日,雷霆公司实际收到款项并存入银行。

要求:为该公司上述业务编制相应的会计分录。

7. 甲公司为增值税一般纳税人:

(1)2019 年 5 月 6 日,向乙公司(为增值税一般纳税人)采购材料 4 700 千克,每千克单价 8 元,所需支付的价款总计 37 600 元。按照合同规定向乙公司预付价款的 60%,验收货物后补付其余款项。

(2)2019 年 5 月 11 日,收到乙公司发来的 4 700 千克材料,验收无误,增值税专用发票上注明的价款为 37 600 元,增值税税额为 4 888 元。

(3)2019 年 5 月 16 日,甲公司以银行存款补付所欠款项 19 928 元。

要求:请编制相应的会计分录。

# 第4章 存 货

## 一、单项选择题

1. 下列采购费用中应计入外购存货成本的是(　　)。

A. 运输途中的合理损耗　　B. 运输途中的不合理损耗

C. 采购人员的差旅费　　D. 专设采购机构的经费

2. 甲企业(增值税一般纳税人)购进材料 100 吨,货款计 1 000 000 元,途中发生定额内损耗 1 000 元,并以银行存款支付该材料的运杂费 1 000 元,保险金 5 000 元,增值税进项税额为 130 000 元。则该材料的入账价值为(　　)元

A. 1 000 000　　B. 1 005 000　　C. 1 006 000　　D. 1 175 000

3. 企业发生的存货盘亏经批准转销后不应借记(　　)账户。

A."管理费用"　　B."其他应收款"

C."生产成本"　　D."营业外支出"

4. 某企业采用先进先出法计算发出材料的成本。2019 年 8 月 1 日结存 A 材料 200 吨,每吨实际成本为 200 元;8 月 4 日和 8 月 17 日分别购进 A 材料 300 吨和 400 吨,每吨实际成本分别为 180 元和 220 元;8 月 10 日和 8 月 27 分别发出 A 材料 400 吨和 350 吨。A 材料月末账面余额为(　　)元。

A. 30 000　　B. 30 333　　C. 32 040　　D. 33 000

5. 某企业采用月末一次加权平均计算发出原材料的成本。20×9 年 2 月 1 日,甲材料结存 200 千克,每千克实际成本为 100 元;2 月 10 日购入甲材料 300 千克,每千克实际成本为 110 元;2 月 25 日发出甲材料 400 千克。2 月末,甲材料的库存余额为(　　)元。

A. 10 000　　B. 10 500　　C. 10 600　　D. 11 000

6. 下列账户余额中不应列入资产负债表中"存货"项目的是(　　)。

A. 库存商品　　B. 原材料　　C. 工程物资　　D. 在途物资

7. 某企业为增值税一般纳税人,购入材料一批,增值税专用发票上标明的价款为 25 万元,增值税为 3.25 万元,另支付材料的保险费 2 万元、包装物押金 2 万元。该批材料的入购成本为(　　)万元。

A. 27　　B. 29　　C. 29.25　　D. 30.25

8. 甲公司 2019 年 12 月 1 日库存商品借方余额为 1 200 万元,对应的存货跌价准备贷方余额为 30 万元,当期销售库存商品结转的成本为 400 万元,当期完工入库的库存商品成本为 500 万元。12 月 31 日库存商品的可变现净值为 1 290 万元,则甲公司 2019 年 12 月 31 日需要计提的存货跌价准备为(　　)万元。

A. －10　　B. 0　　C. －20　　D. 20

9. 企业存货发生盘亏,在按管理权限报经批准后,属于非常损失的部分应借记的会计科

目是(　　)。

A.“资本公积”　　B.“管理费用”

C.“资产减值损失”　　D.“营业外支出”

10. 丁公司采用移动加权平均法计算发出产成品的实际成本。2019 年 3 月初产成品的账面数量为 20 个,账面余额为 1 200 元;本月 10 日和 20 日分别完工入库产成品 400 个和 600 个,单位成本分别为 64.2 元和 62 元;本月 15 日和 25 日分别销售产成品 380 个和 500 个。该公司 3 月末产成品的账面余额为(　　)元。

A. 8 697.50　　B. 8 795.29　　C. 8 988.00　　D. 8 680.00

11. 甲企业为增值税小规模纳税人,购入甲材料 600 千克,每千克含税单价为 50 元,发生运杂费 2 000 元,入库前发生挑选整理费用 450 元。另支付材料的保险费 2 000 元、包装物押金 3 000 元。该批甲材料的实际单位成本为(　　)元。

A. 50　　B. 50.85　　C. 54　　D. 57.42

12. 某企业采用先进先出法核算原材料,2019 年 3 月 1 日库存甲材料 500 千克,实际成本为 3 000 元,3 月 5 日购入甲材料 1 200 千克,实际成本为 7 440 元,3 月 8 日购入甲材料 300 千克,实际成本为 1 830 元,3 月 10 日发出甲材料 800 千克。不考虑其他因素,该企业发出的甲材料实际成本为(　　)元。

A. 5 550　　B. 4 860　　C. 5 480　　D. 5 521.5

13. M 企业在存货发出时,采用月末一次加权平均法核算,该企业 2018 年 10 月初库存材料 60 件,每件为 1 000 元,月中又购进两批,一批 200 件,每件 900 元,另一批 100 件,每件 1 050 元,则月末该材料的加权平均单价为(　　)元。

A. 990　　B. 958.33　　C. 1 182　　D. 980.33

14. 下列税金中,不应计入存货成本的是(　　)。

A. 一般纳税人进口原材料支付的关税

B. 小规模纳税人购进原材料支付的增值税

C. 一般纳税人购进原材料支付的增值税

D. 一般纳税人进口应税消费品支付的消费税

15. 某增值税一般纳税人因管理不善毁损库存原材料一批,其成本为 200 万元,经确认应转出的增值税税额为 26 万元;收回残料价值 8 万元,收到保险公司赔偿款 112 万元。假定不考虑其他因素,经批准后,企业确认该材料毁损净损失的会计分录是(　　)(单位:万元)。

A. 借:营业外支出　　106

　　贷:待处理财产损溢　　106

B. 借:管理费用　　106

　　贷:待处理财产损溢　　106

C. 借:管理费用　　80

　　贷:待处理财产损溢　　80

D. 借:营业外支出　　80

　　贷:待处理财产损溢　　80

16. 某企业为增值税一般纳税人。本月购进原材料 200 吨,增值税专用发票上注明的价款为 80 万元,增值税税额为 10.4 万元,支付的保险费为 5 万元,入库前的挑选整理费用为 2 万元。不考虑其他因素,该批原材料实际成本为每吨(　　)万元。

A. 0.435　　B. 0.333　　C. 0.309　　D. 0.27

17. 某企业采用移动加权平均法计算发出甲材料的成本，2020 年 4 月 1 日，甲材料结存 300 千克，每千克实际成本为 3 元；4 月 3 日，发出甲材料 100 千克；4 月 12 日，购入甲材料 200 千克，每千克实际成本为 10 元；4 月 27 日，发出甲材料 360 千克，4 月末该企业甲材料的期末结存成本为(　　)元。

A. 440　　B. 260　　C. 500　　D. 450

18. 下列各项中，关于企业原材料盘亏及毁损会计处理表述正确的是(　　)。

A. 因台风造成的净损失，计入营业外支出

B. 经营活动造成的净损失，计入其他业务成本

C. 应由保险公司赔偿的部分，计入营业外收入

D. 保管员过失造成的损失赔偿，计入管理费用

19. 某企业采用月末一次加权平均法核算发出材料成本。2017 年 6 月 1 日结存乙材料 200 件、单位成本 35 元，6 月 10 日购入乙材料 400 件、单位成本 40 元，6 月 20 日购入乙材料 400 件、单位成本 45 元。当月发出乙材料 500 件。不考虑其他因素，该企业 6 月份发出乙材料的成本为(　　)元。

A. 26 000　　B. 25 000　　C. 24 600　　D. 20 500

20. A 公司 2020 年 5 月份发生如下应收事项：进行存货盘点发现存货盘亏，应收取保险公司赔款 26 万元；销售商品一批，应收取价款 40 万元，增值税税额 5.2 万元；销售原材料一批，应收取价款 10 万元，增值税税额 1.3 万元。则甲公司本月应记入“其他应收款”科目核算的金额为(　　)万元。

A. 36.6　　B. 71.4　　C. 26　　D. 25

21. 下列各项中，不符合资产定义的是(　　)。

A. 经营租入的设备　　B. 经营租出的设备

C. 融资租入的设备　　D. 盘盈的固定资产

22. 甲公司(增值税一般纳税人)2020 年 7 月份采购一批原材料，支付材料价款 40 万元，增值税税额 5.2 万元；发生运输费 5 万元，取得运输专用发票，注明增值税税额 0.45 万元。另外发生装卸费 1 万元，保险费 2 万元。则甲公司购入该批原材料的成本为(　　)万元。

A. 47.5　　B. 48　　C. 42.5　　D. 45

23. 某企业为增值税小规模纳税人，4 月 8 日购进一批原材料，取得增值税普通发票，发票上含税价格为 10.2 万元，采购时支付运输费 2 万元，其他相关费用 1 万元，运输途中合理损耗 0.5 万元，则该批材料的成本为(　　)万元。

A. 12.7　　B. 13.7　　C. 15.2　　D. 13.2

24. 小规模纳税人购入原材料，其中，货款 100 万元，增值税税额 13 万元，在购入材料的过程中另支付运杂费 2 万元。则该企业原材料的入账价值为(　　)万元。

A. 115　　B. 113　　C. 101　　D. 100

25. 下列各项中，企业不能确认为资产的是(　　)。

A. 委托加工物资　　B. 盘亏的存货

C. 尚待加工的半成品　　D. 委托代销商品

26. 当存货成本低于可变现净值时，存货按(　　)计价。

A. 可变现净值　　B. 成本

C. 成本与可变现净值孰高　　D. 成本与可变现净值孰低

27. 某企业为增值税一般纳税人，购入材料一批，增值税专用发票上标明的价款为 500 万元，增值税为 65 万元，另支付材料的保险费 6 万元、包装物押金 5 万元。该批材料的采购成本为(　　)万元。

A. 506　　B. 511　　C. 500　　D. 595

28. 下列关于存货跌价准备的表述中，正确的是(　　)。

A. 转回存货跌价准备会减少存货的账面价值

B. 企业出售存货时要将对应的存货跌价准备一并结转

C. 存货跌价准备一经计提在存货持有期间不得转回

D. 存货的成本高于其可变现净值的差额为当期需要计提的存货跌价准备金额

29. 某企业核算批准后的存货毁损净损失，下列各项中，计入管理费用的是(　　)。

A. 管理不善造成的损失　　B. 应由责任人赔偿的损失

C. 应由保险机构赔偿的损失　　D. 由自然灾害造成的损失

30. 下列各项中，关于企业领用原材料的会计处理表述不正确的是(　　)。

A. 生产车间日常维修房屋领用的原材料应计入制造费用

B. 专设销售机构日常维修房屋领用的原材料应计入销售费用

C. 生产车间生产产品领用原材料成本应计入产品成本

D. 在建厂房工程领用的原材料成本应计入在建工程成本

31. 2019 年 12 月 1 日，某企业“存货跌价准备——原材料”科目贷方余额为 10 万元。2019 年 12 月 31 日，“原材料”科目的期末余额为 110 万元，由于市场价格有所上升，使得原材料的预计可变现净值为 115 万元，不考虑其他因素。2019 年 12 月 31 日原材料的账面价值为(　　)万元。

A. 115　　B. 105　　C. 110　　D. 100

32. 2019 年 6 月 30 日，A 公司生产用甲材料账面余额为 350 万元，已提存货跌价准备 50 万元。由于市场价格的变化，2019 年 6 月 30 日，以甲材料生产的乙产品市价为 380 万元，由甲材料加工为乙产品尚需发生加工成本 40 万元，预计销售费用和税金 5 万元。2019 年 6 月 30 日，应计提的存货跌价准备金额为(　　)万元。

A. －35　　B. 35　　C. 10　　D. －10

33. 某企业 2016 年 12 月 31 日存货的账面余额为 20 000 元，预计可变现净值为 19 000 元。2017 年 12 月 31 日存货的账面余额仍为 20 000 元，预计可变现净值为 21 000 元。则 2017 年年末应冲减的存货跌价准备为(　　)元。

A. 9 000　　B. 2 000　　C. 1 000　　D. 3 000

34. 某企业为增值税一般纳税人，适用的增值税税率为 13%。该企业因管理不善使一批库存材料被盗。该批原材料的实际成本为 40 000 元，购买时支付的增值税为 5 200 元，应收保险公司赔偿 21 000 元。不考虑其他因素，该批被盗原材料形成的净损失为(　　)元。

A. 40 000　　B. 19 000　　C. 24 200　　D. 45 200

35. A 公司为增值税一般纳税人，2019 年 4 月在财产清查中发现盘亏甲材料 500 千克，实际购入成本为 600 元/千克。经查属于管理不善造成的损失，由过失人赔款 1 000 元，保险公司赔款 2 000 元，则处理后有关存货盘亏的净损失处理正确的是(　　)。

A. 计入管理费用 345 000 元　　B. 计入营业外支出 300 000 元

C. 计入营业外支出 321 000 元　　D. 计入管理费用 297 000 元

36. 某企业原材料采用实际成本核算。2019 年 6 月 29 日,该企业对存货进行全面清查。发现短缺原材料一批,账面成本 12 000 元。已计提存货跌价准备 2 000 元,经确认,应由保险公司赔款 4 000 元,由过失人员赔款 3 000 元,假定不考虑其他因素,该项存货清查业务应确认的净损失为(　　)元。

A. 8 000　　B. 3 000　　C. 5 000　　D. 6 000

37. 企业发生存货盘盈时,在按管理权限报经批准后,应贷记的会计科目是(　　)。

A. "资本公积"　　B. "以前年度损益调整"

C. "管理费用"　　D. "营业外收入"

38. 甲企业为增值税小规模纳税人,本月采购原材料 2 060 千克,每千克 50 元(含增值税),运输途中的合理损耗为 60 千克,入库前的挑选整理费用为 500 元,企业该批原材料的入账价值为(　　)元。

A. 103 000　　B. 100 500　　C. 103 500　　D. 106 500

39. 某企业 2019 年 3 月 31 日,乙存货的实际成本为 100 万元,加工该存货至完工产成品估计还将发生成本为 25 万元,估计销售费用和相关税费为 3 万元,估计该存货生产的产成品售价 120 万元。假定乙存货月初"存货跌价准备"科目余额为 12 万元,2019 年 3 月 31 日应计提的存货跌价准备为(　　)万元。

A. 4　　B. 8　　C. −4　　D. −8

40. A 公司月初结存甲材料 13 吨,每吨单价 8 290 元,本月购入情况如下:3 日购入 5 吨,单价 8 800 元;17 日购入 12 吨,单价 7 900 元。本月领用情况如下:10 日领用 10 吨:28 日领用 10 吨。A 公司采用移动加权平均法计算发出存货成本,则 A 公司月末结存甲材料成本为(　　)元。

A. 85 235.22　　B. 78 653.25　　C. 81 126.70　　D. 67 221.33

41. 下列各项中,不属于存货范围的是(　　)。

A. 尚在加工中的在产品

B. 委托其他单位加工的物资

C. 购货单位已交款并已开出提货单,而尚未提走的货物

D. 款项已支付,而尚未运达企业的存货

42. 下列项目中,属于企业流动资产的是(　　)。

A. 预收账款　　B. 机器设备　　C. 专利权　　D. 库存商品

43. 财产物资的盘存制度一般有(　　)两种。

A. 实地盘存制和核对账目法　　B. 余额调节法和永续盘存制

C. 实地盘存制和技术推算盘点法　　D. 永续盘存制和实地盘存制

44. 借:原材料 20 000,贷:应付账款 20 000,该会计分录记录的经济业务是(　　)。

A. 支付购买材料款 20 000 元　　B. 用原材料抵偿货款 20 000 元

C. 购买原材料 20 000 元,款未付　　D. 用银行存款购买原材料 20 000 元

45. 下列各项中,在确认销售收入时不影响应收账款入账金额的是(　　)。

A. 销售价款　　B. 增值税销项税额

C. 其他业务成本　　D. 销售产品代垫的运杂费

46. 企业生产的产品完工,应将其制造成本转入(　　)账户。

A.“库存商品” B.“营业成本”

C.“营业外支出” D.“本年利润”

47. 期末,某工业企业计算结转本期销售产品成本,此项业务应贷记的账户是(　　)。

A.“其他业务支出” B.“劳务成本”

C.“主营业务收入” D.“库存商品”

48. 2019年9月10日,某企业与客户签订销售合同并预收货款55 000元,9月20日商品发出,增值税专用发票上注明价款为50 000元,增值税税额为6 500元,当月发出商品的同时收到货款,该企业应确认的商品销售收入金额为(　　)元。

A. 50 000 B. 3 500 C. 56 500 D. 55 000

49. 为使存货的价值得到正确反映,对期末存货应按照(　　)两者之中较低者计价。

A. 市价与可变现净值 B. 市价与成本

C. 成本与可变现净值 D. 成本与账面余额

50. 某企业在财产清查中,发现A材料盘亏2 000元,经查属定额内合理损耗,报经审批后的会计分录为(　　)。

A. 借:待处理财产损溢——待处理流动资产损溢 2 000
　　贷:管理费用 2 000

B. 借:管理费用 2 000
　　贷:待处理财产损溢——待处理流动资产损溢 2 000

C. 借:待处理财产损溢——待处理流动资产损溢 2 000
　　贷:生产成本 2 000

D. 借:生产成本 2 000
　　贷:待处理财产损溢——待处理流动资产损溢 2 000

51. 某工业企业为增值税一般纳税人,从外地购入原材料100吨,收到增值税专用发票上注明的售价为每吨100元,增值税税款为1 300元,另发生运输费600元,装卸费200元,途中保险费为100元。原材料运到后验收数量为99吨,短缺1吨为合理损耗,则该原材料的入账价值为(　　)元。

A. 8 000 B. 10 900 C. 10 800 D. 7 880

52. 2017年11月15日,甲公司与乙公司签订了一份不可撤销的商品购销合同,约定甲公司于2018年2月15日按每件3万元向乙公司销售W产品100件。2017年12月31日,甲公司库存该产品100件,每件实际成本和市场价格分别为2.8万元和2.88万元。甲公司预计向乙公司销售该批产品将发生相关税费10万元。假定不考虑其他因素,甲公司该批产品在2017年12月31日资产负债表中应列示的金额为(　　)万元。

A. 178 B. 280 C. 288 D. 190

53. 某商品流通企业(增值税一般纳税人)采购甲商品100件,每件售价2万元,取得的增值税专用发票上注明的增值税税额为26万元,另支付采购费用10万元。该企业采购的该批商品的单位成本为每件(　　)万元。

A. 2 B. 2.1 C. 2.3 D. 3

## 二、多项选择题

1. 以下各种物资中,应当作为企业存货核算的有(　　)。

A. 委托加工物资　B. 库存商品　C. 工程物资　D. 低值易耗品
E. 在产品
2. 下列各账户余额中，包括在资产负债表“存货”项目中的有（　　）。
A. 工程物资　B. 库存商品　C. 原材料　D. 生产成本
E. 在途物资
3. 企业进行存货清查时，对于盘亏的存货，应先记入“待处理财产损溢”账户，待期末或报经批准后，根据不同的原因可分别转入（　　）账户。
A.“管理费用”　B.“其他应付款”　C.“营业外支出”　D.“其他应收款”
E.“财务费用”
4. 下列关于发出存货的计价方法的描述中，正确的有（　　）。
A. 采用先进先出法，在物价持续上升时，期末存货成本接近于市价，而发出成本偏低，会高估企业当期利润和库存存货价值
B. 采用个别计价法计算发出存货成本的前提是假定存货具体项目的实物流转与成本流转相一致
C. 月末一次加权平均法只需计算月末一次加权平均单价，比较简单，有利于简化成本计算工作，但由于平时无法从账上提供发出和结存存货的单价及金额，因而不利于存货成本的日常管理与控制
D. 移动加权平均法能够使企业管理层及时了解存货的结存情况，计算的平均单位成本以及发出和结存的存货成本比较客观，所以为所有企业所采用
5. 下列各项中，关于企业存货减值的表述正确的有（　　）。
A. 资产负债表日，存货应按成本与可变现净值孰低计量
B. 存货跌价准备一经计提以后各期不得转回
C. 企业结转销货成本时要一并结转对应的存货跌价准备
D. 计提的存货跌价准备应计入资产减值损失
6. 下列各项中，引起存货账面价值发生增减变动的有（　　）。
A. 计提存货跌价准备　B. 已发出商品但尚未确认收入
C. 存货暂估入账　D. 发出委托加工物资
7. 下列资产减值准备中，在符合相关条件时可以转回的有（　　）。
A. 无形资产减值准备　B. 固定资产减值准备
C. 存货跌价准备　D. 坏账准备
8. 下列各项中，影响企业资产负债表日存货可变现净值的有（　　）。
A. 存货的估计售价
B. 销售存货过程中估计的销售费用及相关税费
C. 存货至完工估计将要发生的成本
D. 存货的账面价值
9. 存货按实际成本计价的企业，发出存货成本的计价方法有（　　）。
A. 先进先出法　B. 移动加权平均法
C. 个别计价法　D. 月末一次加权平均法
10. 某企业为增值税一般纳税人，开出银行承兑汇票购入原材料一批，并支付银行承兑手续费。下列各项中，关于该企业采购原材料的会计处理表述正确的有（　　）。

A. 支付的运输费计入材料成本

B. 支付的票据承兑手续费计入财务费用

C. 支付的可以抵扣的增值税进项税额计入材料成本

D. 支付的原材料价款计入材料成本

11. 某公司 2019 年 12 月末结存材料 100 件，总成本为 225 万元。期末材料的市场售价为 2.5 万元/件，预计发生的销售费用及相关税费为 0.2 万元/件。月初存货跌价准备科目的余额为 20 万元。假定不考虑其他因素，则下列说法中，正确的有（　　）。

A. 本期期末应该计提的存货跌价准备为 5 万元

B. 本期期末应该转回的存货跌价准备为 5 万元

C. 该批材料的可变现净值为 230 万元

D. 本期期末应该转回的存货跌价准备为 20 万元

12. 下列与存货相关会计处理的表述中，正确的有（　　）。

A. 结转商品销售成本的同时转销其已计提的存货跌价准备

B. 应收保险公司存货损失赔偿款计入其他应收款

C. 按管理权限报经批准的盘盈存货价值冲减管理费用

D. 资产负债表日存货应按成本与可变现净值孰低计量

13. 下列各项中，属于工业企业外购存货的采购成本的有（　　）。

A. 运输途中的合理损耗　　B. 买价

C. 入库前的挑选整理费用　　D. 运杂费

14. 下列关于存货减值的说法中，正确的有（　　）。

A. 企业计提的存货跌价准备在持有期间不可以转回

B. 资产负债表日，存货应当按照成本与可变现净值孰低计量

C. 存货跌价准备科目的期末余额一般在借方，反映企业已计提但尚未转销的存货跌价准备

D. 当存货成本高于可变现净值时，企业应当计提存货跌价准备

15. 下列各项中，应计入企业存货成本的有（　　）。

A. 存货采购运输中发生的定额内合理损耗

B. 存货加工过程中发生的直接人工

C. 为特定客户设计产品的可直接确定的设计费用

D. 购买存货时支付的进口关税

16. 甲公司属于增值税一般纳税人，2019 年 5 月 5 日持银行汇票购入 A 原材料一批，增值税专用发票上注明的价款为 100 万元，增值税税额为 13 万元，对方代垫包装费为 0.3 万元，运费为 0.5 万元，取得运费增值税专用发票上注明的进项税额为 0.045 万元，材料已验收入库，则以下说法中正确的有（　　）。

A. 对方代垫的包装费 0.3 万元也应该计入原材料的成本中

B. 购入该材料可以抵扣的增值税进项税额为 13.045 万元

C. 购入 A 原材料的成本为 100.8 万元

D. 购入原材料开出的银行汇票应该计入应付票据中

17. 存货的确认是以法定产权的取得为标志的。具体来说，下列属于企业存货范围的有（　　）。

A. 未购入但存放在企业的存货
B. 已售出但货物尚未运离本企业的存货
C. 已经运离企业但尚未售出的存货
D. 已经购入但尚未运达本企业的货物

18. 下列关于企业计提存货跌价准备的表述中,正确的有(　　)。
A. 计提存货跌价准备的影响因素消失,价值得以恢复时应在原计提的跌价准备金额内转回
B. 企业计提存货跌价准备会减少企业当期营业利润
C. 当存货的成本低于可变现净值时,存货按成本计价
D. 转回存货跌价准备时,将转回的金额计入管理费用中

19. 下列各项中,会导致企业资产负债表"存货"项目期末余额发生变动的有(　　)。
A. 计提存货跌价准备
B. 用银行存款购入的修理用备件(备品备件)
C. 已经发出但不符合收入确认条件的商品
D. 收到受托代销的商品

20. 下列各项中,关于存货计量的相关表述正确的有(　　)。
A. 发出原材料可采用先进先出法计价
B. 材料采购过程中发生的保险费应计入材料成本
C. 资产负债表日原材料应当按照成本与可变现净值孰低计量
D. 存货按照成本进行初始计量

21. 企业为外购存货发生的下列各项支出中,应计入存货成本的有(　　)。
A. 入库前的挑选整理费　　B. 运输途中的合理损耗
C. 不能抵扣的增值税进项税额　　D. 运输中因自然灾害发生的损失

22. 企业购买原材料一批,价款尚未支付,会计要素发生变动的有(　　)。
A. 资产　　B. 负债　　C. 所有者权益　　D. 收入

23. 企业因销售商品向购货单位收取的下列款项中,应在"应收账款"科目核算的有(　　)。
A. 商品货款　　B. 增值税销项税额
C. 出租包装物押金　　D. 代垫包装费、运杂费

## 三、判断题

1. 在材料采购过程中支付的各种采购费用,不构成材料的成本,故应将其列为期间费用处理。(　　)

2. 材料的采购成本包括:材料买价、采购费用、采购人员差旅费和市内材料运杂费。(　　)

3. 企业为生产产品而购进材料时需要向供货方支付增值税额,称为进项税,计入所购商品成本。(　　)

4. 存货的盘亏、毁损和报废,在报废后均应记入"管理费用"账户。(　　)

5. 增值税小规模纳税企业为生产产品而购进材料向供货方支付增值税额,应计入所购存货成本。(　　)

6. 当物价不断上涨时，企业可随时将存货的计价方法由加权平均法改为先进先出法。（ ）

7."在途物资"账户如有借方余额，表示款已付但尚未运达企业或已运达企业但尚未验收入库的在途材料的实际成本。（ ）

8. 采用实地盘存法进行存货核算时，企业在期末需进行实物盘点，而采用永续盘存法则不需要期末盘点。（ ）

9. 采用先进先出法核算发出存货成本的，在物价持续上涨时，期末存货成本接近市价，而发出成本偏低，利润偏高。（ ）

10. 因台风造成原材料毁损，相关净损失应计入营业外支出。（ ）

11. 工业企业和商品流通企业采购商品过程中发生的运杂费等进货费用均应计入当期损益，不计入存货成本。（ ）

12. 由于存货发出的计价方法不同，期末在资产负债表中反映的存货项目金额就会不同，当期计算出的利润也可能不同。（ ）

13. 存货的可变现净值是指存货的估计售价减去至完工时估计将要发生的成本、估计的销售费用及税费后的金额。（ ）

14. 采用月末一次加权平均法平时可以从账上提供发出和结存存货的单价及金额，有利于存货成本的日常管理与控制。（ ）

15. 发生存货盘盈，按照管理权限报经批准后，记入"营业外收入"科目。（ ）

16. 先进先出法假设实物的流转顺序为先购入的存货先发出，采用这种方法的工作量大，但可以随时结转存货发出成本，有利于企业日常存货的监管。（ ）

17. 购入材料在运输途中发生的合理损耗应从材料采购成本中扣除。（ ）

18. 已经支付货款但尚未验收入库的在途材料属于购货方存货。（ ）

19. 在市场物价持续上升，发出存货采用先进先出法会导致背离近期市场价格，从而低估资产负债表中"存货"项目的价值和利润表中当期利润。（ ）

20. 期末，企业购入的货物已经验收入库，但发票账单尚未收到，企业需在备查簿上做相应的登记，而不用进行账务处理。（ ）

21. 企业仓库存放的所有货物都属于本企业的存货。（ ）

22. 已完成销售手续但购买方在月末尚未提取的产品，销售方仍应作为本企业的库存商品核算。（ ）

23. 企业对于材料已入库、发票单据未到、款未付的采购业务，在发票单据未到前可不做账务处理。（ ）

24. 购入材料在运输过程中发生的合理损耗无须单独进行账务处理。（ ）

25. 所有的生产性企业，本期发生的各项制造费用都应分配转入"生产成本"科目，"制造费用"科目期末应无余额。（ ）

26. 根据我国企业会计准则规定，企业发出存货可以采用后进先出法计价。（ ）

27. 企业在产品的生产过程中发生的制造费用应分配计入产品生产成本，因而也称为期间费用。（ ）

## 四、综合题

1. 某企业 2019 年 8 月份 A 材料的收发情况如下表所示。

原材料明细账

A材料 计量单位:千克

| 年 | | 凭证号数 | 摘要 | 收入 | | | 发出 | | | 结存 | | |
|---|---|---|---|---|---|---|---|---|---|---|---|---|
| 月 | 日 | | | 数量 | 单价 | 金额 | 数量 | 单价 | 金额 | 数量 | 单价 | 金额 |
| 8 | 1 | | 期初 | | | | | | | 800 | 2 | 1 600 |
| | 5 | 发801 | 领用 | | | | 300 | | | | | |
| | 13 | 收801 | 购入 | 600 | 2.06 | 1236 | | | | | | |
| | 21 | 发802 | 领用 | | | | 500 | | | | | |
| | 25 | 收802 | 购入 | 400 | 2.09 | 836 | | | | | | |
| | 30 | 发803 | 领用 | | | | 350 | | | | | |
| 8 | 31 | | | 1 000 | | 2 072 | 1 150 | | | | | |

要求:

(1)采用永续盘存制核算,按加权平均法确定材料发出和期末结存的实际成本。

(2)采用永续盘存制,月末经盘点确定A材料的结存金额为1 338元,经查为计量不准造成,请编制批准前、批准后的会计分录。

(3)如果采用实地盘存制核算,月末经盘点确定A材料的结存金额为1 338元,则A材料本月发出成本和期末结存成本是多少?(列示计算过程)

(4)根据上述资料及计算结果回答下列问题:

①两种盘存制度中,便于会计监督的是(　　)。

A. 实地盘存制　　B. 永续盘存制

②两种盘存制度中,可随时结出账面结存数的是(　　)。

A. 实地盘存制　　B. 永续盘存制

2. TW企业为增值税一般纳税企业,增值税税率为13%,按永续盘存制进行存货核算,发出材料采用加权平均法计价。丙材料月初结存1 000千克,单位成本9.19元。2019年11月发生有关经济业务如下:

(1)3日,购买丙材料3 000千克,每千克单价10元,增值税税额3 900元,开出面值为33 900元、经银行承兑的、15天期的无息商业汇票一张,材料正在途中尚未运达企业。

(2)6日,向小规模纳税人购入丙材料2 000千克,每千克单价10.20元,货款尚未支付,材料已验收入库。另以现金支付运杂费800元。

(3)10日,于3日购买的材料已验收入库,实收2 900千克。短缺的100千克中,20千克为合理损耗,另80千克原因待查。

(4)18日,于3日开出的商业汇票到期,B企业无力支付票款。承兑银行已将票款支付给收款方。

(5)本月发出丙材料5 100千克,其中4 600千克为生产产品领用,400千克为车间一般耗用,100千克为企业管理部门耗用。

(6)月末财产清查发现盘亏材料一批价值1 000元,经查有50元属定额内损耗,50元系保管人员管理不善造成,责成保管员赔偿;300元为自然灾害造成,保险公司同意赔偿600元,其余按有关规定处理。

要求:

(1)按加权平均法计算本月发出材料单位成本(列示计算过程);

(2)为上述经济业务编制会计分录。

3. 平湖公司2020年3月1日结存A材料1 700件,单位成本25元/件。3月6日入库A材料1 000件,单位成本27元/件;3月12日发出A材料2 200件;3月19日入库A材料2 400件,单位成本29元/件;3月23日发出A材料1 280件。

要求:分别采用先进先出法、一次加权平均法计算公司3月份发出A材料的成本,以及公司3月末结存A材料的成本(注:凡要求计算的项目,均须列出计算过程;计算结果出现小数的,均保留小数点后两位)。

4. 某企业5月份存货增减及结存记录如下表所示。

| 摘　要 | 收入 | | | 发出 | | | 结存 | | |
|---|---|---|---|---|---|---|---|---|---|
| | 数量(件) | 单价(元) | 金额 | 数量(件) | 单价(元) | 金额 | 数量(件) | 单价(元) | 金额 |
| 5.1结存 | | | | | | | 15 | 50 | 750 |
| 5.5购入 | 45 | 60 | 27 00 | | | | | | |
| 5.8发出 | | | | 40 | | | | | |
| 5.15购入 | 30 | 70 | 2 100 | | | | | | |
| 5.20发出 | | | | 40 | | | | | |
| 5.25购入 | 10 | 80 | 800 | | | | | | |
| 5.31合计 | 85 | | | 80 | | | 20 | | |

要求:

(1)采用先进先出法计算5月20日发出和结存材料成本;

(2)采用月末一次加权平均法计算5月份发出材料和期末结存材料的总成本(请写出详细计算过程,只写出结果不给分)。

5. 祥胜科技有限公司2019年6月份发生以下业务,增值税税率为13%:

(1)6月3日,公司购买B材料6 000元,款项尚未支付,原材料尚未入库。本月10日,原材料验收入库。

(2)6月5日,从大地公司采购A材料100吨,每吨价格1 000元;大地公司代垫运输费用2 000元,其中货款尚未支付,运输费用已通过招商银行转账付讫。

(3)6月15日,通过建设银行转账支付6月5日所欠大地公司的部分材料货款80 000元。

(4)6月30日,根据发料凭证汇总,共发出A原材料30万元,其中公司行政部门领用3万元,车间管理部门领用1万元,生产产品领用26万元。

(5)将已加工完成的产成品验收入库,实际成本为6 000元。

要求:根据上述业务,编写相应的会计分录。

6. 某企业8月份A材料收发情况如下表所示。

A材料收发情况表

| 期初结存 | | 本期收入 | | | 本期发出 | |
|---|---|---|---|---|---|---|
| 数量(千克) | 单价(元) | 日期 | 数量(千克) | 单价(元) | 日期 | 数量(千克) |
| 5 000 | 10 | 8日 | 1 500 | 11 | 5 | 3 500 |
| | | 10日 | 3 000 | 11.5 | 15 | 5 000 |
| | | 18日 | 3 000 | 13 | 21 | 3 000 |

该企业采用永续盘存制,要求:

(1)计算采用先进先出法时8月份发出A材料的实际成本M1,期末结存成本M2;

(2)计算采用全月一次加权平均法时8月份发出A材料的实际成本M3;期末结存成本M4。

7. 综合分录题

(1)2019年8月8日,光展公司“商品入库汇总表”记载,已验收入库Y产品800台,实际单位成本4 500元,共计3 600 000元;Z产品1 900台,实际单位成本800元,共计1 520 000元。

(2)2018年11月30日,福庆公司汇总的发出商品中,当月已实现销售的Y产品有460台,Z产品有1 600台。该月Y产品实际单位成本3 000元,Z产品实际单位成本800元。编制结转销售成本的会计分录。

(3)①2019年9月30日,林垣公司在财产清查中发现毁损L材料350千克,实际成本为35 000元,相关增值税专用发票上注明的增值税税额为4 550元。经查属于材料保管员的过失造成的,按规定由其个人赔偿22 000元。

②2020年2月29日,林垣公司在财产清查中盘盈了材料900千克,实际单位成本63元,经查属于材料收发计量方面的错误。

(4)2019年9月17日,全安公司在财产清查中发现盘亏K材料530千克,实际成本为90 000元,相关增值税专用发票上注明的增值税税额为11 700元。经查系管理不善而造成的丢失,属于一般经营损失。

(5)①2018年12月31日,荣天公司A商品的账面余额为150 000元。由于市场价格下跌,预计可变现净值为110 000元。假定A商品以前未计提存货跌价准备。

②假设2019年3月30日,A商品的账面余额(成本)为150 000元,已计提存货跌价准备金额40 000元。由于市场价格有所上升,使得A商品的预计可变现净值为140 000元。

(6)2020年1月22日,大地公司用银行存款购买库存商品直接入库,买价68 000元,应交增值税进项税额8 840元。

(7)2019年7月8日,杰马公司向迪生公司销售一批商品,售价290 000元,收到价税合计金额327 700元。

(8)甲企业发生下列业务:

①2019年4月30日,生产车间发生直接生产费用1 800元,不考虑相关费用。

②2019年5月22日,生产部门领用原材料530 000元,其中基本生产车间领用430 000元,辅助生产车间领用100 000元。

③2019年5月30日,企业期末分配本月发生工资费用447 200元。其中,生产部门工资

费用 320 000 元，车间管理人员工资费用 64 000 元，机关管理人员工资费用 49 400 元，销售部门工资费用 13 800 元。

④2019 年 6 月 30 日，结转产成品入库 5 700 000 元。

⑤2019 年 8 月 31 日，生产车间用银行存款支付办公费 47 100 元，非固定资产日常修理费 1 000 元，水电费 4 600 元，不考虑相关税费。

⑥2020 年 4 月 30 日，结转本期制造费用 790 000 元。

⑦2020 年 6 月 25 日，对外委托加工物资发出库存商品 72 800 元。

⑧2020 年 8 月 17 日，对外委托加工物资发出材料 68 300 元。

(9)①2019 年 12 月 31 日，迪生公司 A 商品的账面余额(成本)为 71 900 元。由于市场价格下跌，预计可变现净值为 70 000 元，假定 A 商品以前未计提存货跌价准备。

②2020 年 6 月 30 日，由于市场价格有所上升，使得 A 商品的预计可变现净值为 71 500 元，应转回的存货跌价准备为 1 500 元。

③2020 年 12 月 31 日，由于市场价格持续上升，A 商品预计可变现净值为 73 800 元。

(10)2020 年 3 月 23 日，迪生公司购入 C 材料一批，增值税专用发票上注明的价款为 420 000 元，增值税税额为 54 600 元，款项已用转账支票付讫，材料已验收入库。

(11)①2020 年 2 月 3 日，慧华公司采用汇兑结算方式购入 F 材料一批，发票及账单已收到，增值税专用发票上注明的价款为 17 000 元，增值税税额为 2 210 元，材料尚未收到，公司为增值税一般纳税人，采用实际成本进行材料日常核算。

②2020 年 2 月 5 日，上述购入的 F 材料已收到，并验收入库。

(12)①书盛公司为增值税一般纳税人，2019 年 2 月 28 日，根据"发料凭证汇总表"的记录，当月基本生产车间领用 K 材料 55 000 元，辅助生产车间领用 K 材料 42 000 元，车间管理部门领用 K 材料 5 100 元，销售机构领用 K 材料 800 元，企业行政管理部门领用 K 材料 3 600 元，合计 106 500 元。

②2019 年 5 月 25 日，支付委托加工物资加工费 13 000 元，专用发票注明增值税进项税额 1 690 元，用银行存款支付。

③2019 年 5 月 28 日，支付委托加工物资的加工费 9 000 元，应交增值税税额 1 170 元。

④2019 年 6 月 30 日，委托加工物资做库存商品验收入库 143 700 元。

⑤2020 年 2 月 9 日，用银行存款购买原材料，价款 350 000 元，专用发票注明增值税税额 45 500 元。

(13)2019 年 6 月 18 日，某小规模纳税人企业以银行存款购入原材料 18 000 元直接入库。

(14)某企业发生如下业务：

①2019 年 1 月 19 日，生产车间领用原材料，车间消耗 600 000 元。

②2019 年 6 月 3 日，以应付票据购买库存商品直接入库，买价 250 000 元，专用发票注明增值税进项税额 32 500 元。

③2019 年 2 月 23 日，销售部门领用库存商品用于展览和无条件试用，价值 41 000 元。

④2019 年 7 月 3 日，委托其他公司代销商品，商品已发出，成本 260 000 元。

⑤2019 年 12 月 31 日，企业确定存货发生减值，存货可变现净值低于成本的差额 17 000 元。

要求：为上述业务编制会计分录。

# 第 5 章　金融资产

## 一、单项选择题

1. A 公司将持有的交易性金融资产全部出售，出售前交易性金融资产的账面价值为 3 200 万元（其中成本 2 800 万元，公允价值变动 400 万元）。出售价款为 3 600 万元，款项已收并存入银行。不考虑增值税等相关因素，该交易应确认的投资收益为（　　）万元。

A. 700　　B. 0　　C. 300　　D. 400

2. 2018 年 7 月 1 日，A 公司购入 B 公司发行的公司债券，支付价款 600 万元，其中包括已到付息期但尚未领取的债券利息 12 万元，另支付相关交易费用 3 万元，取得增值税专用发票上注明的增值税税额为 0.18 万元。A 公司将其划分为交易性金融资产进行核算，该项交易性金融资产的入账金额为（　　）万元。

A. 588　　B. 603　　C. 600　　D. 591

3. A 公司于 2018 年 1 月 1 日发行 5 年期、一次还本、分期付息的公司债券，每年 12 月 31 日支付利息。该公司债券票面年利率为 5%，面值总额为 300 000 万元，发行价格总额为 313 497 万元；扣除发行费用 150 万元后实际收到款项 313 347 万元，实际年利率为 4%。2018 年 12 月 31 日，该应付债券的账面价值为（　　）万元。

A. 310 880.88　　B. 308 026.2　　C. 308 316.12　　D. 308 008.2

4. A 公司 2018 年 1 月 5 日购入 B 公司同日发行的普通股股票 100 万股，支付银行存款 200 万元，另支付相关交易费用 30 万元。A 公司将其作为交易性金融资产核算。2018 年 6 月 30 日，该股票的公允价值为 205 万元，2018 年 12 月 31 日，该股票的公允价值为 203 万元，假定不考虑增值税及其他因素，则 2018 年 A 公司因该事项影响当期损益的金额为（　　）万元。

A. 5　　B. 0　　C. −33　　D. −27

5. B 公司出于提高资金流动性考虑，对外出售以摊余成本计量的金融资产的 10%，收到价款 120 万元（公允价值）。出售时该项金融资产的账面价值为 1 100 万元（其中成本为 1 000 万元，利息调整为 100 万元），公允价值为 1 200 万元。对于该项金融资产的剩余部分，B 公司将在未来期间根据市场行情择机出售。下列关于 B 公司于重分类日的会计处理表述中，不正确的是（　　）。

A. 处置该项投资时应确认的利息收入为 10 万元

B. B 公司应将剩余部分重分类为以公允价值计量且其变动计入当期损益的金融资产

C. 重分类时贷记“其他综合收益”科目的金额为 90 万元

D. 重分类时借记“其他债权投资”科目的金额为 1 080 万元

6. 2018 年 1 月 1 日，A 公司以 3 133.5 万元购入 B 公司当日发行的面值总额为 3 000 万元的债券，根据其管理该债券的业务模式和该债券的合同现金流量特征，将该债券分类为摊余成本计量的金融资产。该债券期限为 5 年，票面年利率为 5%，实际年利率为 4%，每年年末付息一次，到期偿还本金。不考虑增值税等相关税费及其他因素，2018 年 12 月 31 日，A 公司该债券投资的利息收入为(　　)万元。

A. 120　　B. 125.34　　C. 150　　D. 24.66

7. 2018 年 1 月 1 日，A 公司以银行存款 1 100 万元购入 B 公司当日发行的面值为 1 000 万元的 5 年期不可赎回债券，将其划分为债权投资。该债券票面年利率为 10%，每年付息一次，实际年利率为 7.53%。2018 年 12 月 31 日，该债券的公允价值上涨至 1 150 万元。假定不考虑其他因素，2018 年 12 月 31 日，A 公司该债券投资的账面价值为(　　)万元。

A. 1 150　　B. 1 182.83　　C. 1 082.83　　D. 1 200

8. A 公司利用自有资金购买银行理财产品。该理财产品为非保本非固定收益型，根据合同约定，该理财产品期限为 3 年，预计年收益率 6%，当年收益于下年 1 月底前支付；理财产品到期时按资产的实际现金流量情况支付全部或部分本金；银行不保证偿还全部本金和支付按照预计收益率计算的收益。A 公司计划持有该理财产品至到期。不考虑其他因素，A 公司持有该银行理财产品应借记的会计科目是(　　)。

A. “其他债权投资”　　B. “交易性金融资产”

C. “债权投资”　　D. “其他权益工具投资”

9. 持有至到期投资可以重新分类为(　　)。

A. 交易性金融资产　　B. 可供出售金融资产

C. 应收账款　　D. 贷款

10. 2018 年年初，A 公司购买了一项公司债券，剩余年限 5 年，根据其管理该债券的业务模式和该债券的合同现金流量特征，将该债券分类为摊余成本计量的金融资产，实际支付价款 1 200 万元，另支付交易费用 10 万元，每年按票面利率 3%收取利息，该债券的面值为 1 500 万元。不考虑其他因素，该项债权投资的入账金额为(　　)万元。

A. 1 500　　B. 1 210　　C. 1 200　　D. 1 600

11. 甲公司 2018 年 1 月 1 日购入面值为 1 000 万元、年利率为 5%的 A 债券。取得时支付价款 1 050 万元(含已到付息期但尚未领取的利息 50 万元)，另支付交易费用 5 万元，甲公司将该项金融资产划分为交易性金融资产。2018 年 1 月 5 日，收到购买时价款中所含的利息 50 万元。2018 年 12 月 31 日，A 债券的公允价值为 1 050 万元。2019 年 1 月 5 日，收到 A 债券 2018 年度的利息 50 万元。2019 年 3 月 31 日，甲公司出售 A 债券售价为 1 100 万元。不考虑增值税等相关因素，甲公司从购入 A 债券至出售累计确认的投资收益的金额为(　　)万元。

A. 75　　B. 105　　C. 95　　D. 125

12. 2018 年 3 月 2 日，A 公司购入 B 公司发行的公司债券作为交易性金融资产核算。购买价款为 1 298 万元，另支付交易费用 2 万元。该债券系 B 公司 2018 年 3 月 1 日发行的 2 年期公司债券。至 2018 年 6 月 30 日，该债券的公允价值为 1 200 万元。A 公司于 2018 年 7 月 2 日将其全部出售，取得价款 1 180 万元，不考虑增值税等相关因素，则出售时 A 公司应当确认的投资收益为(　　)万元。

A. −20　　B. 118　　C. −118　　D. 20

13. 下列金融工具的重分类的表述中，不正确的是(　　)。

A. 金融资产(即非衍生债权资产)可以在以摊余成本计量、以公允价值计量且其变动计入其他综合收益和以公允价值计量且其变动计入当期损益之间进行重分类

B. 企业对所有金融负债均不得进行重分类

C. 金融资产(即非衍生权益资产)可以在以公允价值计量且其变动计入其他综合收益和以公允价值计量且其变动计入当期损益之间进行重分类

D. 企业改变其管理金融资产的业务模式时,应当按照规定对所有受影响的相关金融资产进行重分类

14. 下列各项关于交易性金融资产的表述中,不正确的是(　　)。

A. 取得交易性金融资产所发生的相关交易费用应当在发生时计入投资收益

B. 交易性金融资产购买价款中已到付息期尚未领取的债券利息计入应收项目

C. 资产负债表日交易性金融资产公允价值与账面余额的差额计入当期损益

D. 出售交易性金融资产时应将其公允价值与账面余额之间的差额确认为投资收益

15. 2016年12月10日,A公司购入B公司股票10万股,将其划分为交易性金融资产,购买日支付价款249万元,另支付交易费用0.6万元,2016年12月31日,该股票的公允价值为258万元,不考虑其他因素,A公司2016年度利润表"公允价值变动收益"项目本期金额为(　　)万元。

A. 0.6　　B. 9.6　　C. 9　　D. 8.4

16. A公司自证券交易所购入某公司股票100万股,每股支付购买价款8.8元(其中包括已宣告但尚未发放的现金股利0.3元),另支付交易费用2万元。A公司将其划分为交易性金融资产核算,则该交易性金融资产的入账价值为(　　)万元。

A. 882　　B. 850　　C. 880　　D. 852

17. 2018年2月3日,A公司以银行存款2 003万元(其中含相关交易费用3万元)从二级市场购入B公司股票100万股,作为交易性金融资产核算。2018年7月10日,A公司收到B公司于当年5月25日宣告分派的现金股利40万元。2018年12月31日,上述股票的公允价值为2 800万元。不考虑其他因素,该项投资使A公司2018年营业利润增加的金额为(　　)万元。

A. 837　　B. 797　　C. 800　　D. 840

18. 2018年1月1日,A公司以5 100万元银行存款作为对价购入B公司当日发行的一项一般公司债券,期限为4年,面值为5 000万元,票面年利率为4%,每年年末付息、到期一次还本。A公司购入该项债券后,拟长期持有,按期收取利息、到期收回本金,但如果未来市场利率大幅变动时,A公司不排除将该项债券投资出售以实现收益最大化。不考虑其他因素,则A公司应将该项金融资产划分为(　　)。

A. 以公允价值计量且其变动计入当期损益的金融资产

B. 以公允价值计量且其变动计入其他综合收益的金融资产

C. 其他应收款

D. 以摊余成本计量的金融资产

19. 在资产负债表日,需要对可供出售金融资产的账面价值进行检查,有客观证据表明该金融资产发生减值的,应计入(　　)。

A. 资产减值损失　　B. 公允价值变动损益

C. 投资收益　　D. 营业外支出

20. A公司于2018年7月20日从证券市场购入A公司股票500万股,划分为交易性金融资产,每股买价8元,另外支付交易费用40万元。A公司于2018年9月10日宣告发放现

金股利，每股 0.30 元。A 公司于 2018 年 9 月 20 日收到该现金股利 150 万元并存入银行。2018 年 12 月 31 日，该股票的市价为 4 500 万元。A 公司 2018 年对该金融资产应确认的投资收益为(　　)万元。

A. 500　　B. 150　　C. 110　　D. 610

21. 2018 年 1 月 1 日，A 公司发行分期付息、到期一次还本的 5 年期公司债券，实际收到的款项为 18 800 万元。该债券面值总额为 18 000 万元，票面年利率为 5%。利息于每年年末支付；实际年利率为 4%。2018 年 12 月 31 日，A 公司该项应付债券的摊余成本为(　　)万元。

A. 18 652　　B. 18 800　　C. 18 948　　D. 18 000

22. 对于分类为以公允价值计量且其变动计入其他综合收益的金融资产(债务工具投资)，将减值损失或利得计入当期损益，同时确认其损失准备的是(　　)。

A. 其他权益工具投资减值准备　　B. 债权投资减值准备

C. 其他综合收益　　D. 其他债权投资减值准备

23. 下列各项中，不应计入相关金融资产或金融负债初始入账价值的是(　　)。

A. 取得以公允价值计量且其变动计入其他综合收益的金融资产时发生的交易费用

B. 取得以摊余成本计量的金融资产时发生的交易费用

C. 发行长期债券发生的交易费用

D. 取得以公允价值计量且其变动计入当期损益的金融资产时发生的交易费用

24. 金融工具是一种基于买卖双方的合约，参与合约的一方不是形成一项金融资产，就是形成一项金融负债。以下事项都可视为一项金融工具，除了(　　)。

A. 银行贷给企业的贷款　　B. 招聘员工的合同

C. 公司发行的债券　　D. 公司发行的股票

25. A 公司 2018 年度购入丙上市公司的股票，实际支付价款 8 000 万元，另发生相关交易费用 30 万元；取得丙公司 2%的股权后，对丙公司的财务和经营政策无控制、共同控制或重大影响，A 公司将其指定为非交易性权益工具投资，年末公允价值为 8 500 万元。A 公司会计处理的表述中，不正确的是(　　)。

A. 初始入账价值为 8 030 万元

B. 购入丙公司的股权应通过“其他权益工具投资”科目核算

C. 年末账面价值为 8 500 万元

D. 2018 年确认的其他综合收益为 500 万元

26. 按《企业会计准则第 22 号——金融工具确认和计量》的规定，购买以摊余成本计量的金融资产，支付的交易费用应该记入的会计科目是(　　)。

A. “投资收益”　　B. “管理费用”　　C. “财务费用”　　D. “债权投资”

27. 企业购入股票并作为交易性金融资产核算，购买时发生的交易费用应确认为(　　)。

A. 财务费用　　B. 交易性金融资产的成本

C. 投资收益　　D. 营业外收入

28. 下列关于转让金融资产的表述中，正确的是(　　)。

A. 转让金融资产当月月末，如产生转让收益或损失，计入投资收益

B. 转让金融商品按盈亏相抵后的余额作为销售额，若相抵后出现负差，可结转到下一纳税期与下期转让金融商品销售额相抵，年末时仍出现负差的，可转入下一会计年度

C. 金融商品转让按照卖出价扣除买入价(需要扣除已宣告未发放现金股利和已到付息期未领取的利息)后的余额作为销售额计算增值税

D. 年末,如“应交税费——转让金融商品应交增值税”科目有借方余额,说明本年度的金融商品转让损失无法弥补,本年度的金融资产转让损失可以转入下年度继续抵减转让金融资产的收益

29. A公司2018年5月16日以每股6元的价格购进某股票60万股,其中包含已宣告但尚未发放的现金股利每股0.1元。另付相关交易费用0.6万元。根据其管理该股票的业务模式和该股票的合同现金流量特征,将该权益工具投资分类为以公允价值计量且其变动计入当期损益的金融资产,2018年6月5日收到现金股利。12月31日该股票收盘价格为每股5元。2018年7月15日以每股5.5元的价格将股票全部售出。下列关于A公司会计处理的表述中,不正确的是(  )。

A. 影响2018年营业利润－54万元

B. 影响2018年营业利润的金额为30万元

C. 应确认交易性金融资产的初始入账价值为354万元

D. 2018年7月15日出售该金融资产影响投资收益的金额为30万元

30. 关于金融资产的分类,下列说法中不正确的是(  )。

A. 如果符合其他条件,企业不能以某债务工具投资是浮动利率投资为由而不将其划分为以摊余成本计量的金融资产

B. 投资企业将通过出售某项金融资产来获取其现金流量的,不可以划分为以摊余成本计量的金融资产

C. 衍生金融资产一般不可以划分为以摊余成本计量的金融资产

D. 企业持有的股权投资可能划分为以摊余成本计量的金融资产

31. 资产负债表日,交易性金融资产的公允价值高于其账面余额的差额,应贷记的账户是(  )。

A.“投资收益”　　B.“应收股利”

C.“公允价值变动损益”　　D.“交易性金融资产”

32. 可供出售金融资产期末公允价值发生变动时,可直接计入(  )。

A. 投资收益　　B. 资本公积

C. 公允价值变动损益　　D. 未分配利润

33. 2018年1月1日,A公司溢价购入B公司当日发行的到期一次还本付息的3年期债券,作为债权投资核算,并于每年年末计提利息。2018年年末,A公司按照票面利率确认当年的应计利息590万元,利息调整的摊销金额10万元,不考虑相关税费及其他因素,2018年度A公司对该债券投资应确认的利息收入为(  )万元。

A. 590　　B. 580　　C. 600　　D. 10

34. 企业取得一项交易性金融资产,在持有期间,被投资单位宣告分派股票股利,下列做法中正确的是(  )。

A. 按分得的金额计入营业外收入

B. 企业应当在实际收到时才进行账务处理

C. 按企业应分得的金额计入当期投资收益

D. 被投资单位宣告分派股票股利,投资单位无须进行账务处理

35. 交易性金融资产持有期间确认被投资单位宣告发放的现金股利或利息时，应该贷记的会计账户是(　　)。

A.“财务费用”　　B.“应收股利”

C.“交易性金融资产”　　D.“投资收益”

## 二、多项选择题

1. 下列各项中，不计入交易性金融资产入账价值的有(　　)。

A. 买入价　　B. 支付的印花税

C. 支付的手续费　　D. 已到付息期但尚未领取的利息

2. 下列关于作为债务工具的金融资产重分类的表述中，正确的有(　　)。

A. 初始确认为其他债权投资的，可重分类为债权投资

B. 初始确认为债权投资的，可重分类为其他债权投资

C. 初始确认为债权投资的，可重分类为交易性金融资产

D. 初始确认为交易性金融资产的，可重分类为其他债权投资

3. 企业核算交易性金融资产的现金股利时，可能涉及的会计账户有(　　)。

A.“应收股利”　　B.“投资收益”

C.“公允价值变动损益”　　D.“其他货币资金”

4. 企业取得交易性金融资产支付的总价款中，不应当计入交易性金融资产入账价值的有(　　)。

A. 支付代理机构的手续费

B. 取得时已宣告但尚未发放的现金股利

C. 取得时已到期但尚未领取的债券利息

D. 支付给咨询公司的佣金

5. 下列有关不同类金融资产之间重分类的表述中，正确的有(　　)。

A. 以公允价值计量且其变动计入其他综合收益的金融资产(债权投资)可以重分类为以公允价值计量且其变动计入当期损益的金融资产

B. 指定为以公允价值计量且其变动计入当期损益的金融资产(股权投资)不能重分类为以公允价值计量且其变动计入其他综合收益的金融资产

C. 以摊余成本计量的金融资产不能重分类为以公允价值计量且其变动计入当期损益的金融资产

D. 指定为以公允价值计量且其变动计入其他综合收益的金融资产(股权投资)不可以重分类为以摊余成本计量的金融资产

6. 下列有关金融资产或金融负债的会计处理中，正确的有(　　)。

A. 如果取得某项金融资产的合同现金流量不仅限于本金和利息，则一般应该将其划分为以公允价值计量且其变动计入当期损益的金融资产

B. 企业为消除会计错配，可以将某项金融资产指定为以公允价值计量且其变动计入当期损益的金融资产，且该指定可以撤销

C. 对于指定为以公允价值计量且其变动计入当期损益的金融负债，其公允价值变动均应计入当期损益

D. 某项债券投资如果被划分为以公允价值计量且其变动计入其他综合收益的金融资产，

则其公允价值变动形成的利得或损失，除减值损失和外币货币性金融资产形成的汇兑差额外，应当直接计入所有者权益，在该金融资产终止确认时转出，计入当期损益

7. 下列各项中，会引起交易性金融资产账面价值发生变化的有( )。

A. 被投资单位宣告发放现金股利

B. 出售部分交易性金融资产

C. 确认分期付息债券利息

D. 交易性金融资产账面价值与公允价值的差额

8. 企业金融资产主要包括( )等。

A. 交易性金融资产

B. 可供出售金融资产

C. 现金

D. 贷款

E. 应收账款

9. 企业持有交易性金融资产时，对于持有的分期付息、到期还本的债券投资，在计息日企业进行相关账务处理会涉及的会计科目有( )。

A. "营业外收入"

B. "投资收益"

C. "应收利息"

D. "公允价值变动损益"

10. 下列关于交易性金融资产的表述中，正确的有( )。

A. 交易性金融资产在资产负债表日的公允价值变动会影响营业利润

B. 企业取得交易性金融资产时支付的价款中包括的交易费用应单独作为投资收益处理

C. 交易性金融资产在持有期间取得的股票股利应作为投资收益核算

D. 处置交易性金融资产时应将持有期间公允价值变动的金额转入投资收益

11. 下列关于交易性金融资产的处置的说法中，正确的有( )。

A. 企业处置交易性金融资产时，不需要对原计入公允价值变动损益的金额进行处理

B. 企业处置交易性金融资产时，要结转已经计提的减值准备

C. 企业处置交易性金融资产时，要将原计入公允价值变动损益的金额转出，计入投资收益

D. 企业处置交易性金融资产时，要将出售价款与其账面价值的差额计入投资收益

12. 持有至到期投资是指到期日固定、回收金额固定或可确定，并且有明确意图和能力持有至到期的非衍生金融资产(主要是债券类金融资产)。对于持有至到期投资，采用实际利率法，按照摊余成本进行后续计量，期末摊余成本会受( )等因素影响。

A. 已收回的本金

B. 期初摊余成本

C. 现金流入

D. 已发生的资产减值损失

E. 实际利息

13. 下列各项经济业务中，应通过"投资收益"科目核算交易性金融资产的有( )。

A. 出售时公允价值与其账面余额的差额

B. 取得时支付的交易费用

C. 资产负债表日发生的公允价值变动

D. 持有期间被投资单位宣告分派的现金股利

14. 关于以公允价值计量且其变动计入当期损益的金融资产的会计处理，下列各项中表述正确的有( )。

A. 持有期间被投资方宣告发放的现金股利，投资企业应当确认为投资收益

B. 应当按照取得时的公允价值和相关的交易费用作为初始确认金额
C. 资产负债表日，企业应将其公允价值变动计入当期损益
D. 支付的价款中包含的已宣告但尚未发放的现金股利或已到期但尚未领取的债券利息，应单独确认为应收项目

15. 下列各项中，关于交易性金融资产表述正确的有(　　)。
A. 取得交易性金融资产所发生的相关交易费用应当在发生时计入投资收益
B. 资产负债表日交易性金融资产公允价值与账面余额的差额计入当期损益
C. 取得交易性金融资产价款中包含已宣告但尚未发放的现金股利计入应收股利
D. 出售交易性金融资产时应将其公允价值与账面余额之间的差额确认为投资收益

16. 根据我国企业会计准则，可以重新分类的金融资产有(　　)。
A. 可供出售金融资产　　B. 贷款
C. 持有至到期投资　　D. 应收账款
E. 交易性金融资产

17. 会计上确认的金融负债主要有(　　)。
A. 应付税费　　B. 应付票据
C. 应付职工薪酬　　D. 应付债券
E. 应付账款

18. 下列关于企业交易性金融资产会计处理的表述中，正确的有(　　)。
A. 持有期间享有的被投资单位宣告分派的现金股利计入投资收益
B. 资产负债表日的公允价值变动金额计入投资收益
C. 处置时实际收到的金额与交易性金融资产初始入账价值之间的差额计入投资收益
D. 取得时发生的交易费用计入投资收益

19. 持有至到期投资通常设(　　)明细账户进行核算。
A.“利息调整”　　B.“应计利息”
C.“公允价值变动”　　D.“投资损益”
E.“成本”

20. 下列关于金融资产后续计量的表述中，正确的有(　　)。
A. 贷款和应收款项应采用实际利率法，按摊余成本计量
B. 交易性金融资产应按公允价值计量，并扣除处置时可能发生的交易费用
C. 债权投资应采用实际利率法，按摊余成本计量
D. 其他权益工具投资应按公允价值计量，并扣除处置时可能发生的交易费用

21.“交易性金融资产”科目借方登记的内容有(　　)。
A. 资产负债表日其公允价值低于账面余额的差额
B. 取得交易性金融资产所发生的相关交易费用
C. 交易性金融资产的取得成本
D. 资产负债表日其公允价值高于账面余额的差额

22. 企业对下列金融资产进行初始计量时，应将发生的相关交易费用计入初始确认金额的有(　　)。
A. 委托贷款　　B. 债权投资
C. 交易性金融资产　　D. 其他债权投资

## 三、判断题

1. 企业以摊余成本计量的金融资产应于初始确认时计算其实际利率，并在预期存续期间内保持不变。（ ）

2. 企业出售交易性金融资产时，应将原计入公允价值变动损益的该金融资产的公允价值变动转出，由公允价值变动损益转为投资收益。（ ）

3. 交易性金融资产持有期间，投资单位收到投资前被投资单位已宣告但尚未发放的现金股利时，应确认投资收益。（ ）

4. 金融工具应当采用公允价值进行计量，以及时反映不断变化的价值。（ ）

5. 企业为取得交易性金融资产发生的交易费用应计入交易性金融资产初始确认金额。（ ）

6. 企业取得交易性金融资产时，应当按照取得时的公允价值和相关交易费用之和作为初始确认金额，支付的价款中包含已宣告但尚未发放的现金股利或已到付息期但尚未领取的债券利息，应当单独确认为应收项目。（ ）

7. 可供出售金融资产发生的交易费用不需要计入可供出售金融资产的成本，直接冲减投资收益。（ ）

8. 对于以公允价值计量且其变动计入当期损益的金融资产，企业应将相关交易费用直接计入当期损益。（ ）

9. 企业在持有交易性金融资产期间取得的利息或现金股利，应当冲减该金融资产的账面价值。（ ）

10. 某项金融资产划分为以公允价值计量且变动计入当期损益的金融资产后，不能再重新分类为其他类型的金融资产。（ ）

11. 处置其他权益工具投资时，应按取得的价款与该金融资产账面价值之间的差额，确认为投资收益；原直接计入所有者权益的公允价值变动累计额也应转入投资收益。（ ）

12. 对于权益工具投资，如果归类为金融资产，则可以分类为交易性金融资产或其他权益工具投资。（ ）

13. 现金和应收账款不是企业的一项金融资产。（ ）

14. 交易性金融资产事实上就是指“以公允价值计量且变动计入当期损益”的资产。（ ）

15. 债权投资在持有期间应当按照实际利率法确认利息收入，其在各期的实际利率应当分别按照各期期初市场利率计算确定。（ ）

16. 交易性金融资产取得时包含已宣告但尚未发放的现金股利计入投资收益。（ ）

17. 企业将金融资产进行分类以后，不能随意变更。但当持有至到期投资由于部分出售等原因造成不适合继续划分为持有至到期投资时，可以将其重新分类为可供出售的金融资产。（ ）

18. 由于金融工具的复杂性，即使按照公允价值进行计量，也很难揭示其风险，因此要特别加强表外披露。（ ）

19. 其他债权投资公允价值变动形成的利得或损失，除减值损失和外币货币性金融资产形成的汇兑差额外，应当直接计入其他综合收益。（ ）

20. 企业出售交易性金融资产，应将实际收到的价款小于其账面余额的差额计入公允价

值变动损益。 ( )

21. 出售交易性金融资产时，应将出售时的公允价值与其账面余额之间的差额确认为当期损益。 ( )

22. 交易性金融资产在按公允价值进行期末计量时，需要通过公允价值变动损益账户进行核算。 ( )

23. 持有至到期投资是指企业不仅有意图，而且有能力持有至到期的投资。 ( )

24. 企业持有交易性金融资产期间，如果公允价值上升，应该借记“投资收益”科目，贷记“公允价值变动损益”科目。 ( )

25. 交易性金融资产持有期间，投资单位收到投资前被投资单位已宣告但尚未发放的现金股利时，应确认投资收益。 ( )

26. 其他权益工具投资形成的汇兑差额应当计入其他综合收益。 ( )

27. 持有至到期投资产生的交易费用，需要单独核算，不能计入持有至到期投资的成本。 ( )

28. 当购买的金融资产中包含已宣告但尚未发放的股利时，不管是将该金融资产归入交易性金融资产还是可供出售金融资产，都需要通过应收股利账户进行单独核算。 ( )

29. 2018 年 12 月 31 日，A 公司因改变持有目的，将原作为交易性金融资产核算的 B 公司普通股股票重分类为其他权益工具投资。 ( )

## 四、综合题

1. 光华公司发生有关经济业务如下：

(1)2020 年 3 月向证券公司存出投资款 2 300 万元，购入 A 上市公司股票 58 万股，支付价款 580 万元(其中包含已宣告但尚未发放的现金股利 6 万元)，另支付相关交易费用 1 万元，取得的增值税专用发票上注明的增值税税额为 0.06 万元。公司将其划分为交易性金融资产进行管理和核算。

(2)4 月 12 日，收到 A 公司发放的现金股利并存入银行的投资款专户。

(3)6 月 30 日，持有的 A 公司股票公允价值为 564 万元。

(4)7 月 31 日，全部出售 A 公司股票 58 万股，售价为 680 万元，转让该金融商品增值税税额为 5.66 万元，款项已收到。

要求：根据上述经济业务，编制相关会计分录(单位：万元)。

2. 利达公司债券投资的相关资料如下：

(1)2016 年 1 月 1 日，以银行存款 2 030 万元购入乙公司面值总额为 2 000 万元的 4 年期公司债券，票面年利率为 4.2%。合同约定，未来 4 年，每年的利息于次年 1 月 1 日支付，本金于 2020 年 1 月 1 日一次性偿还，乙公司不能提前赎回该债券，利达公司将该债券投资划分为以摊余成本计量的金融资产。

(2)在取得乙公司债券时，计算确定该债券投资的实际年利率为 3.79%，利达公司在每年年末时对债券投资的投资收益进行会计处理。

(3)2018 年 1 月 1 日，利达公司在收到乙公司债券上年利息后，将该债券全部出售，所得款项 2 025 万元收存银行。

要求：

(1)编制利达公司 2016 年 1 月 1 日购入乙公司债券的相关会计分录。

(2)计算利达公司 2016 年 12 月 31 日应确认的债券投资收益,并编制会计分录。

(3)编制利达公司 2017 年 1 月 1 日收到乙公司债券利息的相关会计分录。

(4)计算利达公司 2017 年 12 月 31 日应确认的债券投资收益,并编制相关会计分录。

(5)编制利达公司 2018 年 1 月 1 日出售乙公司债券的相关会计分录。

(单位:万元)

3. 为提高闲置资金的使用率,A 公司 2020 年 4 月 10 日购买了丙公司首次发行的股票 100 万股,共支付价款 800 万元,对丙公司不具有控制、共同控制或重大影响,股票限售期为 1 年,A 公司未将该股票直接指定为以公允价值计量且其变动计入当期损益的金融资产,也没有随时出售的计划。2020 年 12 月 31 日,丙公司股票公允价值为每股 12 元。

要求:判断 A 公司取得丙公司股票时应划分的金融资产类别,说明理由,并编制 A 公司 2020 年 12 月 31 日确认所持有丙公司股票公允价值变动的会计分录(单位:万元)。

# 第6章　长期股权投资

## 一、单项选择题

1. 一家公司拥有另一家公司50%以上有表决权的股份时，(　　)。

A. 通常需要编制合并会计报表　　B. 两家公司成为一个报告主体

C. 两家公司具有母子公司关系　　D. 上述选项均成立

2. 合营公司和联营公司典型的比例关系是(　　)。

A. 50%和20%　　B. 10%和20%

C. 20%和10%　　D. 20%和50%

3. 下列合并形式中，(　　)会导致合并双方法律主体的消失。

A. 新设合并　　B. 比例合并

C. 吸收合并　　D. 上述选项均不

4. 2021年7月1日，甲公司以公允价值为14 000万元、账面价值为10 000万元的固定资产(不动产)作为对价，支付给乙公司的原股东，对乙公司进行控股合并，持股比例为80%。购买日乙公司可辨认净资产账面价值为11 000万元，公允价值为15 000万元。甲公司和乙公司的原股东不存在关联方关系。假定不考虑相关税费，在购买日甲公司的有关会计处理中，不正确的是(　　)。

A. 在个别财务报表中确认合并商誉2 000万元

B. 合并成本为14 000万元

C. 确认固定资产的处置收益4 000万元

D. 将固定资产的账面价值10 000万元转入“固定资产清理”科目

5. 甲公司向乙公司投资1亿元，所拥有乙公司有表决权的股份在20%以下，但甲公司对乙公司的生产及经营具有重大的影响力，甲公司在投资核算时应采用(　　)方法。

A. 成本与市价孰低法　　B. 权益法

C. 合并法　　D. 成本法

6. 投资方持有被投资方(　　)以上的股份是控制的一种典型表现形式。

A. 30%　　B. 51%　　C. 20%　　D. 40%

7. 甲公司拥有乙公司70%的普通股股权，2019年期初余额为800 000元；乙公司2019年盈利900 000元，分配现金股利300 000元。甲公司2019年年末长期股权投资账户的余额应为(　　)元。

A. 1 640 000　　B. 800 000　　C. 1 220 000　　D. 1 240 000

8. 甲公司2020年1月1日以3 015万元的价格购入乙公司30%的股份，甲公司取得该项投资后对乙公司具有重大影响。购入时乙公司可辨认净资产的公允价值为11 000万元(包含一项无形资产评估增值200万元，预计尚可使用年限为10年，采用直线法摊销，不考虑净残值)。乙公司 2020 年实现净利润 620 万元。假定不考虑其他因素,该项投资对甲公司 2020 年度利润总额的影响为(　　)万元。

A. 465　　B. 165　　C. 480　　D. 180

9. 被投资方用当年利润向投资方分派现金股利,其对投资方的长期股权投资账户的可能影响在成本和权益法下分别是(　　)。

A. 减少;减少　　B. 减少;无影响

C. 无影响;无影响　　D. 无影响;减少

10. 同一控制下企业合并的长期股权投资,其初始投资成本按照被投资企业相应的净资产份额确定,投资方的实际投资成本与初始投资成本的差额计入投资方的(　　)。

A. 实收资本　　B. 盈余公积　　C. 资本公积　　D. 股本

11. 2019 年 12 月 31 日,A 公司以专利技术自非关联方 B 公司换入 70%的股权,取得控制权,专利技术原值为 1 200 万元,已摊销额为 200 万元,公允价值为 1 500 万元,B 公司可辨认净资产账面价值 800 万元,公允价值 900 万元,不考虑其他因素,该业务对 A 公司个别利润表中当期利润总额的影响金额(　　)万元。

A. 增加 500　　B. 增加 100　　C. 增加 300　　D. 减少 90

12. 企业合并中,合并方(或购买方)为进行企业合并发生的各项审计、评估咨询、法律服务等中介费用,应当于发生时计入(　　)。

A. 资本公积　　B. 投资收益

C. 管理费用　　D. 长期股权投资的初始投资成本

13. 2020 年 1 月 1 日,甲公司以银行存款 2 500 万元取得乙公司 20%有表决权的股份,对乙公司具有重大影响,采用权益法计算;乙公司当日可辨认净资产的账面价值为 12 000 万元,各项可辨认资产、负债的公允价值与其账面价值均相同。乙公司 2020 年度实现的净利润为 1 000 万元。不考虑其他因素,2020 年 12 月 31 日,甲公司该项投资在资产负债表中应列示的年末余额为(　　)万元。

A. 2 400　　B. 2 500　　C. 2 700　　D. 2 600

14. 2019 年 4 月 20 日,A 公司将其持有的一项以权益法核算的长期股权投资全部出售,取得价款 1 200 万元,当日办妥手续。出售时,该项长期股权投资的账面价值为 1 100 万元,其中投资成本为 700 万元,损益调整为 300 万元,可重分类进损益的其他综合收益为 100 万元,不考虑增值税等相关税费及其他因素,A 公司处置该项股权投资应确认的相关投资收益为(　　)万元。

A. 400　　B. 500　　C. 100　　D. 200

15. 采用成本法核算时,以下长期股权投资处理方法中不正确的是(　　)。

A. 投资企业确认投资收益,仅限于被投资单位接受投资后产生的累积净利润份额,所获得的利润或现金股利超过上述数额的部分作为初始投资成本的收回

B. 被投资单位宣告分派的现金股利或利润(除购买价款中包含的已宣告但尚未发放的现金股利),应确认为当期投资收益

C. 追加或收回投资应当调整长期股权投资的投资成本

D. 长期股权投资应当按照初始投资成本计价

16. A 公司对其 B 公司的投资比例为 25%,采用权益法核算。B 公司当年净利润为 100 万元,A 公司当年确认的投资收益为(　　)万元。

A. 80　　B. 20　　C. 100　　D. 25

17. 投资方按权益法确认应分担被投资单位的净亏损或被投资单位其他综合收益减少净额，将有关长期股权投资冲减至零并产生了未确认投资净损失的，被投资单位在以后期间实现净利润或其他综合收益增加净额时，投资方应当按照以前确认或登记有关投资净损失时的相反顺序进行会计处理，即依次正确的是(　　)。

A. 恢复长期股权投资的账面价值，同时，投资方还应当重新复核预计负债的账面价值

B. 恢复其他长期权益和恢复长期股权投资的账面价值，同时，投资方还应当重新复核预计负债的账面价值

C. 减记未确认投资净损失金额、恢复其他长期权益和恢复长期股权投资的账面价值，同时，投资方还应当重新复核预计负债的账面价值

D. 恢复其他长期权益和恢复长期股权投资的账面价值，减记未确认投资净损失金额，同时，投资方还应当重新复核预计负债的账面价值

18. 甲公司 2017 年 1 月 3 日取得乙公司 30%的有表决权股份，其初始投资成本为 1 650 万元，采用权益法核算。投资时乙公司可辨认净资产公允价值为 5 000 万元。当年乙公司实现净利润 1 500 万元，2018 年乙公司发生净亏损 7 500 万元，2019 年乙公司实现净利润 3 000 万元。假定取得投资时乙公司可辨认净资产公允价值等于账面价值，双方采用的会计政策、会计期间相同。不考虑其他因素，2019 年年末甲公司长期股权投资的账面价值为(　　)万元。

A. 900　　B. 750　　C. 0　　D. 1 650

19. 2020 年 1 月 2 日，A 公司以 2 000 万元的银行存款自另一非关联方处取得 B 公司 15%的股权，相关手续于当日完成。当日，B 公司可辨认净资产公允价值总额为 16 000 万元，至此持股比例达到 20%，能够对 B 公司施加重大影响，对该项股权投资转为采用权益法核算。原 5%股权投资指定为其他权益工具投资，当日账面价值为 1 000 万元(其中成本为 600 万元，公允价值变动为 400 万元)，公允价值是 1 100 万元。A 公司由其他权益工具投资转换为长期股权投资权益法的会计处理中，不正确的是(　　)。

A. 长期股权投资初始投资成本为 3 100 万元

B. 原持有 5%股权的公允价值与账面价值的差额 100 万元计入留存收益

C. 原持有 5%股权确认的其他综合收益 400 万元计入留存收益

D. 影响本年利润的金额为 500 万元

20. 2019 年 3 月 12 日，甲公司以银行存款 6 000 万元支付给乙公司，作为取得乙公司持有丙公司 70%股权的合并对价。另发生评估、审计等中介费用 10 万元，已用银行存款支付。交易前乙公司为甲公司和丙公司的母公司，股权合并日被合并方丙公司在最终控制方乙公司合并财务报表中的净资产的账面价值为 10 000 万元(原母公司乙公司未确认商誉)。甲公司在合并日的会计处理中，不正确的是(　　)。

A. 长期股权投资初始投资成本与支付对价的差额确认投资收益 1 000 万元

B. 发生的评估、审计等中介费用 10 万元应计入管理费用

C. 合并日不产生合并商誉

D. 长期股权投资的初始投资成本为 7 000 万元

21. 甲公司 2019 年对丁公司的长期股权投资业务如下：2019 年 4 月丁公司宣告分配现金股利 4 000 万元，2019 年 5 月 25 日实际发放现金股利。2019 年 8 月 20 日甲公司将该股权全部出售，收到价款 9 500 万元。该股权为甲公司 2017 年取得。持有丁公司 30%的股权，对其

具有重大影响。处置日该投资的账面价值为8 000万元(其中投资成本为6 000万元,损益调整借方金额为1 000万元,其他权益变动借方金额为400万元,因被投资单位其他债权投资公允价值增加确认其他综合收益600万元)。甲公司处置丁公司股权确认的投资收益是(  )万元。

A. 1 500　　B. 2 500　　C. 1 900　　D. 6 500

22. A公司对B公司长期股权投资的账面价值截止到2019年1月2日为6 520万元,持股比例为80%并能控制B公司。当日B公司向非关联方C公司定向增发新股,增资15 000万元,相关手续于当日完成,A公司对B公司的持股比例下降为30%,对B公司由控制转换为具有重大影响。A公司应享有的原子公司因增资扩股而增加净资产的份额与应结转持股比例下降部分所对应的长期股权投资原账面价值之间的差额,应(  )。

A. 确认投资收益425万元　　B. 确认其他综合收益425万元

C. 确认营业外收入425万元　　D. 确认资本公积425万元

## 二、多项选择题

1. 下列有关非同一控制下控股合并的处理方法中,正确的有(  )。

A. 因企业合并发生的评估、审计和律师费用,计入管理费用

B. 企业合并成本中不包含被投资单位已宣告但尚未发放的现金股利

C. 应在购买日按企业合并成本确认长期股权投资初始投资成本

D. 以固定资产作为合并对价的,资产的公允价值与账面价值的差额计入当期损益

2. 下列关于金融资产与长期股权投资权益法之间相互转换的会计处理中,表述正确的有(  )。

A. 投资方因处置部分股权投资等原因由权益法转换为金融资产,原股权投资因采用权益法核算而确认的其他综合收益(可重分类进损益部分)在改按金融资产核算时转为投资收益

B. 投资方因追加投资等由金融资产转换为权益法,原持有的股权投资指定为其他权益工具投资的,其公允价值与账面价值之间的差额,以及原计入其他综合收益的累计公允价值变动应当转入改按权益法核算的留存收益

C. 投资方因处置部分股权投资等原因由权益法转换为金融资产,处置后的剩余股权应当改按《企业会计准则第22号——金融工具确认和计量》核算,其在丧失共同控制或重大影响之日的账面价值为金融资产的初始投资成本

D. 投资方因追加投资由金融资产转换为权益法,应当按照原持有的股权投资的账面价值加上新增投资成本之和,作为改按权益法核算的初始投资成本

3. 因部分处置长期股权投资,企业将剩余长期股权投资的核算方法由成本法转为权益法时进行的下列会计处理中,正确的有(  )。

A. 按照处置部分的比例结转应终止确认的长期股权投资成本

B. 按剩余股权的账面价值大于按照剩余持股比例计算原投资时应享有的被投资单位可辨认净资产公允价值份额的差额,调整长期股权投资的账面价值

C. 剩余股权按照原取得投资时至处置投资当期期初应享有的被投资单位已实现净损益中的份额调整留存收益

D. 剩余股权按照处置投资当期期初至处置投资日应享有的被投资单位已实现净损益中

的份额调整当期损益

4. 采用权益法对联营公司或合营公司的长期股权投资进行调整时，应当以取得投资时被投资企业各项可辨认资产等的公允价值为基础，对被投资企业净利润进行调整后加以确定，而不应简单地按照被投资单位的账面净利润与持股比例计算的结果确定。常见的需要调整的事项有(　　)。

A. 长期股权投资　　B. 无形资产及摊销
C. 存货与销售成本　　D. 自然资源及折耗
E. 固定资产及折旧

5. 长期股权投资采用权益法核算的，以下业务发生时，投资企业不需要进行会计处理的有(　　)。

A. 被投资单位以盈余公积转增资本　　B. 被投资单位实现净利润
C. 被投资单位以盈余公积弥补亏损　　D. 被投资单位提取法定盈余公积

6. 长期股权投资是指通过购买股票或签订协议等方式取得被投资企业股权的投资，包括对(　　)的投资。

A. 子公司　　B. 没有公开市场报价的小额投资
C. 合营公司　　D. 有公开市场报价的小额投资
E. 联营公司

7. 采用权益法核算的长期股权投资，不会引起长期股权投资账面价值发生增减变动的事项有(　　)。

A. 被投资单位股东大会宣告分派股票股利
B. 实际收到已宣告的现金股利
C. 被投资单位实际发放股票股利
D. 被投资单位其他综合收益或其他资本公积发生变动

8. 企业采用成本法核算长期股权投资进行的下列会计处理中，正确的有(　　)。

A. 按追加投资的金额调增长期股权投资的成本
B. 按持股比例计算享有被投资方实现净利润的份额调增长期股权投资的账面价值
C. 按持股比例计算应享有被投资方其他债权投资公允价值上升的份额确认投资收益
D. 按持股比例计算应享有被投资方宣告发放现金股利的份额确认投资收益

9. 下列各项中，应按长期股权投资核算的有(　　)。

A. 对子公司的投资
B. 在活跃市场中有报价、公允价值能可靠计量的不具有控制、共同控制和重大影响的权益性投资
C. 在活跃市场中没有报价、公允价值无法可靠计量的不具有控制、共同控制和重大影响的权益性投资
D. 对联营企业、合营企业的投资

10. 下列关于同一控制下企业合并形成的长期股权投资会计处理表述中，正确的有(　　)。

A. 与发行债务工具作为合并对价直接相关的交易费用，应计入债务工具的初始确认金额
B. 合并成本与合并对价账面价值之间的差额，应计入其他综合收益
C. 合并方发生的评估咨询费用，应计入当期损益

D. 与发行权益工具作为合并对价直接相关的交易费用，应计入当期损益

11. 企业采用权益法核算长期股权投资时，下列各项中，影响长期股权投资账面价值的有(　　)。

A. 被投资单位实现净利润　　B. 被投资单位其他综合收益变动
C. 被投资单位发行一般公司债券　　D. 被投资单位以盈余公积转增资本

12. 权益法是投资企业按照被投资企业账面净资产的变化相应调整长期股权投资账面价值的方法。当被投资企业发生(　　)事项时，需要对长期股权投资进行调整。

A. 资本公积增加　　B. 资本公积减少
C. 亏损　　D. 盈利
E. 长期股权投资发生减值

13. 长期股权投资主要是通过(　　)。

A. 非企业合并下取得的和接受赠予形成的
B. 企业合并下取得的
C. 非企业合并下取得的
D. 企业合并下取得的和接受赠予形成的
E. 接受赠予形成的

14. 投资企业在投资后，对长期股权投资的核算有(　　)等方法。

A. 加权平均法　　B. 成本法　　C. 先进先出法　　D. 后进先出法
E. 权益法

15. 下列关于长期股权投资的事项中，投资企业应确认为投资收益的有(　　)。

A. 出售采用成本法核算的长期股权投资时，实际收到的金额与其账面价值及已宣告但尚未发放的现金股利或利润的差额
B. 采用权益法核算的，初始投资成本小于投资时应享有被投资单位可辨认净资产公允价值份额的差额
C. 丧失采用权益法核算的长期股权投资时，结转原记入"资本公积——其他资本公积"科目的金额
D. 采用成本法核算的，被投资企业宣告发放的现金股利

16. 企业合并的形式主要有(　　)。

A. 创立合并　　B. 反向收购　　C. 稀释合并　　D. 控股合并
E. 吸收合并

17. 投资方因追加投资等原因能够对非同一控制下的被投资单位实施控制的，假定不构成一揽子交易，下列会计处理表述正确的有(　　)。

A. 由权益法转换为长期股权投资成本法的，应当按照原持有的股权投资账面价值加上新增投资成本之和，作为改按成本法核算的初始投资成本
B. 由金融资产转换为长期股权投资成本法的，购买日之前原计入其他综合收益的累计公允价值变动应当在处置股权时转入留存收益
C. 由金融资产转换为长期股权投资成本法的，应当按照原持有的股权投资公允价值加上新增投资成本之和，作为改按成本法核算的初始投资成本
D. 由权益法转换为长期股权投资成本法的，购买日之前持有的股权投资因采用权益法核算而确认的其他综合收益(可重分类进损益部分)，应当在购买日转入当期损益

18. 非同一控制下的企业合并是指合并双方在合并交易或事项发生前后不受同一方控制。非同一控制下企业合并取得的长期股权投资，其初始成本（入账价值）为合并成本。合并成本是投资企业（合并方）所支付的对价的公允价值，包括（　　）。

A. 权益证券的公允价值　　B. 权益证券的票面价值
C. 非货币性资产的公允价值　　D. 非货币性资产的账面价值
E. 现金

19. 同一控制下的企业合并是指合并双方在合并交易或者事项发生前后均受同一方控制，合并对价可以按（　　）计量。

A. 权益证券的票面价值　　B. 现金
C. 权益证券的公允价值　　D. 非货币性资产的账面价值
E. 非货币性资产的公允价值

20. 成本法下，长期股权投资一直保持投资时取得的成本，除非发生（　　）业务时，才会增加或减少长期股权投资。

A. 收回投资　　B. 追加投资
C. 被投资企业盈利　　D. 发放清算股利
E. 长期股权投资发生减值

## 三、判断题

1. 权益法下，被投资企业是否连续亏损都不会影响长期股权投资的金额。（　　）

2. 只有在合并方式下才会形成企业的长期股权投资。（　　）

3. 在股权分散的情况下，即使投资方拥有被投资方有表决权股份的比例较低，也会对被投资方形成实质性的控制。（　　）

4. 在同一控制下的企业合并过程中产生的审计等中介费用计入合并成本。（　　）

5. 企业无论以何种方式取得长期股权投资，实际支付的价款或对价中包含的已宣告但尚未发放的现金股利或利润，均应作为取得的长期股权投资成本。（　　）

6. 增值税一般纳税企业以支付现金方式取得联营企业股权的，所支付的与该股权投资直接相关的费用应计入当期损益。（　　）

7. 即使投资方持有被投资方很少的股份，只要有公开的市场报价，都可以纳入长期股权投资进行核算。（　　）

8. 长期股权投资是指投资方对被投资方实施控制、重大影响的权益性投资，以及对其合营公司的权益性投资。（　　）

9. 对合营公司的投资，投资方是没有任何控制权的。（　　）

10. 企业采用权益法核算长期股权投资的，在确认投资收益时，不需考虑顺流交易产生的未实现内部交易利润。（　　）

11. 企业在确定能否对被投资单位实施控制或施加重大影响时，应当考虑投资企业和其他方持有的被投资单位当期可转换公司债券、当期可执行认股权证等潜在表决权因素。（　　）

12. 投资企业按成本法核算长期股权投资，其目的是随时反映投资企业在被投资企业所有者权益中所占的份额。（　　）

13. 在采用成本法核算的情况下，当被投资企业发生盈亏时，投资企业不做账务处理；当

被投资企业宣告分配现金股利时，投资方应将分得的现金股利确认为投资收益。（ ）

14. 母公司是投资方能够控制的企业，一般需要持有20%以上有表决权的股份。（ ）

15. 非同一控制下企业合并，以发行权益性证券作为合并对价的，与发行权益性证券相关的佣金、手续费等应计入合并成本。（ ）

16. 长期股权投资按权益法进行核算时，如果初始投资成本小于取得投资时应享有的被投资企业可辨认净资产公允价值份额，应调增长期股权投资和营业外收入。（ ）

17. 权益法下长期股权投资减记为零以后，即使被投资企业盈利了，也不能进行调整。（ ）

18. 按照我国企业会计准则的要求，对其他企业的长期股权投资采用成本法，对子公司的长期股权投资采用权益法。（ ）

19. 非同一控制下的企业合并是指合并双方在交易或事项发生前后不受同一方控制。（ ）

20. 母公司在编制合并报表时，应当将母子公司之间的交易进行抵销。（ ）

21. 在权益法下，被投资企业净资产任何项目的变化都将影响投资企业的损益。（ ）

22. 按照我国企业会计准则的要求，对联营公司和合营公司的长期股权投资均采用权益法。（ ）

23. 长期股权投资采用成本法核算的，在持有过程中被投资单位宣告发放的现金股利属于其在取得投资前被投资单位实现的净利润的分配额的，应作为投资成本的收回，借记"应收股利"科目，贷记"长期股权投资"科目。（ ）

24. 非同一控制下企业合并，企业合并成本的确定按所放弃的资产、发生或承担的负债及发行的权益性证券的公允价值计量，付出资产（其他权益工具投资除外）公允价值与账面价值的差额计入当期损益。（ ）

25. 投资企业按成本法核算长期股权投资时，可直接将收到的股利作为投资收益。（ ）

26. 处置长期股权投资时，不同时结转已计提的长期股权投资减值准备，待期末一并调整。（ ）

## 四、综合题

SM为沪市主板上市公司，2019、2020年发生如下与长期股权投资有关的业务：

(1)2019年1月1日，以银行存款400万元和专利技术300万元（公允价值，成本为320万元，累计摊销64万元）从Y公司其他股东处受让取得Y公司15%有表决权的股份，对Y公司不具有重大影响，作为长期股权投资核算。当日，Y公司可辨认净资产公允价值和账面价值均为4 000万元。

(2)2019年2月26日，Y公司宣告分派上年现金股利400万元；3月1日，收到现金股利，款项已存入银行。

(3)Y公司2019年实现净利润470万元。

(4)2020年1月2日，SM公司以银行存款450万元从Y公司其他股东处受让取得该公司10%的股份，并向Y公司派出一名董事。当日，Y公司可辨认净资产公允价值为4 086万元，A存货的账面价值和公允价值分别为120万元和136万元；其他资产与负债的公允价值与账面价值相同。

(5)2020 年 3 月 28 日，Y 公司宣告分派上年度现金股利 380 万元；4 月 1 日，SM 公司收到 Y 公司分派的现金股利，存入银行。

(6)2020 年 12 月 31 日，Y 公司持有的其他权益工具投资公允价值增加 20 万元，Y 公司已将其计入资本公积。

(7)至 2020 年 12 月 31 日，Y 公司持有的 A 存货已对外售出 50%。

(8)2020 年 Y 公司实现净利润 500 万元。

要求：

(1) 分别指出 SM 公司 2019、2020 年对 Y 公司长期股权投资应采用的核算方法。

(2) 编制 SM 公司 2019 年长期股权投资相关业务的会计分录。

(3) 编制 SM 公司 2020 年长期股权投资相关业务的会计分录。

此外，SM 公司与 Y 公司均按净利润的 10%提取法定盈余公积，长期股权投资未出现减值迹象(单位：万元)。

# 第 7 章　固定资产

## 一、单项选择题

1. 下列项目中，不应计入固定资产入账价值的是(　　)。

A. 固定资产安装费

B. 固定资产运费

C. 生产经营用固定资产购入时支付的增值税

D. 固定资产安装过程中领用的原材料

2. 某企业 2018 年 6 月 20 日自行建造的一条生产线投入使用，该生产线建造成本为 740 万元，预计使用年限为 5 年，预计净残值为 20 万元。在采用年数总和法计提折旧的情况下，2018 年该设备应计提的折旧额为(　　)万元。

A. 240　　B. 140　　C. 120　　D. 148

3. 某项固定资产原值为 64 000 元，预计可使用 10 年，预计残值 5 000 元，预计清理费 1 000 元，按直线法该固定资产月平均折旧额为(　　)元。

A. 500　　B. 400　　C. 600　　D. 575

4. 对固定资产盘亏，经批准后，一般应按其净损失转账，记入(　　)账户。

A. "管理费用"　　B. "其他应收款"

C. "营业外支出"　　D. "实收资本"

5. 某工业企业，2014 年 5 月份发生一场火灾，共计损失 100 万元，其中：流动资产损失 55 万元；固定资产损失 45 万元。经查明事故原因是由于雷击造成的。企业收到保险公司的赔偿款 40 万元，其中，流动资产保险赔偿款 30 万元，固定资产保险赔偿款 10 万元。企业由于这次火灾损失而应计入营业外支出的金额为(　　)万元。

A. 100　　B. 60　　C. 25　　D. 15

6. 通过"累计折旧"账户对"固定资产"账户进行调整，反映固定资产的(　　)。

A. 原始价值　　B. 折旧额　　C. 净值　　D. 增加价值

7. 某项固定资产的原值为 120 000 元，预计使用年限为 5 年，预计净残值为 12 000 元，则按年数总和法计算的第 4 年的折旧额为(　　)元。

A. 28 800　　B. 21 600　　C. 14 400　　D. 15 600

8. 某企业出售一建筑物，账面原价 2 100 000 元，已使用两年，已提折旧 210 000 元，出售时发生清理费用 21 000 元，出售价格 2 058 000 元。该企业出售此建筑物发生的净损益为(　　)元。

A. 45 150　　B. 44 100　　C. 147 000　　D. 168 000

9. 某企业出售一幢办公楼，该办公楼账面原价 370 万元，累计折旧 115 万元，未计提减值准备。出售取得价款 360 万元，发生清理费用 10 万元。假定不考虑其他相关税费。企业出售该幢办公楼确认的净收益为(　　)万元。

A. 10　　B. 77　　C. 95　　D. 105

10. 某企业于20×6年12月31日购入一项固定资产，其原价为200万元，预计使用年限为5年，预计净残值为0.8万元，采用双倍余额递减法计提折旧。20×7年度该项固定资产应计提的年折旧额为(　　)万元。

A. 39.84　　B. 66.4　　C. 79.68　　D. 80

11. 某企业对生产设备进行改良，发生资本化支出共计45万元，被替换旧部件的账面价值为10万元，该设备原价为500万元，已计提折旧300万元，不考虑其他因素。该设备改良后的入账价值为(　　)万元。

A. 245　　B. 200　　C. 235　　D. 190

12. 某企业2019年7月被盗固定资产一台，该固定资产原值120万元，已计提折旧12万元，经调查，该损失属于企业保管不善造成的，保险公司赔偿金为20万元。不考虑相关税费，则报经批准后应计入(　　)。

A. 其他应收款88万元　　B. 资产减值损失88万元

C. 营业外支出88万元　　D. 管理费用88万元

13. 下列各项中，不会导致固定资产账面价值发生增减变动的是(　　)。

A. 盘盈固定资产　　B. 以固定资产对外投资

C. 计提减值准备　　D. 经营性租入设备

14. 2019年12月13日甲公司(一般纳税人)购入生产设备一台，支付设备价款20万元，取得增值税专用发票上注明的增值税税额2.6万元。在采购过程中发生运输费1万元，安装人员调试费0.8万元，采购人员差旅费1.3万元。假定不考虑其他因素，则该生产设备的入账价值为(　　)万元。

A. 21.8　　B. 20　　C. 22.6　　D. 23.1

15. 2019年12月，某企业购入一台设备，初始入账价值400万元，设备于当月交付使用，预计使用寿命5年，预计净残值4万元，采用年数总和法计提折旧，不考虑其他因素，2020年该设备应计提折旧额为(　　)万元。

A. 160　　B. 105.6　　C. 132　　D. 96

16. 2019年3月31日，甲公司采用出包方式对某固定资产进行改良，该固定资产账面原值为3 600万元，预计使用年限为5年，已使用3年，预计净残值为零，采用年限平均法计提折旧。甲公司支付出包工程款96万元。2019年8月31日，改良工程达到预定可使用状态并投入使用，预计尚可使用4年，预计净残值为零，采用年限平均法计提折旧。2019年度该固定资产应计提的折旧为(　　)万元。

A. 180　　B. 384　　C. 128　　D. 308

17. 下列各项中，不应通过“固定资产清理”科目核算的是(　　)。

A. 盘盈的固定资产　　B. 出售的固定资产

C. 对外投资的固定资产　　D. 报废的固定资产

18. 甲公司为增值税一般纳税人，2019年12月31日购入不需要安装的生产设备一台，当日投入使用。该设备价款为360万元，增值税税额为46.8万元，预计使用寿命为5年，预计净残值为零，采用年数总和法计提折旧。该设备2020年应计提的折旧额为(　　)万元。

A. 72　　B. 168.48　　C. 120　　D. 140.4

19. 某企业转让一台旧设备，取得价款 60 万元，发生清理费用 2 万元。该设备原值为 65 万元，已计提折旧 10 万元。假定不考虑其他因素，出售该设备影响当期损益的金额为（　　）万元。

A. 3　　B. 55　　C. 60　　D. 5

20. 某企业出售一台旧设备，原价为 23 万元，已计提折旧 5 万元。出售该设备开具的增值税专用发票上注明的价款为 20 万元，增值税税额为 2.6 万元，发生的清理费用为 1.5 万元，不考虑其他因素，该企业出售设备应确认的净收益为（　　）万元。

A. 2　　B. 0.5　　C. 20　　D. −2.1

21. 某运输企业（增值税一般纳税人）的一辆运货卡车，购入时取得增值税专用发票注明的价款为 40 万元，增值税税额为 5.2 万元。预计总行驶里程为 50 万公里，预计报废时的净残值为 4 万元。该企业对运货卡车采用工作量法计提折旧。当月卡车行驶 3 000 公里，则该辆卡车本月应当计提的折旧为（　　）万元。

A. 0.23　　B. 0.24　　C. 0.22　　D. 0.21

22. 企业对一条生产线进行更新改造。该生产线的原价为 120 万元，已计提折旧为 60 万元。改造过程中发生支出 30 万元，被替换部分的账面价值 15 万元。该生产线更新改造后的成本为（　　）万元。

A. 150　　B. 135　　C. 75　　D. 65

23. 下列各项中，关于固定资产计提折旧的表述正确的是（　　）。

A. 已提足折旧继续使用的房屋应计提折旧

B. 提前报废的固定资产应补提折旧

C. 承租方经营租赁租入的房屋应计提折旧

D. 暂时闲置的库房应计提折旧

24. 某企业出售一栋建筑物，账面原价 2 100 000 元，已计提折旧 210 000 元，出售时发生清理费用 21 000 元，出售价格 2 058 000 元。不考虑相关税费，该企业出售此建筑物发生的净损益为（　　）元。

A. 44 100　　B. 45 150　　C. 147 000　　D. 168 000

25. 某项固定资产原值 15 500 元，预计使用年限为 5 年，预计净残值 500 元。按双倍余额递减法计提折旧，则第 2 年年末该固定资产的账面价值为（　　）元。

A. 5 900　　B. 6 320　　C. 5 580　　D. 6 500

26. 某公司为增值税一般纳税人，2019 年 7 月 5 日购入一台需要安装的机器设备，增值税专用发票注明的价款为 600 万元，增值税税额为 78 万元，以上款项均以支票支付。安装过程中领用本公司原材料 80 万元，该设备 2019 年 8 月 8 日达到预定可使用状态并交付车间使用。该固定资产预计使用 5 年，预计净残值率为 5%，对该固定资产采用年数总和法计提折旧，则 2020 年应当计提的折旧额为（　　）万元。

A. 196.26　　B. 172.69　　C. 215.33　　D. 200.98

27. 某企业 2019 年 12 月 31 日“固定资产”科目余额为 800 万元，“累计折旧”科目余额为 200 万元，“固定资产减值准备”科目余额为 50 万元。该企业 2019 年 12 月 31 日资产负债表中“固定资产”项目的金额为（　　）万元。

A. 550　　B. 600　　C. 850　　D. 800

28. 某企业为增值税一般纳税人，适用的增值税税率为 13%。2019 年 6 月建造厂房领用材料实际成本 20 000 元，计税价格为 24 000 元，该项业务应计入在建工程成本的金额为(　　)元。

A. 22 600　　B. 28 000　　C. 24 000　　D. 20 000

29. 2015 年 12 月某企业购入一台设备，初始入账价值为 400 万元。设备于当月交付使用，预计使用寿命为 5 年，预计净残值为 4 万元，采用年数总和法计提折旧。不考虑其他因素，2017 年该设备应计提的折旧额为(　　)万元。

A. 160　　B. 96　　C. 105.6　　D. 132

30. 甲公司为增值税一般纳税人(增值税税率为 13%)，2019 年 5 月初自华宇公司购入一台需要安装的生产设备，实际支付买价 60 万元，增值税 7.8 万元；另支付运杂费 3 万元(假定不考虑运费抵扣进项税的因素)，途中保险费 8 万元；安装过程中，领用一批外购原材料，成本 6 万元，售价为 6.5 万元，支付安装人员工资 5 万元，该设备在 2019 年 9 月 1 日达到预定可使用状态，则该项设备的入账价值为(　　)万元。

A. 93.30　　B. 82　　C. 93.80　　D. 93.22

31. 某企业处置一项固定资产收回的价款为 80 万元，该资产原价为 100 万元，已计提折旧 60 万元，计提减值准备 5 万元，处置发生清理费用 5 万元，不考虑其他因素，处置该资产对当期利润总额的影响金额为(　　)万元。

A. 80　　B. 35　　C. 50　　D. 40

32. 企业发生的下列税金中，能计入固定资产价值的是(　　)。

A. 进口关税　　B. 城镇土地使用税

C. 房产税　　D. 车船税

33. 下列各项中，属于企业固定资产的是(　　)。

A. 房地产开发企业开发待售的商品房　　B. 商贸企业销售的电脑

C. 工业企业外购价值很低的生产工具　　D. 4S 店自用小汽车

34. 某企业为增值税一般纳税人，购入一台不需要安装的设备，增值税专用发票上注明的价款为 50 000 元，增值税税额为 6 500 元。另发生运输费 1 000 元，包装费 500 元(均不考虑增值税)。不考虑其他因素，该设备的入账价值为(　　)元。

A. 51 500　　B. 60 000　　C. 56 500　　D. 50 000

35. 甲公司为增值税一般纳税人，2020 年 2 月 2 日购入需安装的生产用机器设备一台，支付价款 100 万元，增值税税额 13 万元。安装过程中领用本公司自产产品一批，该批产品成本为 5 万元，公允价值为 8 万元。2020 年 2 月 22 日安装结束，固定资产达到预定可使用状态。则甲公司该固定资产的入账金额为(　　)万元。

A. 105　　B. 109.04　　C. 106.04　　D. 105.8

36. 下列各项中，按管理权限经批准后计入营业外支出的是(　　)。

A. 固定资产盘亏净损失　　B. 无法查明原因的现金短缺

C. 由过失人赔付的库存商品毁损　　D. 因管理不善造成的原材料盘亏

37. 某公司出售专用设备一台，取得价款 30 万元(不考虑增值税)，发生清理费用 5 万元(不考虑增值税)，该设备的账面价值 22 万元。不考虑其他因素，下列各项中，关于此项交易净损益会计处理结果表述正确的是(　　)。

A. “资产处置损益”账户贷方增加 8 万元　　B. “资产处置损益”账户贷方增加 25 万元

C. “资产处置损益”账户贷方增加 3 万元　　D. “资产处置损益”账户贷方增加 27 万元

38. 甲企业对一项原值为200万元、已提折旧100万元的固定资产进行改建，购入替换部件的账面价值为200万元，发生其他改扩建支出120万元，改扩建过程中被替换部分的账面价值为10万元。则改扩建后该项固定资产的入账价值为(　　)万元。

A. 410　　B. 300　　C. 20　　D. 310

39. 新河公司于2018年12月31日购入一台设备，入账价值为200万元，预计使用寿命为10年，预计净残值为20万元，采用年限平均法计提折旧。2019年12月31日，该设备存在减值迹象，经测试预计可收回金额为120万元。2019年12月31日，该设备账面价值应为(　　)万元。

A. 180　　B. 120　　C. 160　　D. 182

40. 2020年3月9日甲公司(增值税一般纳税人)外购不需安装的生产用设备一台，取得增值税专用发票上注明的价款为120万元，增值税税额为15.6万元；支付保险费取得增值税专用发票注明的保险费为1万元，增值税税额为0.06万元；取得运输增值税专用发票注明的运费为6万元，增值税税额为0.54万元。则甲公司购入该固定资产的入账价值为(　　)万元。

A. 143.3　　B. 127　　C. 121　　D. 127.6

41. 甲公司2018年12月20日购入一台生产设备，该设备入账价值为150万元，预计净残值为9万元，该设备采用工作量法计提折旧，预计该设备的总工作时数为3万小时，2019年该设备的总工作时数为3 000小时。则2019年年末该设备应计提的折旧额为(　　)万元。

A. 47　　B. 15　　C. 13　　D. 14.1

42. 某增值税一般纳税人自建仓库一幢，购入工程物资200万元，增值税税额为26万元，已全部用于建造仓库；耗用库存材料50万元，应负担的增值税税额为6.5万元；支付建筑工人工资36万元。该仓库建造完成并达到预定可使用状态，其入账价值为(　　)万元。

A. 290　　B. 286　　C. 326　　D. 250

43. 下列关于企业计提固定资产折旧会计处理的表述中，不正确的是(　　)。

A. 对管理部门使用的固定资产计提的折旧应计入管理费用

B. 对专设销售机构使用的固定资产计提的折旧应计入销售费用

C. 对生产车间使用的固定资产计提的折旧应计入制造费用

D. 对财务部门使用的固定资产计提的折旧应计入财务费用

44. 达美公司为增值税一般纳税人，采用自营方式建造一条生产线，实际领用工程物资113万元(含增值税，税率为13%)；领用本公司生产的产品一批，账面价值240万元，该产品的增值税税率为13%，计税价格为260万元；发生的在建工程人员工资和福利费分别为100万元和14万元。假定该生产线已达到预定可使用状态，不考虑增值税以外的其他税费，该生产线的入账价值为(　　)万元。

A. 454　　B. 474　　C. 515.2　　D. 500.8

45. 甲企业对一项原值为100万元、已提折旧50万元的固定资产进行改建，发生改建支出65万元，取得变价收入15万元。则改建后该项固定资产的入账价值是(　　)万元。

A. 115　　B. 100　　C. 150　　D. 145

46. 某生产线原值440万元，已计提折旧75万元。经过3个月的改扩建，完成了对这条生产线的改扩建工程，共发生支出220万元，符合固定资产确认条件。被更换部件的原价为44万元，更换新部件的价值为10万元。则对该条生产线进行改扩建后的账面价值为(　　)

万元。

A. 660　　B. 558.5　　C. 587.5　　D. 298.5

47. 甲公司是增值税一般纳税人，2020 年 2 月 1 日购入需要安装的设备一台，取得的增值税专用发票上注明的设备价款为 100 万元，增值税税额为 13 万元。购买过程中，以银行存款支付运杂费等费用 13 万元。安装时，领用材料 6 万元，该材料负担的增值税税额为 0.78 万元；支付安装工人工资 13 万元。该设备于 2020 年 3 月 30 日达到预定可使用状态。甲公司对该设备采用年限平均法计提折旧，预计使用年限为 10 年，预计净残值为零。假定不考虑其他因素，2020 年该设备应计提的折旧额为(　　)万元。

A. 13.2　　B. 11　　C. 9　　D. 9.9

48. 一般纳税人购入不需要安装的生产经营用固定资产支付的增值税进项税额，应记入(　　)账户。

A.“营业外支出”　　B.“固定资产”

C.“应交税费”　　D.“在建工程”

49. 某企业 2019 年 6 月购进设备一台，该设备的入账价值为 100 万元，预计净残值为 5.6 万元，预计可使用年限为 5 年。在采用双倍余额递减法计提折旧的情况下，该设备 2020 年应计提折旧额为(　　)万元。

A. 8　　B. 20　　C. 32　　D. 24

50. 甲公司进行资产清查时发现短缺一台笔记本电脑，原价为 5 500 元，已计提累计折旧 1 000 元，购入时增值税税额为 715 元。经查明属于管理人员的责任，管理人员需赔偿 2 000 元。假定不考虑其他因素，则影响甲公司当期损益的金额为(　　)元。

A. 5 403　　B. 2 500　　C. 4 500　　D. 3 085

51. 甲公司为增值税一般纳税人，2020 年 1 月 1 日购入一台不需安装的生产用机器设备，取得增值税专用发票上注明的金额为 234 万元，增值税税额为 30.42 万元；支付运费，取得增值税专用发票注明的运费为 22 万元，增值税税额为 1.98 万元；取得增值税普通发票，注明包装费价税合计 2 万元。甲公司对此设备采用年限平均法计提折旧，预计净残值率为 5%，预计使用 5 年。则甲公司 2020 年该机器设备应当计提折旧的金额为(　　)万元。

A. 44.94　　B. 48.08　　C. 43.23　　D. 49.02

52. 下列关于固定资产的表述中，正确的是(　　)。

A. 经营出租的生产设备计提的折旧计入其他业务成本

B. 当月新增固定资产，当月开始计提折旧

C. 生产线的日常修理费计入在建工程

D. 设备报废清理费计入管理费用

53. 下列各项中，企业支付生产车间机器设备日常修理费应借记的会计科目是(　　)。

A.“制造费用”　　B.“管理费用”　　C.“生产成本”　　D.“在建工程”

54. 甲公司一台用于生产 M 产品的设备预计使用年限为 5 年，预计净残值为零。假定 M 产品各年产量基本均衡。下列折旧方法中，能够使该设备第一年计提折旧金额最多的是(　　)。

A. 工作量法　　B. 年限平均法

C. 年数总和法　　D. 双倍余额递减法

55. 甲公司系增值税一般纳税人，2×15 年 8 月 31 日以不含增值税的价格 100 万元售出

2×09 年购入的一台生产用机床，增值税销项税额为 13 万元，该机床原价为 200 万元(不含增值税)，已计提折旧 120 万元，已计提减值 30 万元，不考虑其他因素，甲公司处置该机床的利得为(　　)万元。

A. 3　　B. 20　　C. 33　　D. 50

56. 某企业一台机床由于技术更新等原因决定提前报废。该机床原价 150 万元，已计提折旧 90 万元，已计提减值准备 40 万元，残值变价收入为 10 万元(不考虑增值税)。假定不考虑其他因素，该企业提前报废机床的相关会计处理结果不正确的是(　　)。

A. “固定资产”科目贷方登记 150 万元

B. “累计折旧”科目借方登记 90 万元

C. “固定资产减值准备”科目借方登记 40 万元

D. “资产处置损益”科目借方登记 20 万元

57. 某公司处置一台旧设备，取得价款 100 万元，发生清理费用 5 万元，支付相关税费 5 万元，该设备原值为 200 万元，已计提折旧 60 万元，假定不考虑其他因素，处置该设备影响当期损益的金额为(　　)万元。

A. －40　　B. －45　　C. －50　　D. 50

58. 企业在报废固定资产清理过程中发生的费用，应记入(　　)科目核算。

A. “管理费用”　　B. “固定资产清理”

C. “营业外支出”　　D. “制造费用”

## 二、多项选择题

1. “固定资产清理”账户的贷方核算的内容包括(　　)。

A. 发生的清理费用　　B. 固定资产变价收入

C. 转入清理的固定资产的净值　　D. 结转的固定资产清理净损失

E. 应收保险公司赔偿款

2. 下列各项中，增值税一般纳税人应计入所购入的生产经营用固定资产入账价值的有(　　)。

A. 买价　　B. 运杂费　　C. 增值税　　D. 安装成本

E. 途中保险费

3. 以下固定资产中，不计提折旧的固定资产有(　　)。

A. 土地　　B. 当月减少的固定资产

C. 未提足折旧提前报废的固定资产　　D. 当月增加的固定资产

E. 已提足折旧继续使用的固定资产

4. 企业计算固定资产折旧的主要依据或影响因素有(　　)。

A. 固定资产的预计使用年限　　B. 固定资产取得时的原始价值

C. 固定资产的预计残值收入　　D. 固定资产的使用部门

E. 已计提的固定资产减值准备

5. 以下项目中，应通过“固定资产清理”账户核算的有(　　)。

A. 盘亏的固定资产　　B. 出售的固定资产

C. 报废的固定资产　　D. 毁损的固定资产

E. 改扩建固定资产

6. 下列经济业务可通过“待处理财产损溢”账户核算的有(　　)。

A. 盘盈材料 4 000 元上报待批

B. 盘亏设备一台,原值 12 000 元,已提折旧 8 000 元,上报待批

C. 财产清查中发现无法收回的应收款项 6 000 元列入坏账损失

D. 财产清查中查明无法支付的应付款项 5 000 元转做营业外收入

E. 盘亏现金 100 元,原因待查

7. 下列各项中,企业需暂估入账的有(　　)。

A. 董事会已通过但股东大会尚未批准的拟分配现金权利

B. 已达到预定可使用状态但尚未办理竣工决算的办公楼

C. 已发出商品但货款很可能无法收回的商品销售额

D. 月末已验收入库但发票账单未到的原材料

8. 下列各项中,应计提固定资产折旧的有(　　)。

A. 融资租入的办公楼

B. 已达到预定可使用状态但未投产的生产线

C. 经营租入的设备

D. 已投入使用但未办理竣工决算的厂房

9. 下列各项中,关于企业固定资产折旧的会计处理,表述正确的有(　　)。

A. 自行建造厂房使用自有固定资产,计提的折旧应计入在建工程成本

B. 专设销售机构使用的自有固定资产,计提的折旧应计入销售费用

C. 基本生产车间使用自有固定资产,计提的折旧应计入制造费用

D. 经营租赁租出的固定资产,计提的折旧应计入管理费用

10. 下列各项中,企业计提的资产减值准备在以后期间不得转回的有(　　)。

A. 无形资产减值准备　　B. 长期股权投资减值准备

C. 固定资产减值准备　　D. 存货跌价准备

11. A 公司 2018 年 3 月购入固定资产,价值为 20 万元,预计使用 10 年,但于 2020 年 2 月提前报废,下列说法中,正确的有(　　)。

A. 该设备共计提折旧 23 个月　　B. 该设备在 2018 年从 3 月开始计提折旧

C. 该设备在 2020 年计提 2 个月的折旧　　D. 该设备在报废后继续计提折旧

12. 2016 年 12 月 20 日,某企业购入一台设备,其原价为 2 000 万元,预计使用年限 5 年,预计净残值 5 万元,采用双倍余额递减法计提折旧,下列各项中,该企业采用双倍余额递减法计提折旧的结果表述正确的有(　　)。

A. 2017 年折旧额为 800 万元　　B. 应计折旧总额为 1 995 万元

C. 2017 年折旧额为 665 万元　　D. 年折旧率为 33%

13. 下列各项中,会引起固定资产账面价值发生变化的有(　　)。

A. 出售固定资产　　B. 计提固定资产减值准备

C. 固定资产日常修理　　D. 计提固定资产折旧

14. 下列各项中,需要通过“在建工程”科目核算的有(　　)。

A. 日常维修固定资产　　B. 需安装的固定资产

C. 自建固定资产　　D. 更新改造的固定资产

15. 下列各项中,企业应对固定资产计提折旧的有(　　)。

A. 融资租入的固定资产　　B. 不需用的固定资产
C. 经营租入的固定资产　　D. 大修理期间的固定资产

16. 下列各项中，影响固定资产清理净损益的有(　　)。

A. 清理固定资产的变价收入　　B. 清理固定资产耗用的材料成本
C. 清理固定资产发生的清理费用　　D. 清理固定资产的账面价值

17. 2019 年 12 月 1 日，甲公司将其持有的一幢建筑物进行出售，该建筑物原价为 1 000 万元，已计提折旧 700 万元、减值准备 120 万元；取得出售价款为 155 万元，增值税税率为 9%。在出售时，发生固定资产清理费用 3 万元，残料变价收入 0.8 万元。假定不考虑相关税费，则下列有关说法中，正确的有(　　)。

A. 此业务影响企业当期损益的金额为 27.2 万元
B. 此业务影响企业当期损益的金额为 28 万元
C. 出售时固定资产的账面价值为 300 万元
D. 发生的清理费用计入固定资产清理

18. 甲公司有一台生产用设备，原价为 7.5 万元，预计可以使用 5 年，预计净残值为 0.6 万元。该生产用设备于 2018 年 6 月 30 日购入，采用年数总和法计提折旧。假定不考虑其他因素，则下列有关固定资产折旧的说法中，正确的有(　　)。

A. 2019 年该项固定资产计提的折旧额为 2.07 万元
B. 2018 年该项固定资产计提的折旧额为 1.15 万元
C. 至 2019 年年末，该项固定资产累计计提的折旧额为 2.5 万元
D. 计提固定资产的年折旧率为 40%

19. 甲公司有一幢厂房，原价为 6 000 000 元，预计可使用 20 年，预计报废时的净残值率为 2%，甲公司使用年限平均法计提折旧，则下列说法中，正确的有(　　)。

A. 年折旧率是 4.9%　　B. 月折旧额是 24 500 元
C. 年折旧率是 5%　　D. 年折旧额是 294 000 元

20. 下列关于固定资产折旧的表述中，正确的有(　　)。

A. 暂估入账的固定资产办理竣工决算后不需要调整原已计提的折旧
B. 当月增加固定资产当月不提折旧，从下月起计提折旧
C. 企业至少每年年末对固定资产的折旧方法进行复核
D. 提前报废的固定资产不需补提尚未提取的折旧

21. 在固定资产开始计提折旧时，就需要考虑固定资产净残值的折旧方法有(　　)。

A. 工作量法　　B. 平均年限法
C. 年数总和法　　D. 双倍余额递减法

22. “固定资产清理”科目的核算内容包括(　　)。

A. 固定资产出售　　B. 固定资产改扩建
C. 固定资产盘盈　　D. 固定资产报废

23. 企业持有的下列固定资产不需计提折旧的有(　　)。

A. 闲置的厂房　　B. 改扩建停用的机器设备
C. 单独计价入账的土地　　D. 已提足折旧仍继续使用的办公电脑

24. 下列各项中，关于固定资产计提折旧的表述，错误的有(　　)。

A. 已提足折旧仍继续使用的房屋应计提折旧

B. 提前报废的固定资产应补提折旧

C. 承租方短期租入的房屋应计提折旧

D. 暂时闲置的库房应计提折旧

25."固定资产清理"账户的借方登记的项目有(　　)。

A. 固定资产处置时的变价收入　　B. 结转的清理净损失

C. 结转的清理净收益　　D. 转入清理的固定资产账面价值

26. 企业处置固定资产需通过"固定资产清理"科目核算,下列各项中应记入"固定资产清理"科目借方核算的有(　　)。

A. 结转清理的净收益　　B. 发生的清理费用

C. 残料作价收入　　D. 应收取的保险公司赔款

27. 下列有关固定资产会计处理的表述中,正确的有(　　)。

A. 增值税一般纳税人购入的生产设备支付的增值税不计入固定资产成本

B. 计提减值准备后的固定资产以扣除减值准备后的账面价值为基础计提折旧

C. 对于固定资产,均应按照确定的方法计提折旧

D. 固定资产盘亏产生的损失计入管理费用

28. 下列关于企业固定资产会计处理的表述中,正确的有(　　)。

A. 因管理不善导致固定资产报废净损失计入管理费用

B. 提前报废的固定资产不再补提折旧

C. 专设销售机构的固定资产发生的不应资本化的后续支出计入销售费用

D. 固定资产日常修理费用计入固定资产成本

29. 企业报废一台机器设备,设备的账面原值 4 万元,累计折旧 3 万元,残体变价收入 1.5 万元,清理费用 0.6 万元,应交税金 0.2 万元。结转固定资产出售净损益的会计分录所涉及的账户为(　　)。

A."待处理财产损溢"　　B."营业外支出"

C."固定资产清理"　　D."营业外收入"

30. 固定资产加速折旧的方法有(　　)。

A. 工作量法　　B. 双倍余额递减法

C. 年数总和法　　D. 平均年限法

31. 下列各项资产后续支出中,应予以费用化处理的有(　　)。

A. 办公楼的日常修理费　　B. 更换的发动机成本

C. 机动车的交通事故责任强制保障费　　D. 生产线的改良支出

32. 财产清查中查明的各种流动资产盘亏或毁损数,根据不同的原因,报经批准后可能列入的账户有(　　)。

A."管理费用"　　B."营业外收入"

C."营业外支出"　　D."其他应收款"

## 三、判断题

1. 凡是使用期限超过一年的资产,均属于固定资产。　　(　　)

2. 虽然企业对其融资租入的固定资产不拥有所有权,但由于能够实际控制,也应当将其作为自己的一项资产。　　(　　)

3. 固定资产因折旧而减少的价值记入“固定资产”账户的贷方。 ( )

4. 已达到预定可使用状态但在年度内尚未办理竣工决算手续的固定资产，应按估计价值暂估入账，但不计提折旧。 ( )

5. 企业计提的固定资产折旧，应根据固定资产的使用地点和用途，计入有关成本费用。 ( )

6. 已提足折旧继续使用的固定资产不再提取折旧，未提足折旧提前报废的固定资产，应补提折旧。 ( )

7. 固定资产清理的净损益应转入营业外收支账户。 ( )

8. 企业将固定资产以经营租赁方式对外出租，应当将固定资产的折旧金额记入“管理费用”科目中。 ( )

9. 已达到预定可使用状态暂按估计价值确定成本的固定资产在办理竣工决算后，应按实际成本调整原来的暂估价值，但不需调整原已计提的折旧额。 ( )

10. 固定资产盘亏时应按照固定资产的账面价值转入“固定资产清理”科目。 ( )

11. 企业当月新增加的固定资产，当月不计提折旧，自下月起计提折旧，当月减少的固定资产，当月仍计提折旧。 ( )

12. 企业固定资产计提减值准备后，应当按减值后固定资产的账面价值计提后续期间的折旧。 ( )

13. 以融资租赁方式租入的固定资产，应由出租方计提该项固定资产的折旧。 ( )

14. 企业购入固定资产达到预定可使用状态前所发生的运输费、装卸费、安装费等在发生时计入固定资产的成本核算。 ( )

15. 企业以经营租赁方式租入的固定资产，应按租赁期与该固定资产剩余使用年限孰低原则计提折旧。 ( )

16. 固定资产更新改造或改扩建期间发生的符合资本化的后续支出应通过“在建工程”科目进行核算。 ( )

17. 固定资产减值因素消失时，在以后会计期间可以转回。 ( )

18. 固定资产的更新改造等后续支出，满足固定资产确认条件的，应当计入固定资产成本，如有被替换的部分，应同时将被替换部分的账面价值从该固定资产原账面价值中扣除；不满足固定资产确认条件的固定资产修理费用等，应当在发生时计入当期损益。 ( )

19. 固定资产后续支出中满足资本化条件的，如果有被替换部分的资产，该资产无论是否有残料收入等经济利益的流入，都不会影响最终固定资产的入账价值。 ( )

20. 生产车间用的固定资产发生的不符合固定资产后续支出资本化条件的日常修理费用，记入“制造费用”科目。 ( )

21. 固定资产计提折旧一定会影响当期损益。 ( )

22. 固定资产是企业持有的为生产产品、提供劳务、出租或经营管理而持有的资产，这是区别于无形资产的重要标志。 ( )

23. 固定资产的各组成部分具有不同使用寿命、适用不同折旧率的，应当分别将各组成部分确认为单项固定资产。 ( )

24. 以经营租赁方式租入的固定资产按期计提折旧。 ( )

25. 企业以融资租赁方式租入的固定资产，在租赁期内应视同自有固定资产进行管理。 ( )

26. 企业购入不需要安装的生产设备，购买价款超过正常信用条件延期支付，实质具有融资性质的，应当以购买价款的现值为基础确定其成本。（ ）

27. 以经营租赁方式租出的固定资产，应由出租方计提该项固定资产的折旧。（ ）

28. 企业因大修理期间而停用的固定资产正常提取折旧。（ ）

29. 企业购入不需安装的固定资产，应按实际支付的价款、相关税费以及使固定资产达到预定可使用状态前的合理必要支出作为固定资产的入账成本。（ ）

30. 固定资产减值准备，一经计提以后期间不得转回。（ ）

31. 企业应当对已提足折旧外的所有的固定资产计提折旧。（ ）

32. 固定资产生产经营期间因转让出售等原因产生的处置损失，计入营业外支出。（ ）

33. 企业所拥有的单位价值超过 1 万元的资产肯定是固定资产。（ ）

34. 企业为符合国家有关环保规定购置的大型环保设备，因其不能为企业带来直接经济利益，因此不确认为固定资产。（ ）

35. 某项尚未提足折旧的固定资产于 1 月份报废，该项固定资产在 1 月份应该照提折旧。（ ）

36. 年数总和法作为加速折旧法，在计算折旧额时，不考虑固定资产的残值收入。（ ）

37. 企业未使用、不需要以及季节性停用的固定资产不计提折旧。（ ）

38. 固定资产处于处置状态或预期通过使用或处置不能产生经济利益的，应予终止确认。（ ）

## 四、综合题

1. 甲公司系增值税一般纳税人，适用的增值税税率为 13%，所得税税率为 25%，相关情况如下：

(1)2019 年 12 月 10 日，甲公司以银行存款购入一台需自行安装的生产设备，取得的增值税专用发票上注明的价款为 495 万元，增值税税额为 64.35 万元，甲公司当日进行设备安装，安装过程中发生安装人员薪酬 5 万元，2019 年 12 月 31 日安装完毕并达到预定可使用状态交付使用。

(2)甲公司预计该设备可使用 10 年，预计净残值为 20 万元，采用双倍余额递减法计提折旧。

(3)2022 年 12 月 31 日，该设备出现减值迹象，经减值测试，其可收回金额为 250 万元，甲公司对该设备计提减值准备后，预计该设备尚可使用 5 年，预计净残值为 10 万元，仍采用双倍余额递减法计提折旧。

(4)2023 年 12 月 31 日，甲公司出售该设备，开具的增值税专用发票上注明的价款为 10 万元，增值税税额为 13 万元，款项当日收讫并存入银行，甲公司另以银行存款支付清理费用 1 万元(不考虑增值税)。假定不考虑其他因素。

要求：

(1)计算甲公司 2019 年 12 月 31 日该设备安装完毕并达到预定可使用状态的成本，并编制设备购入安装及达到预定可使用状态的相关会计分录。

(2)分别计算甲公司 2020 年和 2021 年对该设备应计提的折旧额。

(3)计算甲公司 2022 年 12 月 31 日对该设备应计提的减值准备金额，并编制相关会计分录。

(4)计算甲公司2023年对该设备应计提的折旧额。

(5)编制甲公司2023年12月31日出售该设备的相关会计分录。

2. 百川公司2020年发生如下与固定资产有关的业务:

(1)4月,百川公司购入不需要安装的设备1台。买价100 000元,增值税税额13 000元,运输费2 700元。款项已通过银行支付,设备已交付使用。假定运费涉及的增值税不予考虑。

(2)6月,百川公司在财产清查中发现盘亏设备一台。其原始价值为68 000元,累计折旧为55 000元,发现盘亏后调整该设备的有关账面价值。

(3)7月,百川公司一台设备的账面价值为97 000元,经计算可收回金额为80 000元。

(4)8月,百川公司一台设备因闲置而处置。设备账面价值为90 000元,已计提折旧为25 000元,提取固定资产减值准备为15 000元,实际收到款项60 000元,已存入银行。

要求:根据上述业务,编制相应的会计分录。

3. 2020年云海公司的一台设备因自然灾害发生损毁,固定资产清理过程如下:

(1)该设备原始价值为120 000元,累计折旧为40 000元,将该设备转入清理。

(2)该设备在清理过程中发生清理费1 000元,已用银行存款支付。

(3)该设备在清理过程取得收入4 800元,存入银行。

(4)根据保险合同,以上损失应由保险公司赔偿的部分为60 000元。

(5)该设备清理结束,发生的净损失转为营业外支出。

要求:根据上述业务,编制相应的会计分录。

4. 某企业自建生产线一台,购入为工程准备的各种物资500 000元,支付的增值税税额为65 000元,全部用于工程建设。工程领用本企业生产的库存商品和原材料各一批,其中:库存商品的实际成本为80 000元(计税价格为100 000元),原材料的成本为10 000元(计税价格为11 000元),增值税税率为13%。工程人员应计工资100 000元,支付的其他费用30 000元。工程完工并达到预定可使用状态。

要求:编制该企业相关的会计分录,并计算生产线成本。

5. B公司2019年4月发生有关经济业务如下:

(1)企业购入的一台设备经安装调试,验收合格交付使用。该设备发生的买价100 000元,增值税税额13 000元,款项以银行存款支付。购入后发生安装成本1 000元,以现金支付。设备已安装完毕,交付车间使用。

(2)计提本月固定资产折旧,其中:生产车间负担1 700元,行政管理部门负担200元。

(3)财产清查时发现盘亏设备一台,账面原价5 000元,已提折旧1 200元。该盈亏已按规定报经上级管理部门批准。

要求:编制该企业4月份相关会计分录。

6. 某企业2019年度有关经济业务如下:

(1)购入一台需安装的生产用设备,增值税专用发票上列示:买价400 000元、增值税税额52 000元,另支付运杂费8 000元、包装费15 000元,以上款项均以银行存款支付。

(2)设备安装领用原材料2 000元,应承担安装工人工资600元。设备安装完毕交付使用。

(3)接受外单位投入的已使用过的机床一台,账面原价为150 000元,已提折旧50 000元,经双方协商确定的价值为110 000元,该机床已投入使用。

(4)某项固定资产原价 50 000 元,预计净残值 2 000 元,预计可使用 5 年,已交基本生产车间使用,按直线法计算每年的折旧额并编制第一年的计提折旧分录。

要求:根据上述资料编制有关会计分录。

7. 甲公司购入一台设备,原始价值为 140 000 元,预计使用年限为 5 年,预计净残值率为 3%。

(1)采用平均年限法计算固定资产的年折旧率 M1%、月折旧率 M2%、年折旧额 M3 元、月折旧额 M4 元;

(2)采用双倍余额递减法计算固定资产第一年的折旧额 M5 元、第二年的折旧额 M6 元、第三年的折旧额 M7 元、第四年的折旧额 M8 元、第五年的折旧额 M9 元;

(3)采用年数总和法计算固定资产第一年的折旧额 M10 元、第二年的折旧额 M11 元、第三年的折旧额 M12 元、第四年的折旧额 M13 元、第五年的折旧额 M14 元。

要求:编制下列相关经济业务的会计分录。

8. 殊胜公司为增值税一般纳税人发生如下经济业务:

(1)2020 年 1 月 1 日,公司购入一台不需要安装即可投入使用的设备,取得的增值税专用发票上注明的价款为 35 000 元,增值税税额为 4 550 元,另支付包装费并取得增值税专用发票,注明包装费 750 元,税率 6%,增值税税额 45 元,款项以银行存款支付。

(2)2020 年 7 月 9 日,公司用银行存款购入一台需要安装的设备,取得的增值税专用发票上注明的价款为 170 000 元,增值税税额为 22 100 元,2020 年 7 月 15 日,支付安装费并取得增值税专用发票,注明安装费 41 000 元,税率 9%,增值税税额 3 690 元。2020 年 7 月 21 日,设备安装完毕交付使用。

(3)2020 年 8 月 1 日,向光展公司(为增值税一般纳税人)一次性购进三台不同型号且具有不同生产能力的设备 A、B、C,取得的增值税专用发票上注明的价款为 101 000 000 元,增值税税额为 13 130 000 元,另支付包装费 840 000 元,增值税税额 50 400 元,全部以银行存款转账支付。假设设备 A、B、C 的公允价值分别为 2 020 000 000 元、3 030 000 000 元和 5 050 000 000 元。

(4)2020 年 9 月 1 日,对生产车间使用的设备进行日常修理,发生维修费并取得增值税专用发票,注明修理费 16 000 元,税率 13%,增值税税额 2 080 元。

(5)2020 年 12 月 31 日,公司的某生产线存在可能发生减值的迹象。经计算,该机器的可收回金额合计为 1 010 000 元,账面价值为 1 120 000 元,以前年度未对该生产线计提过减值准备。

(6)2021 年 4 月 30 日,出售一座建筑物原价(成本)为 1 900 000 元,已计提折旧 1 500 000 元,未计提减值准备。实际出售价格为 1 000 000 元,增值税税率为 9%,增值税税额为 90 000 元,款项已存入银行。

(7)2021 年 5 月 8 日,因遭受台风袭击毁损一座仓库,该仓库原价 4 400 000 元,已计提折旧 800 000 元,未计提减值准备。其残料估计价值 40 000 元,残料已办理入库。发生清理费用并取得增值税专用发票,注明的装卸费为 16 000 元,增值税税额为 1 440 元,以银行存款支付。经保险公司核定应赔偿损失 1 700 000 元,款项已存入银行。假定不考虑其他相关税费。

(8)2021 年 5 月 11 日,自行建造厂房一幢,购入为工程准备的各种物资 600 000 元,增值税专用发票上注明的增值税税额为 78 000 元,全部用于工程建设。领用本企业生产的水泥一批,实际成本为 430 000 元。工程人员应计工资 80 000 元。支付的其他费用并取得增值税专用发票，注明安装费 30 000 元，税率 9%，增值税税额 2 700 元。工程完工并达到预定可使用状态。

(9)2021 年 5 月 24 日，公司对外发包一项工程，按照合同预付工程款 8 500 000 元。

(10)2021 年 6 月 6 日，在建工程剩余物资退库 250 000 元。

要求：根据上述经济业务编制相关的会计分录。

9. 光展公司为小规模纳税人，2019 年 10 月 2 日，用银行存款购入一台需要安装的设备，增值税专用发票上注明的价款为 230 000 元，增值税税额为 29 900 元，支付安装费 47 000 元，增值税税额为 4 230 元。设备已安装完毕并交付使用。

要求：编制相关的会计分录。

10. 某企业为增值税一般纳税人，2020 年 12 月份发生如下经济业务：

(1)仓库报来发料汇总表，其中，生产产品领用 260 000 元，车间维修领用 26 000 元，厂部领用 14 000 元，共计 300 000 元。

(2)根据期初固定资产账面价值计提折旧 10 000 元，其中，生产部门 8 000 元，厂部行政部门 2 000 元。

要求：根据上述经济业务编制相关的会计分录。

# 第 8 章　无形资产

## 一、单项选择题

1. 下列各项中，不属于企业无形资产的是(　　)。

A. 商誉　　B. 土地使用权　　C. 商标权　　D. 非专利技术

2. 企业在无形资产研究阶段发生的职工薪酬，应当(　　)。

A. 计入固定资产成本　　B. 计入无形资产成本

C. 计入在建工程成本　　D. 计入当期损益

3. 某企业转让一项专利权，与此有关的资料如下：该专利权的账面余额 500 万元，已摊销 200 万元，计提资产减值准备 50 万元，取得转让价款 280 万元，假设不考虑相关税费及其他因素，该企业应确认的转让无形资产净收益为(　　)万元。

A. 30　　B. 16　　C. 8　　D. －2

4. 某企业自行研究开发一项技术，共发生研发支出 450 万元，其中，研究阶段发生职工薪酬 100 万元，专用设备折旧费用 50 万元；开发阶段满足资本化条件支出 300 万元，取得增值税专用发票上注明的增值税税额为 39 万元，开发阶段结束研究开发项目达到预定用途形成无形资产，不考虑其他因素，下列各项中，关于该企业研发支出会计处理表述正确的是(　　)。

A. 确认管理费用 201 万元，确认无形资产 300 万元

B. 确认管理费用 100 万元，确认无形资产 350 万元

C. 确认管理费用 150 万元，确认无形资产 300 万元

D. 确认管理费用 150 万元，确认无形资产 339 万元

5. 企业出租无形资产使用权取得的收入应计入(　　)。

A. 其他业务收入　　B. 资产处置损益

C. 投资收益　　D. 营业外收入

6. 2019 年 7 月 1 日甲公司购入一项商标权，购买价款为 20 万元，支付的增值税税额为 1.2 万元，其他可归属于使该项资产达到预定用途所发生的支出共计 5 万元。合同规定该项资产的受益年限为 10 年，采用直线法摊销。假定不考虑其他因素，则该项无形资产 2020 年应确认的摊销额为(　　)万元。

A. 1.25　　B. 2　　C. 2.5　　D. 1

7. 企业持有的无形资产账面价值高于其可收回金额的差额应计入(　　)。

A. 资产减值损失　　B. 公允价值变动损益

C. 管理费用　　D. 营业外支出

8. 甲公司出售一项无形资产，取得收入 500 万元，产生各项费用 25 万元。该无形资产取得时实际成本为 350 万元，已摊销 70 万元，计提减值准备 20 万元。不考虑增值税，甲公司出售该项无形资产应计入当期损益的金额为(　　)万元。

A. 160　　B. 215　　C. 155　　D. −100

9. 2019 年 8 月 10 日，甲公司购买一项专利权，支付购买价款 200 万元，支付注册费 3 万元。该专利权合同约定使用年限为 10 年，相关法律法规规定使用 8 年，采用直线法计提摊销，预计净残值为零。则甲公司 2019 年对该专利权计提的摊销金额为（　　）万元。

A. 8.46　　B. 6.77　　C. 10.57　　D. 9.33

10. 甲公司一项无形资产的账面原值为 1 600 万元，摊销年限为 10 年，预计净残值为 0，采用直线法摊销，已摊销年限为 5 年。2019 年 12 月 31 日经减值测试，该专利技术的可回收金额为 750 万元。假设不考虑其他因素，2019 年 12 月 31 日该项无形资产应计提的减值准备为（　　）万元。

A. 750　　B. 50　　C. 1 550　　D. 800

11. 某企业自行研发一项非专利技术累计支出 680 万元，其中 280 万元属于开发阶段符合资本化条件的支出，240 万元属于研究阶段的支出，160 万元属于无法可靠区分研究阶段和开发阶段的支出。该技术研发完成并形成一项非专利技术。不考虑其他因素，该非专利技术的入账价值为（　　）万元。

A. 520　　B. 280　　C. 440　　D. 680

12. A 公司为增值税一般纳税人，2020 年 1 月 5 日购入一项专利权，取得的增值税专用发票上注明的价款为 3 000 万元，税率为 6%。为推广由该专利权生产的产品，A 公司发生广告宣传费 60 万元。该专利权预计使用 5 年，预计净残值为零，采用直线法摊销。假设不考虑其他因素，该专利权的入账价值为（　　）万元。

A. 3 180　　B. 3 060　　C. 3 000　　D. 3 240

13. 甲公司 2019 年将一项自行研发的非专利技术对外转让，取得转让价款 300 万元。已知该非专利技术的成本为 300 万元，已摊销 30 万元。不考虑相关税费，下列说法中正确的是（　　）。

A. 计入营业外收入 30 万元　　B. 计入资产处置损益 30 万元

C. 计入投资收益 30 万元　　D. 计入其他业务收入 30 万元

14. 甲公司为增值税一般纳税人，2019 年 1 月 5 日以 2 700 万元购入一项专利权，另支付注册登记费 120 万元。为推广由该专利权生产的产品，甲公司发生广告宣传费 60 万元。该专利权预计使用 5 年，预计净残值为零，采用直线法摊销。假设不考虑其他因素，2019 年 12 月 31 日该专利权的账面价值为（　　）万元。

A. 2 256　　B. 2 304　　C. 2 700　　D. 2 160

15. 2019 年 3 月 1 日，某企业开始自行研发一项非专利技术，2020 年 1 月 1 日研发成功并达到预定用途。该非专利技术研究阶段累计支出为 300 万元（均不符合资本化条件），开发阶段的累计支出为 800 万元（其中不符合资本化条件的支出为 200 万元），不考虑其他因素，该非专利技术的入账价值为（　　）万元。

A. 800　　B. 1 100　　C. 900　　D. 600

16. 2020 年 1 月 1 日，某企业开始自行研究开发一套软件，研究阶段发生支出 30 万元，开发阶段发生支出 125 万元，开发阶段的支出均满足资本化条件。4 月 15 日，该软件开发成功并依法申请了专利，支付相关手续费 1 万元。不考虑其他因素，该项无形资产的入账价值为（　　）万元。

A. 155　　B. 126　　C. 125　　D. 156

17. 某企业自行研发一项非专利技术，截至2019年3月共计发生研发支出2 000万元。经测试，该非专利技术完成了研究阶段。从2019年4月1日开始进入开发阶段，截至2019年11月9日研发活动结束，非专利技术达到预定用途，共计发生研发支出1 500万元(假定全部符合资本化条件)。企业预计该非专利技术可以使用8年，采用直线法计提摊销，预计净残值为零。则2019年对该非专利技术应计提的摊销为(　　)万元。

A. 72.92　　B. 15.63　　C. 36.46　　D. 31.25

18. 下列关于无形资产的表述中，不正确的是(　　)。

A. 各种无形资产的摊销额应全部计入当期损益

B. 使用寿命有限的无形资产自可供使用当月起开始摊销

C. 无形资产的摊销方法应反映其经济利益的预期消耗方式

D. 使用寿命不确定的无形资产不应进行摊销

19. 下列各项中，不构成无形资产入账价值的是(　　)。

A. 注册登记费　　B. 注册费

C. 推广费　　D. 购买价款

20. 某企业转让一项专利权，与此有关的资料如下：该专利权的账面余额50万元，已摊销20万元，计提资产减值准备5万元，取得转让价款28万元，应交税费1.4万元。假设不考虑其他因素，该企业应确认的转让无形资产净收益为(　　)万元。

A. 8　　B. −2　　C. 3　　D. 1.6

21. 出租的无形资产摊销，应计入(　　)。

A. 其他业务成本　　B. 销售费用

C. 管理费用　　D. 长期待摊费用

22. 甲公司购入一项财务软件用于企业财务部门，甲公司将此软件作为无形资产核算。企业计提摊销时应记入的会计科目是(　　)。

A.“管理费用”　　B.“销售费用”

C.“其他业务成本”　　D.“财务费用”

23. 甲企业为增值税一般纳税人，2020年5月2日购入一项商标权，支付的买价为70万元，增值税进项税额4.2万元，为使该项商标权达到预定用途，另支付其他相关支出8万元，该无形资产的入账价值为(　　)万元。

A. 8　　B. 78　　C. 70　　D. 90

24. 下列各项关于无形资产摊销的表述中，不正确的是(　　)。

A. 出租无形资产的摊销额应计入管理费用

B. 使用寿命有限的无形资产处置当月不再摊销

C. 使用寿命不确定的无形资产不应摊销

D. 无形资产的摊销方法主要有直线法和生产总量法

25. 下列各项中，不会引起无形资产账面价值发生增减变动的是(　　)。

A. 发生无形资产后续支出　　B. 摊销无形资产

C. 对无形资产计提减值准备　　D. 转让无形资产所有权

26. 2019年2月，某制造业企业转让一项专利权，开具增值税专用发票上注明的价款为100万元，增值税税额为6万元，全部款项已存入银行。该专利权成本为200万元，已摊销150万元，不考虑其他因素，该企业转让专利权对利润总额的影响金额为(　　)万元。

A. 56　　B. 50　　C. −94　　D. −100

27. 甲公司 2019 年 9 月 2 日以 1 300 万元价格对外转让一项商标权。该商标权系甲公司 2016 年 1 月 9 日以 2 000 万元购入，购入时该商标权预计使用 8 年，法律规定有效期 10 年。甲公司采用直线法对无形资产计提摊销，预计净残值为零。假定不考虑相关税费，则甲公司在转让无形资产时应确认的损益为(　　)万元。

A. 220.45　　B. 216.67　　C. 266.67　　D. 290.64

28. 2019 年 8 月 1 日，某企业开始研究开发一项新技术，当月共发生研发支出 200 万元，其中，费用化的金额 60 万元，符合资本化条件的金额 140 万元。8 月末，研发活动尚未完成。该企业 2019 年 8 月应计入当期利润总额的研发支出为(　　)万元。

A. 140　　B. 60　　C. 200　　D. 0

29. 甲公司 2019 年 7 月 4 日购入一项商标权，支付购买价款 200 万元，支付相关过户手续费 12 万元，为推广该商标权所生产的产品发生的宣传费 20 万元，支付注册登记费 18 万元(不考虑其他因素)。则甲公司该项无形资产的入账成本为(　　)万元。

A. 200　　B. 230　　C. 250　　D. 212

30. 下列各项中，关于企业无形资产表述不正确的是(　　)。

A. 研究阶段和开发阶段的支出应全部计入无形资产成本

B. 使用寿命不确定的无形资产不应摊销

C. 出租无形资产的摊销额应计入其他业务成本

D. 无形资产应当按照成本进行初始计量

31. 下列各项中，属于企业的无形资产的是(　　)。

A. 持有以备增值后转让的土地使用权　　B. 企业自创的商誉

C. 租入的无形资产　　D. 有偿取得的经营特许权

32. 下列各项中，制造企业应当确认为无形资产的是(　　)。

A. 自创的商誉　　B. 购入的专利技术

C. 企业合并产生的商誉　　D. 开发项目研究阶段发生的支出

33. 下列各项中，可以确认为企业资产的是(　　)。

A. 租入的设备　　B. 企业的人力资源

C. 计划购买的生产设备　　D. 外购的商标权

34. 下列各项中，属于资本性支出的是(　　)。

A. 购买专利权发生的支出　　B. 支付设备的日常修理费

C. 支付业务招待费　　D. 支付行政人员的工资

35. 甲公司 20×8 年度发生的有关交易或事项如下：2 月 5 日，甲公司以 1 800 万元的价格从产权交易中心竞价取得一项专利权，另支付相关税费 90 万元。为推广由该专利权生产的产品，甲公司发生宣传广告费用 25 万元、展览费 15 万元。该专利权预计使用 5 年，预计净残值为零，采用直线法摊销。甲公司竞价取得专利权的入账价值是(　　)万元。

A. 1 800　　B. 1 890　　C. 1 915　　D. 1 930

36. 研究开发活动无法区分研究阶段和开发阶段的，当期发生的研究开发支出应在资产负债表日确认为(　　)。

A. 无形资产　　B. 管理费用　　C. 研发支出　　D. 营业外支出

37. 2×13 年 1 月 1 日，甲公司某项特许使用权的原价为 960 万元，已摊销 600 万元，已计提减值准备 60 万元。预计尚可使用年限为 2 年，预计净残值为零，采用直线法按月摊销。不考虑其他因素，2×13 年 1 月甲公司该项特许使用权应摊销的金额为(　　)万元。

A. 12.5　　B. 15　　C. 37.5　　D. 40

38. 如果合同没有规定受益年限，法律也没有规定有效年限，无形资产摊销年限不超过(　　)年。

A. 5　　B. 10　　C. 15　　D. 20

39. 企业计提无形资产减值准备，应当(　　)。

A. 借记“管理费用”科目，贷记“无形资产”科目

B. 借记“资产减值损失”科目，贷记“无形资产减值准备”科目

C. 借记“管理费用”科目，贷记“无形资产减值准备”科目

D. 借记“资产减值损失”科目，贷记“无形资产”科目

40. 20×8 年 1 月 20 日，甲公司自行研发的某项非专利技术已经达到预定可使用状态，累计研究支出为 80 万元，累计开发支出为 250 万元(其中符合资本化条件的支出为 200 万元)；但使用寿命不能合理确定。20×8 年 12 月 31 日，该项非专利技术的可收回金额为 180 万元。假定不考虑相关税费，甲公司应就该项非专利技术计提的减值准备为(　　)万元。

A. 20　　B. 70　　C. 100　　D. 150

## 二、多项选择题

1. 下列各项中，会引起无形资产账面价值发生增减变动的有(　　)。

A. 摊销无形资产成本　　B. 对无形资产计提减值准备

C. 处置无形资产　　D. 企业内部研究开发项目研究阶段的支出

2. 某公司为增值税一般纳税人，2020 年 1 月 4 日购入一项无形资产，取得的增值税专用发票注明价款为 880 万元，增值税税额为 52.8 万元，该无形资产使用年限为 5 年，按年进行摊销，预计残值为零。下列关于该项无形资产的会计处理中，正确的有(　　)。

A. 2020 年 12 月 31 日该项无形资产的累计摊销额为 176 万元

B. 2020 年 1 月 4 日取得该项无形资产的成本为 880 万元

C. 该项无形资产自 2020 年 2 月起开始摊销

D. 该项无形资产的应计摊销额为 932.8 万元

3. 下列各项中，属于无形资产特征的有(　　)。

A. 不具有实物形态　　B. 能够单独计量

C. 具有可辨认性　　D. 能够为企业带来经济利益流入

4. 下列关于无形资产会计处理的表述中，正确的有(　　)。

A. 无形资产减值损失一经确认在以后会计期间不得转回

B. 内部研发项目开发阶段支出应全部确认为无形资产

C. 有偿取得的自用土地使用权应确认为无形资产

D. 无形资产均应确定预计使用年限并分期摊销

5. 下列各项关于无形资产会计处理的表述中，正确的有(　　)。

A. 使用寿命不确定的无形资产不能摊销

B. 计提的无形资产减值准备在该资产价值恢复时应予转回

C. 企业合并形成的商誉应确认为无形资产

D. 以支付土地出让金方式取得的自用土地使用权应单独确认为无形资产

6. 对使用寿命有限的无形资产,下列说法中正确的有(　　)。

A. 其摊销期限应当自无形资产可供使用时起至不再作为无形资产确认时止

B. 其应摊销金额应当在使用寿命内系统合理摊销

C. 其摊销期限应当自无形资产可供使用的下个月起至不再作为无形资产确认时止

D. 无形资产的应摊销金额为其成本扣除预计净残值后的金额,已计提减值准备的无形资产,还应扣除已计提的无形资产减值准备累计金额

7. 下列各项中,应计入专利权入账价值的有(　　)。

A. 研究阶段支付的研发人员薪酬

B. 依法取得专利权发生的注册费

C. 开发阶段满足资本化条件的材料支出

D. 无法区分研究阶段和开发阶段的设备折旧费

8. 下列各项中,关于企业内部研究开发无形资产相关支出的会计处理表述正确的有(　　)。

A. 开发阶段发生的符合资本化的支出,于研发成功时结转计入无形资产成本

B. 研究阶段发生的相关支出,结转计入无形资产成本

C. 无形资产确认前资本化的研发支出,期末在资产负债表“开发支出”项目列报

D. 无法区分研究阶段和开发阶段的支出,计入管理费用

9. 2016 年 1 月 1 日,某企业购入一项专利技术,当日投入使用,初始入账价值为 500 万元,摊销年限为 10 年,采用直线法摊销。2019 年 12 月 31 日专利技术预计可收回金额为 270 万元。假定不考虑其他因素,2019 年 12 月 31 日关于该项专利技术的会计处理结论正确的有(　　)。

A. 2019 年 12 月 31 日该项专利技术的账面价值为 270 万元

B. 2019 年度的摊销总额为 50 万元

C. 2019 年度的摊销总额为 45 万元

D. 2019 年 12 月 31 日该项专利技术的账面价值为 300 万元

10. 下列各项资产计提减值准备后,在持有期间减值损失不得转回的有(　　)。

A. 无形资产　　B. 应收账款　　C. 库存商品　　D. 固定资产

11. 下列说法中,符合无形资产准则规定的有(　　)。

A. 若预计某项无形资产已经发生了减值,则应当考虑计提资产减值损失

B. 出租的无形资产,其每期的摊销额应计入管理费用

C. 生产车间使用的无形资产,如非专利技术,其每期的摊销额应计入制造费用

D. 使用寿命有限的无形资产,一定自使用当月起在预计使用年限内分期平均摊销

12. 下列各项中,属于无形资产的特征的有(　　)。

A. 属于非货币性长期资产　　B. 具有可辨认性

C. 不具有可辨认性　　D. 不具有实物形态

13. 甲公司于 2019 年 1 月 10 日开始自行研究开发无形资产,12 月 31 日达到预定用途。其中,研究阶段发生职工薪酬 30 万元、计提专用设备折旧 40 万元;进入开发阶段后,相关支出符合资本化条件前发生的职工薪酬 30 万元、计提专用设备折旧 30 万元,符合资本化条件后发生职工薪酬 100 万元、计提专用设备折旧 200 万元。假定不考虑其他因素,甲公司 2019 年对

上述研发支出进行的下列会计处理中，错误的有（　　）。

A. 确认管理费用 130 万元，确认无形资产 300 万元

B. 确认管理费用 60 万元，确认无形资产 400 万元

C. 确认管理费用 130 万元，确认无形资产 330 万元

D. 确认管理费用 90 万元，确认无形资产 360 万元

14. 下列各项中，企业应确认为无形资产的有（　　）。

A. 吸收投资取得的土地使用权　B. 企业无偿取得的商标权

C. 企业因合并产生的商誉　D. 无偿划拨取得的土地使用权

15. 某企业为改进技术自行研究开发一项无形资产。研究阶段发生支出 50 万元，开发阶段发生符合资本化条件的支出 120 万元，不符合资本化条件的支出 80 万元，研发结束形成无形资产。不考虑其他因素，下列各项中，关于上述研发支出的会计处理结果正确的有（　　）。

A. 无形资产的入账价值为 170 万元　B. 无形资产的入账价值为 120 万元

C. 计入管理费用的金额为 130 万元　D. 计入制造费用的金额为 80 万元

16. 下列项目中，能够确认为无形资产的有（　　）。

A. 通过购买方式取得的专利技术　B. 商誉

C. 通过购买方式取得的土地使用权　D. 通过吸收投资方式取得的土地使用权

17. 企业在自行开发并取得专利权的过程中所发生的下列费用中，可能计入专利权入账价值的有（　　）。

A. 研究阶段耗用的材料费　B. 开发阶段耗用的材料费

C. 开发阶段的人员工资　D. 研究阶段发生的水电费

18. 甲公司为增值税一般纳税人，2019 年 12 月 31 日，收到乙公司支付的非专利技术使用权当年使用费收入，开具的增值税专用发票上注明的价款为 10 万元，增值税税额为 0.6 万元，款项存入银行。本年非专利技术应计提的摊销额为 6 万元。甲公司出租非专利技术使用权的会计处理结果正确的有（　　）。

A. 累计摊销增加 6 万元　B. 其他业务收入增加 10 万元

C. 其他业务收入增加 10.6 万元　D. 其他业务成本增加 6 万元

19. 下列关于计提固定资产折旧或无形资产摊销的说法中，不正确的有（　　）。

A. 公司当月增加的固定资产当月开始计提折旧

B. 公司当月减少的无形资产当月不再摊销

C. 固定资产提足折旧后仍继续使用的仍需计提折旧

D. 提前报废但未提足折旧的固定资产不再补提折旧

20. 下列关于无形资产的会计处理的表述中，正确的有（　　）。

A. 使用寿命不确定的无形资产应当采用直线法摊销

B. 自行研发无形资产在研究阶段发生的支出计入当期损益

C. 无法可靠确定经济利益预期消耗方式的无形资产不摊销

D. 无形资产处置时应同时结转已计提的减值准备

21. 下列关于无形资产摊销的表述中，不正确的有（　　）。

A. 无形资产摊销时不必考虑净残值

B. 无形资产的合同有效期大于法律规定使用期限的按照合同期限进行摊销

C. 无形资产摊销只能采用直线法

D. 企业取得的无形资产均应在取得当月开始摊销

22. 关于自行研究开发的无形资产，下列说法中不正确的有(　　)。

A. 开发阶段的支出，应当资本化，确认为无形资产

B. 研究阶段的支出，应当费用化，月末转入当期损益

C. 研究阶段的支出，应当资本化，确认为无形资产

D. 研发支出，应当区分研究阶段支出与开发阶段支出

23. 根据会计准则的规定，下列专利技术研发支出中，可能计入无形资产入账价值的有(　　)。

A. 开发过程中发生的人工费　　B. 研究过程中的调查支出

C. 开发过程中的开发支出　　D. 开发过程中领用的材料

24. 下列各项中，可以认定为企业无形资产的有(　　)。

A. 单独入账的土地　　B. 自行研发的非专利技术

C. 企业合并形成的商誉　　D. 外购的商标权

25. 下列关于工业企业无形资产会计处理的表述中，正确的有(　　)。

A. 使用寿命不确定的无形资产，不予以摊销

B. 无形资产减值损失一经确认，在以后会计期间不得转回

C. 使用寿命有限的无形资产，不计提减值准备

D. 租出无形资产的摊销额，应计入其他业务成本

26. 下列关于企业内部研发支出会计处理的表述中，正确的有(　　)。

A. 开发阶段的支出，满足资本化条件的，应予以资本化

B. 无法合理分配的多项开发活动所发生的共同支出，应全部予以费用化

C. 无法区分研究阶段和开发阶段的支出，应全部予以费用化

D. 研究阶段的支出，应全部予以费用化

## 三、判断题

1. 企业无形资产的取得方式主要有外购和自行研发等。(　　)

2. 企业使用寿命确定的无形资产应自可供使用(即其达到预定用途)下月起开始摊销，处置当月照常摊销。(　　)

3. 无形资产的摊销应计入其他业务成本。(　　)

4. 如果无法可靠区分研究阶段支出和开发阶段支出，应将所发生的研发支出全部资本化，作为无形资产的入账成本。(　　)

5. 企业内部研究开发项目在研究阶段的支出全部费用化，在开发阶段的支出全部资本化。(　　)

6. 对于企业取得的无形资产，应当自可供使用当月起开始摊销，处置当月不再摊销。(　　)

7. 研究开发支出中的开发支出应资本化，计入无形资产成本。(　　)

8. 资产负债表日应当对使用寿命不确定的无形资产进行减值测试。(　　)

9. 无形资产减值损失一经确认，在以后持有期间不得转回。(　　)

10. 企业无法可靠区分研究阶段和开发阶段支出的，所发生的研发支出全部费用化，计入当期损益。(　　)

11. 企业自行研发的无形资产如果不能合理预计使用寿命，则应当按 5 年来摊销。（　）

12. 资产负债表日应当对所有的无形资产进行减值测试。（　）

13. 企业自行设计并注册使用的商标权不属于无形资产。（　）

14. 研究阶段发生的无形资产研发支出应计入当期管理费用，开发阶段发生的无形资产研发支出应计入无形资产成本。（　）

15. 使用寿命有限的无形资产应当自达到预定用途的下月起开始摊销。（　）

## 四、综合题

1. 甲上市公司自行研究开发一项专利技术，与该项专利技术有关的资料如下：

(1)20×7 年 1 月，该项研发活动进入开发阶段以银行存款支付开发费用 280 万元，其中满足资本化条件的为 150 万元，20×7 年 7 月 1 日开发活动结束，并按法律程序申请取得专利权，供企业行政管理部门使用。

(2)该项专利权法律规定有效期为 5 年，采用直线法摊销。

(3)20×7 年 12 月 1 日，将该项专利权转让，实际取得价款 160 万元，应交税费 8 万元，款项已存入银行。

要求：

(1)编制甲上市公司发生开发支出的会计分录。

(2)编制甲上市公司转销费用化开发支出的会计分录。

(3)编制甲上市公司形成专利权的会计分录。

(4)计算甲上市公司 20×7 年 7 月专利权摊销金额并编制会计录。

(5)编制甲上市公司转让专利权的会计分录。

(单位：万元)

2. 全安公司为增值税一般纳税人，发生如下业务：

(1)2019 年 6 月 11 日，购入一项非专利技术，取得的增值税专用发票上注明的价款为 810 000 元，税率 6%，增值税税额 48 600 元，以银行存款支付。

(2)2019 年 7 月 1 日，将其自行开发完成的非专利技术出租给康玉公司，该非专利技术成本为 4 320 000 元，双方约定的租赁期限为 8 年，采用年限平均法按月进行摊销。

(3)2019 年 7 月 31 日，市场上某项新技术生产的产品销售势头较好，已对全安公司产品的销售产生重大不利影响。全安公司外购的类似专利技术的账面价值为 890 000 元，剩余摊销年限为 3 年，经减值测试，该专利技术的可收回金额为 500 000 元。

(4)2019 年 8 月 21 日，将其购买的一专利权转让给木嘉公司，开具增值税专用发票，注明价款 470 000 元，税率 6%，增值税税额 28 200 元，款项 498 200 元已存入银行。该专利权的成本为 770 000 元，已摊销 400 000 元。

(5)2019 年 12 月 12 日，购买一项管理用特许权，成本为 5 880 000 元，合同规定受益年限为 10 年，全安公司采用年限平均法按月进行摊销。

(6)公司自行研究、开发一项技术，截至 2019 年 12 月 31 日，发生研发支出合计 2 100 000 元，经测试，该项研发活动完成了研究阶段，从 2020 年 1 月 1 日开始进入开发阶段，发生开发支出 340 000 元，假定符合《企业会计准则第 6 号——无形资产》规定的开发支出资本化的条件，取得的增值税专用发票上注明的增值税税额为 44 200 元。2020 年 1 月 15 日，该项研发活动结束,最终开发出一项非专利技术。

要求:为上述业务编制相应的会计分录。

# 第 9 章　负　债

## 一、单项选择题

1. 负债是由于(　　)交易、事项形成的现时义务,履行该义务预期会导致经济利益流出企业。

A. 过去的　　B. 将来的

C. 现在的　　D. 现在和将来的

2. 某企业 2019 年 10 月末负债总额 120 万元,11 月份收回应收账款 20 万元,用银行存款归还借款 15 万元,预付购货款 6 万元,11 月末负债总额为(　　)万元。

A. 105　　B. 111　　C. 115　　D. 121

3. 下列同时引起资产、负债减少 10 000 元的业务是(　　)。

A. 购买固定资产,以现金支付 10 000 元　　B. 成本为 10 000 元的存货被火灾焚毁

C. 以银行存款 10 000 元归还短期借款　　D. 收到客户所欠 10 000 元的货款

4. 企业转销无法支付的应付账款时,应将该应付账款账面余额计入(　　)。

A. 资本公积　　B. 营业外收入

C. 其他业务收入　　D. 其他应付款

5. 某企业 2013 年 4 月 1 日从银行借入期限为 3 年的长期借款 400 万元,编制 2015 年 12 月 31 日资产负债表时,此项借款应填入的报表项目是(　　)。

A. 短期借款　　B. 长期借款

C. 其他长期负债　　D. 一年内到期的长期负债

6. 如果企业未设“预收账款”账户,凡是涉及预收账款的业务,可以用(　　)替代。

A.“应收账款”　　B.“应付账款”

C.“其他应收款”　　D.“其他应付款”

7. 应付票据是用于核算(　　)的。

A. 银行本票　　B. 银行汇票　　C. 商业汇票　　D. 支票

8. 企业开出并承兑的商业汇票到期无力支付时,正确的会计处理是将该应付票据(　　)。

A. 转作短期借款　　B. 转作应付账款

C. 转作其他应付款　　D. 仅做备查登记

9. 计提短期借款利息支出时,应贷记的账户是(　　)。

A.“短期借款”　　B.“财务费用”　　C.“应付利息”　　D.“银行存款”

10. 如果企业签发的银行承兑的商业汇票到期后无力支付,则应转入(　　)账户。

A.“应付账款”　　B.“应付票据”　　C.“短期借款”　　D.“长期借款”

11. 若会计分录为借记银行存款,贷记短期借款,则其反映的经济业务的内容是(　　)。

A. 以银行存款偿还短期借款　　B. 收到某企业前欠货款

C. 取得短期借款存入银行　　D. 收到银行投入的货币资金

12. 西岚公司向职工每人发放一台自产的电暖器作为福利，该产品的成本为每台 400 元，公允价值和计税价格均为 600 元，共有职工 300 人，增值税税率为 13%，则该公司计入应付职工薪酬的金额为(　　)万元。

A. 18　　B. 14.04　　C. 12　　D. 20.34

13. 企业的短期借款发生的利息，应借记的科目是(　　)。

A. "管理费用"　　B. "财务费用"　　C. "应计利息"　　D. "应付利息"

14. 某公司 2019 年 7 月 1 日向银行借入资金 60 万元，期限 6 个月，年利率为 6%，到期还本，按月计提利息，按季付息。该企业 7 月 31 日应计提的利息为(　　)万元。

A. 0.9　　B. 0.6　　C. 3.6　　D. 0.3

15. 下列税金中，不应计入存货成本的是(　　)。

A. 一般纳税人购进原材料支付的增值税

B. 小规模纳税人购进原材料支付的增值税

C. 一般纳税人进口应税消费品支付的消费税

D. 一般纳税人进口原材料支付的关税

16. 下列各项中，不属于企业流动负债的是(　　)。

A. 预付采购材料款　　B. 预收购货单位的款项

C. 应付采购商品付款　　D. 购买材料开出的商业承兑汇票

17. 小规模纳税企业购入原材料取得的增值税专用发票上注明的货款为 20 000 元，增值税税额为 2 600 元，在购入材料的过程中另支付运费 1 000 元，则该企业购入该批原材料的入账价值为(　　)元。

A. 20 600　　B. 23 600　　C. 20 000　　D. 22 600

18. 2016 年 1 月 1 日，某企业向银行借入资金 600 000 元，期限为 6 个月，利率为 5%，借款利息分月计提，季末交付，本金到期一次归还，下列各项中，2016 年 6 月 30 日，该企业交付借款利息的会计处理正确的是(　　)。

A. 借:财务费用　　5 000
　　　应付利息　　2 500
　　贷:银行存款　　7 500

B. 借:应付利息　　5 000
　　贷:银行存款　　5 000

C. 借:财务费用　　2 500
　　　应付利息　　5 000
　　贷:银行存款　　7 500

D. 借:财务费用　　7 500
　　贷:银行存款　　7 500

19. 下列各项税费中，不通过"应交税费"科目核算的是(　　)。

A. 房产税　　B. 车船税

C. 印花税　　D. 城镇土地使用税

20. 下列各项中，应记入资产负债表"其他应付款"项目的是(　　)。

A. 应付由企业负担的职工社会保险费　　B. 应付融资租入固定资产租金

C. 应付租入包装物租金　　D. 结转到期无力支付而应付的票据

21. 某公司向银行借款 10 000 元,期限 3 个月,年利率 5%,到期一次还本付息,则到期时,该项借款的账面价值为(　　)元。

A. 10 125　　B. 10 041.67　　C. 10 500　　D. 10 000

22. 一般纳税人当月缴纳当月应交的增值税,应通过(　　)科目核算。

A."应交税费——应交增值税(进项税额转出)"

B."应交税费——应交增值税(销项税额)"

C."应交税费——应交增值税(进项税额)"

D."应交税费——应交增值税(已交税金)"

23. 企业按规定应缴纳的教育费附加,应通过(　　)账户核算。

A."应交税费"　　B."其他应付款"

C."其他应交款"　　D."应付职工薪酬"

24. 2017 年 8 月 31 日,某企业负债总额为 500 万元,9 月份收回应收账款 60 万元,以银行存款归还短期借款 40 万元,预收客户货款 20 万元。不考虑其他因素,2017 年 9 月 30 日,该企业负债总额为(　　)万元。

A. 460　　B. 480　　C. 440　　D. 380

25. 某小规模纳税企业 2019 年 11 月购进原材料 100 000 元,取得增值税专用发票上注明的增值税税额为 13 000 元;当月销售产品取得收入 800 000 元(不含税)。如果该企业适用的增值税税率为 3%,则本月应交增值税为(　　)元。

A. 17 000　　B. 24 000　　C. 31 000　　D. 65 000

26. B 公司为增值税一般纳税人,20×10 年 3 月初"应交税费——应交增值税"账户无余额,3 月份销项税额 30 000 元,进项税额 40 000 元,进项税额转出 20 000 元。B 公司 3 月份应交增值税(　　)元。

A. −10 000　　B. −30 000　　C. 10 000　　D. 20 000

27. 甲公司为增值税一般纳税人,适用的增值税税率为 13%。2019 年 10 月,甲公司董事会决定将本公司生产的 100 件产品作为福利发放给公司管理人员。该批产品的单件成本为 1.2 万元,市场销售价格为每件 2 万元(不含增值税)。除增值税以外不考虑其他相关税费,甲公司在 2019 年因该项业务记入"应交税费——应交增值税(销项税额)"的金额为(　　)万元。

A. 20.4　　B. 26　　C. 140.4　　D. 234

28. 2019 年 9 月 1 日,某企业购入原材料一批,开出一张面值为 113 000 元、期限为 3 个月的不带息商业承兑汇票。2019 年 12 月 1 日该企业无力支付票款时,下列会计处理正确的是(　　)。

A. 借:应付票据　　113 000
　　贷:短期借款　　113 000

B. 借:应付票据　　113 000
　　贷:其他应付款　　113 000

C. 借:应付票据　　113 000
　　贷:应付账款　　113 000

D. 借:应付票据　　113 000

贷:预付账款 113 000

29. 2017年12月31日,某企业"应付账款——甲企业"明细科目贷方余额40 000元,"应付账款——乙企业"明细科目借方余额10 000元,"预付账款——丙企业"明细科目借方余额30 000元,"预付账款——丁企业"明细科目贷方余额6 000元。不考虑其他因素,该企业2017年12月31日资产负债表"应付账款"项目期末余额为(  )元。

A. 36 000  B. 40 000  C. 30 000  D. 46 000

30. 如果企业预付账款业务不多且未设置"预付账款"科目,企业预付给供应商的采购款项,应记入(  )。

A. "应收账款"科目的借方  B. "应付账款"科目的贷方

C. "应收账款"科目的贷方  D. "应付账款"科目的借方

31. "应付账款"账户的期末余额等于(  )。

A. 期初余额+本期借方发生额-本期贷方发生额

B. 期初余额-本期借方发生额-本期贷方发生额

C. 期初余额-本期借方发生额+本期贷方发生额

D. 期初余额+本期借方发生额+本期贷方发生额

32. 某客户向企业收取了一笔服务费后承诺在后续两年内为其提供相应的技术咨询服务。不考虑其他因素,下列各项中,该企业收取服务费时应记入的会计科目是(  )。

A. "主营业务收入"  B. "预收账款"

C. "其他业务收入"  D. "其他应收款"

33. 下列不属于应付职工薪酬构成内容的是(  )。

A. 工资  B. 工会经费

C. 职工教育经费  D. 出差期间的伙食补贴

34. 下列项目中,不属于"其他应付款"科目核算内容的是(  )。

A. 存入保证金  B. 应补付的货款

C. 应付赔偿金  D. 应付租金

35. 2019年10月1日,A公司按照面值发行债券10 000 000元,并用来建造厂房,债券期限为3年,到期一次还本利息,片面利率与实际利率均为6%。厂房建造于2019年年初开工,2019年12月31尚未完工,应编制的会计分录为(  )。

A. 借:财务费用 600 000

  贷:应付债券 600 000

B. 借:在建工程 600 000

  贷:应付债券 600 000

C. 借:在建工程 150 000

  贷:应付债券 150 000

D. 借:财务费用 150 000

  贷:应付利息 150 000

## 二、多项选择题

1. 下列项目中,属于其他应付款核算范围的有(  )。

A. 预收货款  B. 经营租入固定资产的应付租金

C. 应付其他单位和个人的款项 D. 出借包装物收取的押金
E. 应付购料款
2. 下列资产负债表各项目中,属于流动负债的有( )。
A. 预收账款 B. 应交税费
C. 预付账款 D. 一年内到期的长期负债
E. 应付债券
3. 以下项目中,应在资产负债表"应付账款"项目中反映的有( )。
A."应付账款"明细账户的借方余额 B."应付账款"明细账户的贷方余额
C."预付账款"明细账户的贷方余额 D."应收账款"明细账户的贷方余额
E."预收账款"明细账户的贷方余额
4. 企业发生赊购商品业务,下列各项中影响应付账款入账金额的有( )。
A. 现金折扣 B. 销货方代垫运杂费
C. 商品价款 D. 增值税进项税额
5. 核算短期借款利息时,可能会涉及的会计科目有( )。
A."应付利息" B."财务费用"
C."短期借款" D."银行存款"
6. 下列各项中,不通过"应交税费"科目核算的有( )。
A. 消费税 B. 印花税
C. 耕地占用税 D. 增值税
7. 下列各项中,工业企业应通过"其他应付款"科目核算的有( )。
A. 应付租入包装物的租金 B. 存出保证金
C. 应付经营租入设备的租金 D. 应缴纳的教育费附加
8. 下列各项中,应计入其他应付款的有( )。
A. 应付租入包装物的租金 B. 应付由企业负担的职工社会保险费用
C. 应付经营租入车辆的租金 D. 应付融资租入大型设备的租金
9. 某公司短期借款利息采用月末预提的方式核算,则下列预提短期借款利息的账务处理中,正确的有( )。
A. 借记"管理费用" B. 贷记"应付利息"
C. 借记"财务费用" D. 贷记"短期借款"
10. 下列各项中,属于负债类会计科目的有( )。
A."短期借款" B."长期借款"
C."预收账款" D."递延所得税负债"
11. 负债按其流动性不同可分为( )。
A. 流动负债 B. 非流动性负债
C. 或有负债 D. 经营负债
12. 甲公司 2019 年 5 月分配职工薪酬 26 万元,其中,生产工人工资 12 万元,奖金、津贴等薪酬 3 万元;在建工程人员工资 5 万元,奖金、津贴等薪酬 1 万元;行政管理人员工资 4 万元,奖金、津贴等薪酬 1 万元。当月职工工资 21 万元已经发放。不考虑其他因素,下列各项中,关于甲公司职工薪酬的会计处理结果正确的是( )。
A. 计入生产成本的职工薪酬总额为 16 万元

B. 计入在建工程的职工薪酬总额为 6 万元

C. 计入生产成本的职工薪酬总额为 15 万元

D. 计入管理费用的职工薪酬总额为 5 万元

13. 对于分期付息、到期一次还本的应付债券，资产负债表日应按摊余成本和实际利率计算确定应付债券的利息费用，可以记入的借方科目为（　　）。

A.“在建工程”　　B.“制造费用”　　C.“财务费用”　　D.“研发支出”

14. 通过“长期应付款”项目核算的有（　　）。

A. 融资租入固定资产形成的应付账款

B. 分期付款购入固定资产确认的具有融资性质的应付款项

C. 应向金融机构借入的期限在 1 年以上的借款

D. 发行债券确认的应付债券本金

15. 下列对长期借款利息费用的会计处理中，不正确的有（　　）。

A. 筹建期间的借款利息计入长期待摊费用

B. 筹建期间的借款利息计入管理费用

C. 符合资本化条件的借款利息计入相关资产成本

D. 日常生产经营活动的借款利息计入相关资产成本

16. 下列各项中，关于应付利息的表述正确的有（　　）。

A. 到期一次还本付息的应付债券利息不通过“应付利息”科目核算

B. 短期借款利息可以不通过“应付利息”科目核算，支付时直接计入财务费用

C. 分期付息、到期还本的长期借款利息通过“应付利息”科目核算

D. 应付利息属于流动负债

17. 计算“应付债券”科目的账面余额应考虑（　　）。

A. 发行债券的溢价　　B. 发行债券的折价

C. 发行债券的面值　　D. 应计债券利息

18. 某企业借入三年期到期还本、每年付息的长期借款 5 000 000 元，合同约定年利率为 3.5%。则下列说法中，正确的有（　　）。

A. 每年计算确定利息费用时：

| | | |
|---|---|---|
| 借：财务费用 | 175 000 | |
| 　　贷：应付利息 | | 175 000 |

B. 每年实际支付利息时：

| | | |
|---|---|---|
| 借：应付利息 | 175 000 | |
| 　　贷：银行存款 | | 175 000 |

C. 企业入账价值是按照未来需要支付的现金流量的现值

D. 企业不需要计提利息，到期时一次性支付

19. 企业应通过设置“应付债券”科目进行核算的有（　　）。

A. 归还到期一次还本付息的债券利息

B. 期末应计提的到期一次还本付息的债券利息

C. 归还债券本金

D. 应付债券发行

20. 下列各项中，关于长期借款利息费用的会计处理表述正确的有（　　）。

A. 经营期间在建工程达到预定可使用状态后发生的利息费用计入财务费用
B. 经营期间建造固定资产发生的符合资本化条件的利息费用计入在建工程
C. 企业筹建期间发生的不符合资本化条件的利息费用计入管理费用
D. 实际利率与合同利率差异较大的，采用合同利率计算确定利息费用

## 三、判断题

1.“应付账款”账户按债权人名称或姓名设置明细账户，反映应付账款的具体对象。（　）

2. 本月应负担的短期借款利息未予计提，会使当月利润虚增而月末负债少计。（　）

3. 预收货款情况不多的企业，也可以不设“预收账款”账户，而将预收的货款直接记入“其他应收款”账户。（　）

4. 负债和所有者权益都属于权益，所以这两类账户的性质和结构相同。（　）

5. 企业发生的短期借款利息支出，均应计入当期损益。（　）

6. 在计提短期借款利息时，应通过“应付利息”和“短期借款”账户核算。（　）

7. 企业预收账款不多的情况下，可以将预收账款在应收账款的借方核算。（　）

8. 企业应交的房产税、城镇土地使用税、车船税、矿产资源补偿费记入“管理费用”科目。会计处理为借记“管理费用”科目，贷记“应交税费”科目。（　）

9.“应付职工薪酬”项目，反映企业根据有关规定应付给职工的工资、职工福利、社会保险费、住房公积金、工会经费、职工教育经费，但不包括非货币性福利、辞退福利等薪酬。（　）

10. 预收账款的借方登记发生的预收货款数额和购货单位补付货款的数额。（　）

11. 公司向职工发放自产产品作为福利，同时要根据相关税收的规定，视同销售计算增值税销项税额。（　）

12.“应付票据”核算企业购买材料、商品和接受劳务供应等而开出承兑的银行汇票。（　）

13. 应付账款是根据商业折扣后的金额入账。（　）

14. 短期借款利息在预提或实际支付时均应通过“短期借款”科目核算。（　）

15. 企业按规定计算的代扣代缴的职工个人所得税，借记“管理费用”等科目，贷记“其他应付款”科目。（　）

16. 应付商业承兑汇票到期，企业无力支付票款的，应将应付票据按账面余额转入应付账款。（　）

17. 预收账款是企业的一项负债，这项负债要以货币资金来偿付。（　）

18.“预收账款”是资产类科目，“预付账款”是负债类科目。（　）

19. 以现金发放职工工资，会引起企业的现金减少和支付给职工的工资债务增加。（　）

20. 生产经营期间的不符合资本化条件的借款利息计入管理费用。（　）

## 四、综合题

1. 某企业为增值税一般纳税人，适用的增值税税率为13%。2020年3月份该企业发生如下交易或事项：

(1)从A公司采购一批原材料，其中货款4 000元，增值税进项税额为520元，材料已入

库,款项尚未支付。

(2)企业本月购入一台不需安装的设备,买价为30 000元,增值税税率为13%,发生运杂费2 000元,款项未支付,设备已交付使用。

(3)企业预收某公司货款20 000元,款项已存入银行,商品尚未发出。

(4)当月工资结算汇总表列示:应付工资总额2 138 000元,结转代扣社会保险金360 000元,代扣个人所得税18 000元,实发工资1 760 000元。月末分配本月工资费用2 138 000元,其中生产工人工资1 070 000元、车间管理人员工资260 000元、企业管理人员工资330 000元、专设销售机构人员工资140 000元、在建工程人员工资338 000元。

(5)计提当月短期借款利息4 600元,该借款采用一次还本付息的方式偿还。

(6)企业用银行存款偿还前欠其他单位货款2 000元。

(7)用银行存款偿还短期借款10 000元。

要求:根据上述业务,编制相应的会计分录。

2. B企业和A企业均为增值税一般纳税人,B企业生产所需原材料大部分从A企业进货,2019年7月B企业向A企业进货情况如下:

(1)7月1日,为购买乙材料以银行存款预付购货款5 000元。

(2)7月5日,购买甲材料20 000元、增值税2 600元,材料已验收入库,货款尚未支付。

(3)7月14日,以银行存款支付7月5日购入的材料款。

(4)7月26日,收到7月1日预付货款的乙材料,买价6 000元,增值税税额780元,材料已验收入库,余款以银行存款支付。

要求:分别为B企业和A企业编制上述业务的会计分录。

3. 华一公司为增值税一般纳税企业,2020年12月份发生下列经济业务:

(1)从某公司购入甲材料10吨,每吨2 000元,增值税进项税额2 600元,材料运杂费600元,材料已运达并验收入库。货款、运杂费及税金尚未支付。

(2)从新兴公司购进乙材料10吨,每吨300元,运杂费500元,增值税进项税额390元,企业开出承兑期为3个月的商业汇票一张,金额为3 890元。材料已运达企业并验收入库。

(3)以银行存款6 000元向达远公司预付购买丙材料货款。

(4)从新兴公司购进乙材料签发的票据到期,以银行存款支付。

(5)收到达远公司发来已预付货款的丙材料并验收入库,该批材料买价5 000元,运杂费100元,增值税进项税额650元,预付款项尚未结清。

(6)收到达远公司退回的预付账款,存入银行。

(7)本月应付职工工资500 000元,其中A产品生产工人工资200 000元,B产品生产工人工资1 000 000元,车间管理人员工资70 000元,厂部管理人员工资130 000元。

(8)按工资的24%计提社会保险费、按工资的4%计提职工福利费。

要求:根据上述经济业务编制会计分录("生产成本"科目按A产品、B产品写出明细科目)。

4. 光展公司为增值税一般纳税人,2019年发生如下业务:

(1)与杰马公司签订供货合同,向杰马公司出售一批产品,货款金额共计220 000元,应交增值税28 600元。根据购货合同的规定,杰马公司在购货合同签订后1周内,应当向光展公司预付货款90 000元,剩余货款在交货后付清。光展公司收到杰马公司预付货款90 000元存入银行,光展公司将货物发运到杰马公司并开具增值税专用发票,杰马公司验收货物后付清了剩余货款。

(2)2019 年 7 月 1 日,从林垣公司购入一批材料,增值税专用发票上注明的价款为 90 000 元,增值税税额为 11 700 元;同时,对方代垫运费 800 元、增值税税额 72 元,已收到对方转来增值税专用发票。材料验收入库(该企业材料按实际成本进行日常核算),款项尚未支付。2019 年 8 月 4 日,公司以银行存款支付购入材料相关款项。

(3)7 月份应付职工工资总额为 667 100 元,"工资费用分配汇总表"中列示的产品生产人员工资为 430 000 元,车间管理人员工资为 122 000 元,企业行政管理人员工资为 99 100 元,专设销售机构人员工资为 16 000 元。

(4)光展公司下设的职工食堂享受企业提供的补贴,7 月领用自产产品一批,该产品的账面成本为 22 000 元,市场价格为 32 000 元,适用的增值税税率为 13%、消费税税率为 10%。

(5)2019 年 1 月 1 日,光展公司向银行借入一笔生产经营用短期借款共计 1 000 000 元,期限为 9 个月,年利率为 4%。根据与银行签署的借款协议,该项借款的本金到期后一次归还,利息按季支付。

要求:编制相关的会计分录。

5. 全安公司为增值税一般纳税人,2019 年发生如下业务:

(1)2019 年 5 月 17 日,购入原材料一批,增值税专用发票上注明的价款为 70 000 元,增值税税额为 9 100 元,原材料验收入库。该企业开出并经开户银行承兑的商业汇票一张,面值为 79 100 元、期限 5 个月。交纳银行承兑手续费 32 元,其中增值税税额 1.81 元。

(2)2019 年 10 月 17 日,商业汇票到期,全安公司通知其开户银行以银行存款支付票款。

(3)2019 年 10 月 17 日,假设上述银行承兑汇票到期时全安公司无力支付票款。

要求:为上述业务编制会计分录。

6. 迪生公司为增值税小规模纳税人,适用增值税税率为 3%,原材料按实际成本核算。该企业购入原材料一批,取得增值税专用发票上注明的价款为 31 000 元,增值税税额为 4 030 元,款项以银行存款支付,材料已验收入库。销售产品一批,开具的普通发票上注明的货款(含税)为 50 470 元,款项已存入银行。用银行存款交纳增值税 1 470 元。

要求:为该企业编制会计分录。

7. 2020 年 1 月 1 日,光华公司借入 5 年期到期还本、每年付息的长期借款 2 900 000 元,合同约定年利率为 6%。

要求:编制计提和支付利息费用的相关会计分录。

# 第 10 章　所有者权益

## 一、单项选择题

1. 企业实际收到投资者按投资合同规定比例投入的资金属于企业所有者权益中的(　　)。

A. 留存收益　　B. 资本公积　　C. 实收资本　　D. 盈余公积

2. 对于实际收到或者存入企业开户银行的金额超过投资者在企业注册资本中所占份额的部分,应记入(　　)账户。

A.“实收资本(股本)”　　B.“资本公积”

C.“盈余公积”　　D.“未分配利润”

3. 无论股票的发行价格是否与面值一致,记入“股本”账户的应当是(　　)。

A. 面值　　B. 发行价格

C. 面值与发行价格孰低　　D. 面值与发行价格孰高

4. 下列各项中,会引起留存收益总额发生增减变动的是(　　)。

A. 盈余公积转增资本　　B. 盈余公积补亏

C. 接受投资人投资　　D. 用税后利润补亏

5. 资本公积的主要用途是(　　)。

A. 转增资本　　B. 弥补亏损

C. 向股东支付股利　　D. 向其他单位捐赠资产

6. 甲股份有限公司注册资本为 5 000 万元,2019 年实现的净利润为 800 万元,年初“未分配利润”明细账户借方余额 100 万元,2019 年提取盈余公积前法定盈余公积的累计额 1 000 万元。则该公司 2019 年按规定应提取的法定盈余公积的数额是(　　)万元。

A. 80　　B. 70　　C. 500　　D. 0

7. 下列经济业务发生,使资产和权益项目同时增加的是(　　)。

A. 生产产品领用材料　　B. 以现金发放工资

C. 以资本公积转增资本金　　D. 收到购货单位预付款,并存入银行

8. 某企业本期期初资产总额为 140 000 元,本期期末负债总额比期初增加 20 000 元,所有者权益总额比期初减少 10 000 元,则企业期末资产总额为(　　)元。

A. 170 000　　B. 130 000　　C. 150 000　　D. 120 000

9. 涉及权益内部变化,资产、权益总额不变的业务是(　　)。

A. 收到投资 30 000 元存入银行

B. 收到前欠款 20 000 元

C. 银行借入短期借款 50 000 元直接归还应付账款

D. 生产领用材料 45 000 元

10. 企业开出商业票据购买材料。这项业务属于(　　)。

A. 资产与权益同时增加,总额增加　　B. 资产与权益同时减少,总额减少

C. 资产内部有增有减,总额不变　　D. 权益内部有增有减,总额不变

11. 下列能使所有者权益增加的业务是(　　)。

A. 向银行借款　　B. 购买原材料

C. 销售产品取得收入　　D. 支付产品销售费用

12. 企业计提法定盈余公积达到注册资本的(　　)时,可不再计提。

A. 10%　　B. 20%　　C. 25%　　D. 50%

13. 某公司2019年年初所有者权益总额为1 360万元,当年实现净利润450万元,提取盈余公积45万元,向投资者分配现金股利200万元,本年内以资本公积转增资本50万元,投资者追加现金投资30万元。该公司年末所有者权益总额为(　　)万元。

A. 1 595　　B. 1 565　　C. 1 640　　D. 1 795

14. 甲股份有限公司委托乙证券公司发行普通股,股票面值总额4 000万元,发行总额16 000万元,发行费按发行总额的2%计算(不考虑其他因素),股票发行净收入全部收到。甲股份有限公司该笔业务记入"资本公积"账户的金额为(　　)万元。

A. 4 000　　B. 11 680　　C. 11 760　　D. 12 000

15. 甲企业为有限责任公司,甲企业接受丙企业投入一条生产线,该条生产线在丙企业的原价为300万元,累计折旧180万元,投资协议约定的价值为200万元,协议约定的价值与其公允价值一致,增值税进项税额26万元(假定不可抵扣)。不考虑其他因素,则甲企业应记入"实收资本"账户的金额为(　　)万元。

A. 226　　B. 300　　C. 200　　D. 120

16. 下列交易或事项能够增加企业所有者权益的是(　　)。

A. 提取法定盈余公积　　B. 盈余公积补亏

C. 定向增发股票　　D. 向投资者分派利润

17. 某公司年初未分配利润为1 000万元,当年实现净利润500万元,按10%提取法定盈余公积,5%提取任意盈余公积,宣告发放现金股利100万元。不考虑其他因素,该公司年末未分配利润为(　　)万元。

A. 1 400　　B. 1 450　　C. 1 475　　D. 1 325

18. 2017年1月1日,某股份有限公司未分配利润为100万元,2017年度实现净利润400万元,法定盈余公积的提取比例为10%。不考虑其他因素,下列关于盈余公积的账务处理,正确的是(　　)(单位:万元)。

A. 借:本年利润——提取法定盈余公积　　50
　　贷:盈余公积　　50

B. 借:利润分配——提取法定盈余公积　　40
　　贷:盈余公积　　40

C. 借:利润分配——提取法定盈余公积　　50
　　贷:盈余公积　　50

D. 借:本年利润——提取法定盈余公积　　40
　　贷:盈余公积　　40

19. 甲、乙公司均为增值税一般纳税人,适用的增值税税率为13%,甲公司接受乙公司投

资转入的原材料一批，账面价值 100 000 元，投资协议约定价值 120 000 元，假定投资协议约定的价值与公允价值相符，该项投资没有产生资本溢价。甲公司实收资本应增加(　　)元。

A. 113 000　　B. 100 000　　C. 135 600　　D. 120 000

20. 下列各项中，不属于所有者权益的是(　　)。

A. 资本溢价　　B. 应付高管人员的基本薪酬

C. 计提的盈余公积　　D. 投资者投入的资本

21. 某公司年初资本公积为 1 500 万元，经股东大会批准，用资本公积转增资本 300 万元。不考虑其他因素，该公司年末的资本公积为(　　)万元。

A. 1 200　　B. 1 700　　C. 1 400　　D. 1 500

22. 2019 年年初某公司"盈余公积"余额为 120 万元，当年实现利润总额 900 万元，所得税费用 300 万元，按净利润的 10%提取法定盈余公积，经股东大会批准将盈余公积 50 万元转增资本，2019 年 12 月 31 日，该公司资产负债表中"盈余公积"项目年末余额为(　　)万元。

A. 130　　B. 70　　C. 120　　D. 180

23. 某股份有限公司首次公开发行普通股 500 万股。每股面值 1 元，发行价格 6 元，相关手续费和佣金共计 95 万元(不考虑增值税)。不考虑其他因素，该公司发行股票应计入资本公积的金额为(　　)万元。

A. 3 000　　B. 2 500　　C. 2 905　　D. 2 405

24. 某公司年初未分配利润为 1 000 万元，盈余公积为 500 万元；本年实现净利润 5 000 万元，分别提取法定盈余公积 500 万元、任意盈余公积 250 万元，宣告发放现金股利 500 万元。不考虑其他因素，该公司年末留存收益为(　　)万元。

A. 6 000　　B. 6 500　　C. 5 750　　D. 5 250

25. 某上市公司公开发行普通股 1 000 万股，每股面值 1 元，每股发行价格 5 元，支付券商发行费用 120 万元。该公司发行普通股计入股本的金额为(　　)万元。

A. 3 880　　B. 5 000　　C. 4 880　　D. 1 000

26. 企业接受新投资者投资时其实际缴纳的出资额大于其所享有注册资本所占份额的部分应计入(　　)。

A. 资本公积——其他资本公积　　B. 其他综合收益

C. 资本公积——资本溢价　　D. 实收资本

27. 甲公司(上市公司)发行普通股 5 000 万股，每股面值 1 元，每股发行价格为 8 元，支付券商发行手续费为 120 万元，支付法律咨询费 30 万元。则甲公司发行普通股计入股本的金额为(　　)万元。

A. 40 000　　B. 5 000　　C. 39 850　　D. 39 880

28. 留存收益指的是(　　)。

A. 资本公积和盈余公积　　B. 资本公积和未分配利润

C. 盈余公积和未分配利润　　D. 法定盈余公积和任意盈余公积

29. 下列各项中，将引起企业所有者权益总额发生增减变动的是(　　)。

A. 实际发放股票股利　　B. 提取法定盈余公积

C. 宣告分配现金股利　　D. 用盈余公积弥补亏损

30. 下列各项中，引起企业所有者权益总额发生增减变动的业务事项是(　　)。

A. 当年实现净利润　　B. 盈余公积转实收资本

C. 资本公积转实收资本　　D. 盈余公积补亏

31. 下列项目中，属于留存收益的是(　　)。

A. 已宣告而未发放的应付股利　　B. 收到投资者投入的资本

C. 从净利润中提取的法定盈余公积　　D. 资产评估增值

32. 下列各项中，引起企业所有者权益总额增加的事项是(　　)。

A. 当年实现净利润　　B. 以盈余公积弥补以前年度亏损

C. 以盈余公积发放现金股利　　D. 资本公积转增资本

33. “实收资本”科目的贷方不能登记(　　)。

A. 投资者投入的资本　　B. 投资者收回的资本

C. 资本公积转增资本　　D. 盈余公积转增资本

34. 某企业权益总额为 80 万元，如果发生下列经济业务：(1)收到外单位投资 8 万元，存入银行；(2)用银行存款偿还企业的应付债券 2 万元；(3)收到到期兑现的商业汇票实得款项 5 万元，并存入银行，企业负债和所有者权益总额应该是(　　)万元。

A. 87　　B. 86　　C. 91　　D. 89

35. 某企业资产总额为 100 万元，负债为 20 万元，在将 10 万元负债转作投入资本后，资产总额为(　　)万元。

A. 100　　B. 130　　C. 80　　D. 90

36. 某企业负债总额为 100 万元，所有者权益为 50 万元，在接受 80 万元的投资后，资产总额为(　　)万元。

A. 130　　B. 230　　C. 180　　D. 150

37. 用盈余公积补亏时，正确的会计处理为借记“盈余公积”科目，贷记(　　)科目。

A. “本年利润”　　B. “利润分配——未分配利润”

C. “利润分配——其他转入”　　D. “利润分配——提取盈余公积”

38. 某企业年初未分配利润借方余额为 20 万元，本年实现的净利润为 200 万元。按净利润的 10%提取的盈余公积金额为(　　)万元。

A. 2　　B. 18　　C. 20　　D. 22

39. 某企业年初未分配利润的借方余额为 800 000 元(未超过 5 年)，当年实现利润 1 500 000 元(假定不存在其他纳税调整)，适用的所得税税率为 25%，按 10%的比例提取法定盈余公积。则年末，该企业应提取的盈余公积为(　　)元。

A. 100 500　　B. 52 500　　C. 20 500　　D. 15 000

40. 企业提取的法定盈余公积不得用于(　　)。

A. 弥补亏损　　B. 转增资本

C. 发放现金股利或利润　　D. 职工集体福利设施

41. 盈余公积转增资本时，以转增后留存的此项公积不得少于转增前注册资本的(　　)为限。

A. 15%　　B. 20%　　C. 25%　　D. 50%

42. 下列各项中，不属于留存收益的是(　　)。

A. 资本溢价　　B. 任意盈余公积

C. 未分配利润　　D. 法定盈余公积

43. “利润分配——未分配利润”科目的年末贷方余额表示(　　)。

A. 全年净利润　　B. 年末未分配利润
C. 全年净亏损　　D. 年末未弥补亏损

## 二、多项选择题

1. 下列各项所有者权益中，属于资本公积的有(　　)。
A. 所有者投入的在注册资本中所占份额的部分
B. 所有者投入的超过其在注册资本中所占份额的部分
C. 直接计入所有者权益的利得和损失
D. 盈余公积
E. 未分配利润
2. 所有者权益包括(　　)。
A. 资本公积　　B. 盈余公积
C. 应付股利　　D. 未分配利润
E. 实收资本
3. 下列各项中，属于企业留存收益的有(　　)。
A. 法定盈余公积　　B. 任意盈余公积
C. 实收资本　　D. 未分配利润
E. 资本公积
4. 以下事项能够引起企业留存收益总额发生变动的有(　　)。
A. 本年度实现的净利润　　B. 提取法定盈余公积
C. 向投资者宣告分配现金股利　　D. 实际发放股票股利
E. 盈余公积转增资本
5. 下列事项中，可引起所有者权益变动的有(　　)。
A. 接受投资者投入的固定资产　　B. 接受资产的捐赠
C. 用盈余公积弥补亏损　　D. 经批准将资本公积转增资本
E. 本年度实现的净利润
6. 留存收益属于企业的所有者权益，包括(　　)。
A. 盈余公积　　B. 未分配利润　　C. 实收资本　　D. 资本公积
E. 股本
7. 企业法定盈余公积的主要用途有(　　)。
A. 弥补亏损　　B. 转增资本
C. 对外捐赠　　D. 用于集体福利设施
8. 企业弥补亏损的渠道有(　　)。
A. 用实收资本弥补　　B. 用盈余公积弥补
C. 用以后年度税前利润弥补　　D. 用以后年度税后利润弥补
D. 用资本公积弥补
9. 非股份有限公司的企业收到投资者投入企业的资本时，可贷记(　　)账户。
A. "实收资本"　　B. "股本"
C. "资本公积——资本溢价"　　D. "资本公积——股本溢价"
E. "盈余公积"

10. 一般企业增加资本的途径主要有(　　)。

A. 盈余公积弥补亏损　　B. 接受投资者追加投资

C. 资本公积转增资本　　D. 盈余公积转增资本

E. 向银行借款

11. 下列关于盈余公积用途的表述,正确的有(　　)。

A. 可以用于对外捐赠　　B. 可以用于转增资本

C. 可以用于弥补亏损　　D. 可以用于发放工资

12. 下列各项中,会引起企业实收资本增加的有(　　)。

A. 接受非流动资产捐赠　　B. 接受投资者追加投资

C. 资本公积转增资本　　D. 盈余公积转增资本

13. A 有限责任公司收到 B 企业以机器设备出资的投资,该设备的原价为 100 万元,已计提折旧 60 万元,投资合同约定该设备价值为 50 万元(与公允价值相同且不考虑增值税),A 公司认定可计入实收资本的部分为 40 万元,不考虑其他因素,则关于 A 有限责任公司会计处理的表述正确的有(　　)。

A. A 公司应当确认的资本公积为 10 万元

B. A 公司应当确认的资本公积为 20 万元

C. A 公司固定资产的入账价值为 50 万元

D. A 公司固定资产的入账价值为 40 万元

14. 下列各项中,会引起企业实收资本金额发生增减变动的有(　　)。

A. 盈余公积转增资本　　B. 资本公积转增资本

C. 对外债券投资　　D. 处置交易性金融资产

15. 下列关于资本公积的表述中,正确的有(　　)。

A. 资本公积的来源之一是资本公积——其他资本公积

B. 资本公积是企业收到投资者出资额超出其在注册资本中所占份额的部分,以及其他资本公积等

C. 企业可以使用资本公积弥补亏损

D. 企业可以用资本公积转增资本

16. 下列关于有限责任公司将盈余公积转增资本的变动情况中,表述正确的有(　　)。

A. 留存收益减少　　B. 所有者权益总额不变

C. 实收资本增加　　D. 资本公积增加

17. 下列各项中,属于资本公积来源的有(　　)。

A. 从企业实现的净利润提取　　B. 盈余公积转入

C. 资本溢价　　D. 股本溢价

18. 某公司由甲、乙投资者分别出资 100 万元设立。为扩大经营规模,该公司的注册资本由 200 万元增加到 250 万元,丙企业以现金出资 100 万元享有公司 20%的注册资本,不考虑其他因素,该公司接受丙企业出资,相关科目的会计处理结果正确的有(　　)。

A. 贷记“实收资本”科目 100 万元　　B. 贷记“盈余公积”科目 100 万元

C. 借记“银行存款”科目 100 万元　　D. 贷记“资本公积”科目 50 万元

19. 企业实现的净利润可进行下列分配(　　)。

A. 计算缴纳所得税　　B. 提取法定盈余公积

C. 提取任意盈余公积　　D. 向投资者分配股利

20. 下列各项经济业务中，会使得企业资产总额和权益总额发生同时增加变化的有(　　)。

A. 向银行借入半年期的借款，已转入本企业银行账户

B. 赊购设备一台，设备已经交付使用

C. 收到某投资者投资转入的一批材料，材料已验收入库

D. 用资本公积转增实收资本

21. 按照《中华人民共和国公司法》规定，公司提取的法定盈余公积和任意盈余公积可用于(　　)。

A. 扩大公司生产经营　　B. 弥补公司亏损

C. 转增资本　　D. 作为股利向投资者分配

22. 下列各项中，不会引起所有者权益总额发生变化的有(　　)。

A. 资本公积转增资本　　B. 盈余公积转增资本

C. 盈余公积弥补亏损　　D. 从净利润中提取盈余公积

23. 下列各项中，不会引起留存收益变动的有(　　)。

A. 盈余公积补亏　　B. 计提法定盈余公积

C. 盈余公积转增资本　　D. 计提任意盈余公积

## 三、判断题

1. 企业将资本公积转增资本并不会引起所有者权益总额的增加，而只是引起企业所有者权益结构的变化。(　　)

2. 企业所有者投入的资本应当保全，在任何情况下，企业所有者都不得抽走投资。(　　)

3. 投资者的投资收益与企业经营的好坏密切相关，而债权人的投资收益一般与企业经营好坏无关。(　　)

4. 在我国股票与债券一样，可以按面值发行，也可以溢价或折价发行。(　　)

5. 资本公积和盈余公积与企业的净利润均有一定的关系。(　　)

6. 资本公积和盈余公积均可以用于转增企业资本。(　　)

7. 未分配利润有两层含义：一是留待以后年份来处理，二是尚未指定用途。(　　)

8. 所有的公司都应该设置“实收资本”科目，核算投资者投入资本的增减变动情况。(　　)

9. 企业负债与所有者权益的区别在于负债需要企业还本还息，而所有者权益则不需要。(　　)

10. 股份有限公司溢价发行股票时，按股票面值计入股本，溢价收入扣除发行手续费、佣金等发行费用后的金额计入资本公积。(　　)

11. 企业接受投资者作价投入的材料物资，按投资合同或协议约定的投资者在企业注册资本或股本中所占份额的部分作为实收资本或股本入账。(　　)

12. 向股东支付已宣告分派的现金股利，不影响所有者权益的金额，也不影响负债和资产。(　　)

13. 企业可以用资本公积转增资本。(　　)

14. 企业接受投资者以非现金资产投资时，应按投资合同或协议约定的价值确认资产的价值和在注册资本中应享有的份额，并将其差额确认为资本公积，但投资合同或协议约定的价值不公允的除外。（　　）

15. 企业当年实现的净利润（或净亏损）加上年初未分配利润（或减年初未弥补亏损）和其他转入后的余额，为可供分配的利润。（　　）

16. 企业收到的投资者超出其在企业注册资本中所占份额的投资，应直接计入当期损益。（　　）

17. 上市公司发行股票，应该按照发行价格计入股本。（　　）

18. 资本公积转增资本会导致企业实收资本增加，从而使企业所有者权益总额增加。（　　）

19. 盈余公积和资本公积转增资本均会使企业留存收益减少。（　　）

20. 股份有限公司发行股票收到现金资产时，借方登记“银行存款”，贷方登记“股本”，实际收到的现金与股本的差额记入“资本公积——其他资本公积”。（　　）

21. 所有者权益体现的是所有者在企业中的剩余权益，其确认和计量主要依赖于资产、负债等其他会计要素的确认和计量。（　　）

22. 用盈余公积转增资本不会引起所有者权益减少。（　　）

23. 企业提取的盈余公积可用于发放现金股利。（　　）

24. 年度终了，除“未分配利润”明细科目外，“利润分配”科目下的其他明细科目应无余额。（　　）

## 四、综合题

1. 某工厂创办时，取得国家以固定资产形式进行的投资 900 000 元，以流动资产方式进行的投资 720 000 元，其中原材料 452 000 元，其余均为银行存款。另外取得长期借款 160 000 元，已存入银行。

要求：

(1)计算该厂资产总额、流动资产以及非流动资产。

(2)计算该厂负债总额和所有者权益总额。

2. (1)假定 A、B、C 三公司共同投资组成 ABC 有限责任公司（简称 ABC 公司）。按 ABC 公司的章程规定，注册资本为 900 万元，A、B、C 三方各占 1/3 的股份。

假定 A 公司以厂房投资，该厂房原值 500 万元，已计提折旧 300 万元，投资各方确认的价值为 300 万元（同公允价值）。

B 公司以价值 200 万元的一套新设备和价值 100 万元的一项专利权投资，其价值已被投资各方确认，并已向 ABC 公司移交了专利证书等有关凭证。

C 公司以货币资金 300 万元投资，已存入 ABC 公司的开户银行。

(2)假定 D 公司有意投资 ABC 公司，经与 A、B、C 三公司协商，将 ABC 公司变更为 ABCD 公司，注册资本增加到 1 200 万元，A、B、C、D 四方各占 1/4 股权。D 公司需以货币资金出资 400 万元，以取得 25%的股份。协议签订后，修改了原公司章程，D 公司所出 400 万元已存入 ABCD 公司的开户银行，并办理了变更登记手续。

要求：

(1)根据资料(1)分别就 ABC 公司实际收到 A 公司、B 公司、C 公司投资时编制有关会计分录。

(2)根据资料(2)编制实际收到D公司投资时的会计分录。

(单位:万元)

3. 假设Y有限责任公司20×4年全年实现的净利润为200万元(无纳税调整事项;年初无未分配利润)。现发生下列经济业务:

(1)年末将本年实现净利润转入"利润分配——未分配利润"账户。

(2)董事会决定提取法定盈余公积20万元,任意盈余公积10万元。

(3)董事会决定向投资者分配利润40万元,但尚未支付。

(4)将已分配的净利润转入"利润分配——未分配利润"账户。

要求:根据上述资料,编制相关会计分录(单位:万元)。

4. 某企业2019年12月发生如下经济业务:

(1)收到投资者追加投入的资本金150 000元。

(2)以盈余公积60 000元转增资本金。

(3)假定该企业本年度的净利润为550 000元,按照净利润的10%计提法定盈余公积,按照净利润的5%计提任意盈余公积。向投资者分配利润250 000元(尚未支付)。

要求:根据上述经济业务编制相关会计分录。

5. 甲公司发生有关经济业务如下:

原由投资者A和投资者B共同出资成立,每人出资20万元,各占50%的股份。经营两年后,投资者A和B决定增加公司资本,此时有一新投资者C要求加入甲公司。经有关部门批准后,甲公司实施增资,将实收资本增加到90万元。经三方协商一致同意,完成下述投入后,三方投资者各拥有甲公司30万元实收资本,并各占甲公司1/3的股份。各投资者的出资情况如下:

(1)投资者A以一台设备投入甲公司作为增资,该设备原价180 000元,已提折旧95 000元,投资合同确认价值126 000元。

(2)投资者B以一批原材料投入甲公司作为增资,该批材料账面价值105 000元,投资合同确认价值110 000元,增值税进项税额为14 300元。投资者B已开具了增值税专用发票。

(3)投资者C以银行存款投入甲公司390 000元。

要求:根据以上资料,分别编制甲公司接受投资者A、投资者B增资时以及投资者C初次出资时的会计分录("应交税费"科目要求写出二级和三级明细科目)。

6. B企业2019年3月31日资产负债表显示资产总计285 000元、负债总计117 000元、所有者权益总计168 000元,该企业2019年4月份发生下列经济业务:

(1)以银行存款偿还所欠供应单位货款120 000元。

(2)采购员出差预借差旅费1 500元,以现金支付。

(3)投资者投入全新设备一台,价值30 000元。

(4)收到购货单位所欠货款10 000元,其中8 000元存入银行,2 000元以现金收讫。

(5)向银行借入6个月期借款100 000元,存入银行。

(6)购买原材料68 000元,其中50 000元以银行存款支付,其余未付。

要求:

(1)根据以上经济业务编制会计分录。

(2)计算该企业2019年4月30日的资产总额、负债总额、所有者权益总额。

(3)分析说明经济业务发生对会计要素及会计等式的影响。

7. 盛大公司综合业务：

(1)用银行存款一次性支付2020年上半年租入办公用房租金60 000元。

(2)购入不需安装的新设备一台，设备价值300 000元，运杂费2 000元，以转账支票支付。

(3)购入A材料100吨，价款200 000元，增值税26 000元，购入B材料50吨，价款150 000元，增值税19 500元。购进A、B两种材料共发生运杂费4 500元。上述各种款项已用银行存款支付，A、B材料均已验收入库，结转入库材料采购成本(运杂费按材料重量比例分摊并列出计算过程)。

(4)生产车间生产甲、乙两种产品，其中甲产品领用A材料100 000元，乙产品领用A材料150 000元。

(5)销售给长城公司乙产品一批，价值600 000元，增值税78 000元，产品已发出，货款未收到。

(6)收到长城公司偿还所欠货款678 000元，存入银行。

(7)计提本月折旧，其中生产用固定资产折旧6 000元，企业管理部门用固定资产折旧1 000元。

(8)以银行存款支付本月生产车间水电费2 000元。

(9)计算分配本月应付职工工资，其中甲产品生产工人工资35 000元，乙产品生产工人工资25 000元，车间管理人员工资3 000元，企业管理人员工资7 000元。

(10)总经理张军上月出差借款1 000元，本月报销差旅费800元，余额退回现金。

要求：根据上述经济业务编制会计分录。

8. 为下列业务编制相关的会计分录：

(1)2018年7月11日，甲、乙、丙共同投资设立A有限责任公司，注册资本为2 400 000元，甲、乙、丙持股比例分别为10%、10%和80%。按照章程规定，甲、乙、丙投入资本分别为240 000元、240 000元和1 920 000元。A有限责任公司已如期收到各投资者一次缴足的款项。

(2)2018年4月16日，B股份有限公司发行普通股10 000 000股，每股面值1元，每股发行价格6元。假定股票发行成功，股款60 000 000元已全部收到，不考虑发行过程中的税费等因素。

(3)2021年1月3日，康玉公司于设立时收到杰马公司作为资本投入的不需要安装的机器设备一台，合同约定该机器设备的价值为1 900 000元，增值税进项税额为247 000元(由投资方支付税款，并提供或开具增值税专用发票)。经约定，康玉公司接受杰马公司的投入资本为2 147 000元，全部作为实收资本。合同约定的固定资产价值与公允价值相符，不考虑其他因素。

(4)2020年3月25日，全安公司于设立时收到泉健公司作为资本投入的原材料一批，该批原材料投资合同或协议约定价值(不含可抵扣的增值税进项税额部分)为80 000元，增值税进项税额为10 400元(由投资方支付税款，并提供或开具增值税专用发票)。合同约定的价值与公允价值相符，不考虑其他因素。全安公司对原材料按实际成本进行日常核算。

(5)甲、乙、丙三人共同投资设立了A有限责任公司，原注册资本为4 200 000元，甲、乙、丙分别出资2 436 000元、840 000元和924 000元。

①2018年3月26日，为扩大经营规模，经批准，A有限责任公司注册资本扩大为

5 300 000 元，甲、乙、丙按照原出资比例分别追加投资 638 000 元、220 000 元和 242 000 元。A 有限责任公司如期收到甲、乙、丙追加的现金投资。

②2018 年 3 月 26 日，因扩大经营规模需要，经批准，A 有限责任公司按原出资比例将资本公积 1 100 000 元转增资本。

③2018 年 3 月 26 日，因扩大经营规模需要，经批准，A 有限责任公司按原出资比例将盈余公积 116 000 元转增资本。

(6)2020 年 4 月 19 日，B 股份有限公司首次公开发行了普通股 50 000 000 股，每股面值 1 元，每股发行价格为 5 元。B 股份有限公司与证券公司约定，按发行收入的 3%收取佣金，从发行收入中扣除。假定收到的股款已存入银行。

(7)2019 年 12 月 31 日，荣天公司年初未分配利润为 0，本年实现净利润 2 300 000 元，经股东大会批准，按当年净利润的 10%提取法定盈余公积，宣告发放现金股利 890 000 元，假定不考虑其他因素。

(8)2019 年 12 月 31 日，经股东大会批准，康玉公司用以前年度提取的盈余公积弥补当年亏损，当年弥补亏损的金额为 540 000 元。

(9)2018 年 5 月 26 日，因扩大经营规模需要，经股东大会批准，泉健公司将盈余公积 390 000 元转增股本。

(10)戊股份有限公司年末股本为 42 000 000 股(每股面值 1 元)，可供投资者分配的利润为 6 200 000 元，盈余公积为 24 000 000 元。2018 年 12 月 6 日，股东大会批准了上年度利润分配方案，按每 10 股 2 元发放现金股利。戊公司共需要分派 8 400 000 元现金股利，其中动用可供投资者分配的利润 6 200 000 元、盈余公积 2 200 000 元。假定不考虑其他因素。

# 第 11 章　收入、费用和利润

## 一、单项选择题

1. 企业转让固定资产所有权的收益应当属于(　　)。

A. 主营业务收入　　B. 其他业务收入

C. 营业外收入　　D. 投资收益

2. 2019 年 9 月 20 日,采用赊销方式销售产品 50 000 元,12 月 25 日收到货款存入银行。按收付实现制核算时,该项收入应属于(　　)。

A. 2019 年 9 月　　B. 2019 年 10 月

C. 2019 年 11 月　　D. 2019 年 12 月

3. 2019 年 3 月 20 日,采用赊销方式销售产品 60 000 元,6 月 20 日收到货款存入银行。按权责发生制核算时,该项收入应属于(　　)。

A. 2019 年 3 月　　B. 2019 年 4 月

C. 2019 年 5 月　　D. 2019 年 6 月

4. 工业企业销售材料收入属于(　　)。

A. 基本业务收入　　B. 营业外收入

C. 其他业务收入　　D. 投资收益

5. 企业在材料收入的核算中,需在月末暂估入账并于下月初红字冲回的是(　　)。

A. 月末购货发票账单未到,但已入库的材料

B. 月末购货发票账单已到,货款未付但已入库的材料

C. 月末购货发票账单已到,货款已付且已入库的材料

D. 月末购货发票账单已到,货款已付但未入库的材料

6. 企业对于已经发出但尚未确认销售收入的商品成本,应借记的会计科目是(　　)。

A."在途物资"　　B."库存商品"

C."主营业务成本"　　D."发出商品"

7. 下列项目中,属于营业外收入的是(　　)。

A. 产品销售的收入　　B. 出售原材料收入

C. 库存现金盘盈　　D. 出租固定资产的收入

8. 下列各项中,属于收入的是(　　)。

A. 接受捐赠获得的现金资产　　B. 物流公司代其他运输企业收取的运输费

C. 出售产品收到的增值税销项税额　　D. 出租包装物取得的租金

9. 企业下列活动形成的经济利益的总流入中,不属于收入的是(　　)。

A. 对外出售不需用的原材料

B. 对外进行权益性投资,取得现金股利或利润

C. 处置无形资产
D. 对外进行债权性投资,取得利息
10.(　　)的特征将收入与利得区别开来。
A. 收入会导致企业所有者权益的增加
B. 收入与所有者投入资本无关
C. 收入会引起企业资产的增加或负债的减少
D. 收入形成于企业日常活动
11. 下列各项中属于咨询公司的主营业务收入的是(　　)。
A. 销售相关商品取得的收入　　B. 出售材料、废品取得的收入
C. 提供咨询服务取得的收入　　D. 进行债权投资取得的利息收入
12. 按照经营业务的主次分类,收入可分为(　　)。
A. 经营收入和其他收入
B. 商品销售收入和劳务收入
C. 主营业务收入和其他业务收入
D. 销售商品收入、提供劳务收入及让渡资产使用权等取得的收入
13. 下列各项中,企业尚未将商品所有权上的主要风险和报酬转移给购货方的是(　　)。
A. 大型卖场将商品交给购货方的同时向购货方收取所售商品的价款
B. 采用预收款销售方式销售商品房的房地产开发公司向购房者开具发票并交付钥匙
C. 采用交款提货方式销售商品的企业已经向购货方收取货款但购货方尚未提货
D. 采用支付手续费方式委托代销商品的委托方将商品发出给受托方
14. 采用预收款方式销售商品的,在发出商品前预收的货款应确认为(　　)。
A. 预收账款　　B. 营业收入　　C. 应收账款　　D. 长期应收款
15. 下列各项业务中,不应通过"营业外收入"账户核算的有(　　)。
A. 存货盘盈　　B. 转销无法偿付的应付账款
C. 接受现金捐赠　　D. 固定资产报废净收益
16. 下列各项中,符合会计要素收入定义的是(　　)。
A. 出售材料收入　　B. 出售无形资产净收益
C. 转让固定资产净收益　　D. 向购货方收取的增值税销项税额
17. 下列属于费用要素的是(　　)。
A. 制造费用　　B. 管理费用　　C. 营业外支出　　D. 生产成本
18. 下列与原材料相关的损失项目中,应计入营业外支出的是(　　)。
A. 计量差错引起的原材料盘亏　　B. 人为责任造成的原材料损失
C. 自然灾害造成的原材料损失　　D. 原材料运输途中发生的合理损耗
19. 以下支出中属于制造费用的项目是(　　)。
A. 生产产品领用材料　　B. 生产工人工资
C. 车间机器设备的折旧费　　D. 管理费用
20. 下列各项中,应当计入工业企业产品成本的是(　　)。
A. 销售费用　　B. 管理费用　　C. 财务费用　　D. 制造费用
21. 采用备抵法的企业在冲销原多计提的坏账准备时,会计处理应为(　　)。
A. 借记"资产减值损失",贷记"应收账款"

B. 借记“坏账准备”,贷记“信用减值损失”

C. 借记“坏账准备”,贷记“应收账款”

D. 借记“信用减值损失”,贷记“坏账准备”

22. 预付账款业务不多的企业,可以不单独设置“预付账款”账户,而将预付的货款直接记入(　　)账户的借方。

A.“应付账款”　B.“应收账款”　C. 其他应收款　D. 其他应付款

23. 在销售商品的过程中,销售方给予客户的现金折扣,会计上应当作为(　　)处理。

A. 营业收入的抵减,冲减“主营业务收入”账户

B. 理财费用,记入“财务费用”账户

C. 销售成本的增加,记入“主营业务成本”账户

D. 属于销售过程中的一种费用,记入“营业费用”账户

24. 销售商品的广告费应计入(　　)。

A. 制造费用　B. 管理费用　C. 生产成本　D. 销售费用

25. 下列各项目中,应记入“制造费用”账户的是(　　)。

A. 生产产品耗用的材料　B. 车间机器设备的折旧费

C. 生产工人的工资　D. 行政管理人员的工资

26. 按照会计准则规定,短期借款所发生的利息,应借记(　　)账户。

A.“管理费用”　B.“投资收益”　C.“财务费用”　D.“营业外支出”

27. 企业生产经营期间因银行存款而产生的利息收入,应贷记(　　)账户。

A.“财务费用”　B.“营业外收入”　C.“在建工程”　D.“利息收入”

28. 企业按照出售包装物实现的收入计算的应交城市维护建设税,应借记(　　)。

A.“其他业务成本”　B.“应交税费——应交城市维护建设税”

C.“税金及附加”　D.“管理费用”

29. 企业计算应交所得税时,应借记的账户是(　　)。

A.“利润分配”　B.“所得税费用”

C.“应交税费”　D.“税金及附加”

30. 工业企业发生的与专设销售机构相关的固定资产修理费用等后续支出,应在发生时计入(　　)。

A. 制造费用　B. 管理费用　C. 销售费用　D. 其他业务成本

31. 已出售商品的保修费应计入(　　)。

A. 制造费用　B. 管理费用　C. 生产成本　D. 销售费用

32. 下列各项中,不属于费用的是(　　)。

A. 主营业务成本　B. 销售费用　C. 财务费用　D. 营业外支出

33. 存货的盘亏或毁损,属定额范围内的自然损耗和非过失人造成的损失,报经批准后,一般计入(　　)。

A. 管理费用　B. 营业外支出　C. 其他应收款　D. 生产成本

34. 下列各项中,不应计入财务费用的是(　　)。

A. 短期借款的利息费用　B. 购建固定资产借款发生的利息支出

C. 带息应付票据计提的利息费用　D. 带息应收票据计提的利息收入

35. 下列各项中,不应计入管理费用的有(　　)。

A. 企业在筹建期间发生的水电费

B. 企业生产车间发生的不符合资本化条件的固定资产修理费

C. 业务招待费

D. 商品维修费

36. 某工业企业20×7年3月份发生的费用支出有:发生生产车间管理人员工资80万元,发生行政管理部门人员工资60万元,支付广告费用40万元,计提短期借款利息40万元,支付固定资产维修费30万元。则该企业当期的期间费用总额为(　　)万元。

A. 100　　B. 140　　C. 170　　D. 250

37. 下列各项中,不属于“主营业务成本”账户核算内容的是(　　)。

A. 本期销售商品、提供劳务的实际成本　　B. 期末转入“本年利润”账户的成本

C. 因销售退回而冲减的主营业务成本　　D. 因销售折让而减少的收入金额

38. 专设销售机构人员的工资及福利费应当计入(　　)。

A. 销售费用　　B. 管理费用

C. 主营业务成本　　D. 其他业务成本

39. 销售产品时应交的城市维护建设税,应贷记的账户是(　　)。

A.“主营业务收入”　　B.“税金及附加”

C.“应交税费”　　D.“所得税费用”

40. 下列项目中,不属于管理费用的有(　　)。

A. 车间管理人员工资　　B. 厂部管理人员工资

C. 厂部耗用材料　　D. 厂部办公用房的租金

41. 某企业2019年7月支付厂部管理人员工资12 000元,预付厂部半年(含本月)修理费1 800元。按权责发生制核算时,该企业2019年7月管理费用发生额为(　　)元。

A. 12 000　　B. 13 800　　C. 16 300　　D. 12 300

42. 根据会计准则的规定,企业支付的税款滞纳金应当计入(　　)。

A. 财务费用　　B. 其他业务支出

C. 营业外支出　　D. 营业费用

43. 某企业20×7年度利润总额为315万元,其中国债利息收入为15万元。当年按税法核定的全年计税工资为250万元,实际分配并发放工资为230万元。假定该企业无其他纳税调整项目,适用的所得税税率为25%。该企业20×7年所得税费用为(　　)万元。

A. 70　　B. 75　　C. 80　　D. 137.5

44. 下列交易或事项,不应确认为营业外支出的是(　　)。

A. 公益性捐赠支出　　B. 无形资产出售损失

C. 固定资产盘亏损失　　D. 固定资产减值损失

45. 某企业某月销售商品发生商业折扣20万元、现金折扣15万元、销售折让25万元。该企业上述业务计入当月财务费用的金额为(　　)万元。

A. 15　　B. 20　　C. 35　　D. 45

46.“本年利润”科目年末贷方余额,表示(　　)。

A. 历年累计实现的利润总额　　B. 历年累计实现的净利润

C. 当年实现的利润总额　　D. 当年实现的净利润

47. 将“本年利润”账户和“利润分配”账户下的其他有关明细账户的余额转入“未分配利

润”明细账户后，“未分配利润”明细账户的贷方余额就是(　　)。

A. 当年实现的净利润　　B. 累计留存收益

C. 累计实现的净利润　　D. 累计未分配的利润数额

48. 如果向投资者分配利润用符号①表示，提取盈余公积用符号②表示，弥补以前年度亏损用符号③表示，则企业当年可供分配的利润应按(　　)顺序分配。

A. ①②③　　B. ②①③　　C. ③②①　　D. ③①②

49. 下列各项中，不影响利润总额的有(　　)。

A. 接受外单位捐赠 8 万元　　B. 因发生洪水造成存货损失 10 万元

C. 计提坏账准备 3 万元　　D. 所得税费用 120 万元

50. 年末结转后，“利润分配”账户的贷方余额表示(　　)。

A. 利润实现额　　B. 利润分配额

C. 未分配利润　　D. 未弥补亏损

51. 我国的利润表是通过多步计算求出当期实现的净利润的，内容包括(　　)。

A. 营业利润、利润总额、净利润

B. 营业利润、投资净收益、营业外收支净额

C. 毛利、营业利润、利润总额

D. 营业利润、利润总额、可分配利润

52. 我国利润表采用(　　)格式。

A. 账户式　　B. 报告式　　C. 单步式　　D. 多步式

53. 某工业企业 2019 年度营业利润为 4 530 万元，主营业务收入为 5 000 万元，销售费用为 20 万元，管理费用为 15 万元，投资收益为 20 万元，营业外收入为 120 万元，营业外支出为 100 万元，所得税税率为 25%。假定不考虑其他因素，该企业 2019 年度的净利润应为(　　)万元。

A. 3 397.5　　B. 3 427.5　　C. 3 412.5　　D. 3 753.75

54. 甲企业本期主营业务收入为 500 万元，主营业务成本为 300 万元，其他业务收入为 200 万元，其他业务成本为 100 万元，销售费用为 15 万元，资产减值损失为 45 万元，公允价值变动收益为 60 万元，投资收益为 20 万元，假定不考虑其他因素，该企业本期营业利润为(　　)万元。

A. 300　　B. 320　　C. 365　　D. 380

55. 下列各项中，不属于企业营业利润的项目是(　　)。

A. 劳务收入　　B. 财务费用

C. 出租无形资产收入　　D. 出售固定资产净收益

56. 某企业当期主营业务收入 200 万元，主营业务成本 130 万元，税金及附加 10 万元，其他业务收入 30 万元，其他业务成本 20 万元，销售费用 10 万元，管理费用 20 万元，财务费用贷方余额 2 万元，营业外支出 5 万元，假如不考虑其他因素，则该企业当期的营业利润是(　　)万元。

A. 60　　B. 38　　C. 42　　D. 37

57. 根据现行会计制度的规定，下列交易或事项中，不影响企业利润表中营业利润金额的是(　　)。

A. 计提坏账准备　　B. 出售原材料并结转成本

C. 出售产品收入　　D. 报废固定资产发生的净损失

58. 某企业 20×8 年度营业利润 480 万元，投资损失为 50 万元，营业外收入为 30 万元，营业外支出为 10 万元，所得税税率为 25%。假定不考虑其他因素，该企业净利润应为（　　）万元。

A. 375　　B. 337.5　　C. 322.5　　D. 360

59. 某企业 20×7 年年初未分配利润的贷方余额为 150 万元，本年度实现的净利润为 200 万元，分别按 10%和 5%提取法定盈余公积和任意盈余公积。假定不考虑其他因素，该企业 20×7 年年末未分配利润的贷方余额应为（　　）万元。

A. 350　　B. 320　　C. 297.5　　D. 200

60. 某企业 20×7 年 2 月主营业务收入为 100 万元，主营业务成本为 80 万元，管理费用为 5 万元，资产减值损失为 2 万元，投资收益为 10 万元。假定不考虑其他因素，该企业当月的营业利润为（　　）万元。

A. 13　　B. 15　　C. 18　　D. 23

61. 编制月度资产负债表时，"未分配利润"项目应根据（　　）的余额计算填列。

A. 本年利润账户和利润分配账户　　B. 本年利润账户

C. 损益类账户　　D. 利润分配账户

62. 下列各项中，对企业净利润产生影响的是（　　）。

A. 提取法定盈余公积　　B. 盈余公积补亏

C. 纳税调整增加额　　D. 向投资者分配利润

63. 某企业年初未分配利润为 100 万元，本年净利润为 1 000 万元，按 10%计提法定盈余公积，按 5%计提任意盈余公积，宣告发放现金股利为 80 万元，该企业期末未分配利润为（　　）万元。

A. 855　　B. 867　　C. 870　　D. 874

64. 某企业 6 月份赊购 10 000 元办公用品交付使用，预付第三季度办公用房租金 45 000 元，支付第二季度短期借款利息 6 000 元，其中 4 月至 5 月已累计计提利息 4 000 元，不考虑其他因素，该企业 6 月份应确认的期间费用为（　　）元。

A. 12 000　　B. 6 000　　C. 55 000　　D. 10 000

65. 下列各项中，应列入利润表"管理费用"项目的是（　　）。

A. 出售固定资产的净损失　　B. 计提的坏账准备

C. 支付中介机构的咨询费　　D. 出租无形资产的摊销额

66. 下列各项中，不属于利润表"利润总额"项目内容的是（　　）。

A. 确认的所得税费用　　B. 收到政府补助确认的其他收益

C. 确认的资产减值损失　　D. 无法查明原因的现金溢余

67. 下列各项中，不应计入营业外收入的是（　　）。

A. 债务重组利得　　B. 毁损固定资产净收益

C. 确实无法支付的应付账款　　D. 收发差错造成存货盘盈

68. 下列各项中，企业应记入"管理费用"科目核算的是（　　）。

A. 代扣代缴管理人员个人所得税　　B. 支付的独立董事费

C. 进口商品缴纳的关税　　D. 转让厂房交纳的土地增值税

69. 下列各项中，应计入营业外支出的是（　　）。

A. 出租无形资产的摊销额　　B. 广告宣传费
C. 合同违约金　　D. 法律诉讼费

70. 2016 年 11 月，某企业确认短期借款利息 7.2 万元(不考虑增值税)，收到银行活期存款利息收入 1.5 万元。开具银行承兑汇票支付手续费 0.5 万元(不考虑增值税)。不考虑其他因素。11 月企业利润表中“财务费用”项目的本期金额为(　　)万元。

A. 6.2　　B. 5.7　　C. 7.7　　D. 5.2

71. 下列各项中，不影响企业当期营业利润的是(　　)。

A. 无法查明原因的现金溢余
B. 销售原材料取得的收入
C. 资产负债表日持有交易性金融资产的公允价值变动
D. 资产负债表日计提的存货跌价准备

72. 下列各项中，属于企业收入的是(　　)。

A. 股权投资取得的现金股利　　B. 接受捐赠取得的现金
C. 出租固定资产取得的租金　　D. 出售无形资产取得的净收益

73. 下列各项中，应通过管理费用核算的是(　　)。

A. 企业发生的现金折扣　　B. 预计产品质量保证损失
C. 业务招待费　　D. 商品维修费

74. 下列各项中，不属于“财务费用”科目核算内容的是(　　)。

A. 办理银行承兑汇票支付的手续费　　B. 销售商品发生的现金折扣
C. 短期借款利息支出　　D. 发生的业务招待费

75. 下列各项中，企业应计入销售费用的是(　　)。

A. 向中介机构支付的咨询费　　B. 行政管理部门负担的工会经费
C. 商标法权案发生的诉讼费　　D. 专设销售机构固定资产的管理费

76. 2019 年 12 月份，某公司发生相关税金及附加如下：城市维护建设税为 3.5 万元，教育费附加为 1.5 万元，房产税为 20 万元，车船税为 3 万元。不考虑其他因素，2019 年 12 月份利润表“税金及附加”项目本期金额为(　　)万元。

A. 25　　B. 23　　C. 28　　D. 5

77. 2016 年某企业取得债券投资利息收入 15 万元，其中国债利息收入 5 万元，全年税前利润总额为 150 万元，所得税税率为 25%，不考虑其他因素，2016 年该企业的净利润为(　　)万元。

A. 112.5　　B. 111.25　　C. 116.75　　D. 113.75

78. 下列各项中，企业不应计入管理费用的是(　　)。

A. 筹建期间内发生的开办费　　B. 年度财务报告的审计费用
C. 专设销售机构的业务费　　D. 董事会成员的津贴

79. 企业为采购存货签发银行承兑汇票而支付的手续费应计入(　　)。

A. 管理费用　　B. 营业外支出　　C. 财务费用　　D. 采购存货成本

80. 下列各项中，不应计入企业管理费用的是(　　)。

A. 发生的会计师事务所审计费　　B. 发生的内部控制建设咨询费用
C. 应向董事会成员支付的津贴　　D. 计提的生产车间职工养老保险费

81. 下列各项中，制造业企业应计入其他业务成本的是(　　)。

A. 存货盘亏净损失　　B. 经营性出租固定资产的折旧费
C. 台风造成的财产净损失　　D. 公益性捐赠支出

82. 某企业2018年度税前会计利润为2 000万元，其中本年国债利息收入120万元，税收滞纳金20万元，企业所得税税率为25%。假定不考虑其他因素，该企业2018年度所得税费用为(　　)万元。

A. 500　　B. 470　　C. 465　　D. 475

83. 下列各项中，不应列入利润表中“财务费用”项目的是(　　)。

A. 筹建期间发生的长期借款利息　　B. 销售商品发生的现金折扣
C. 计提的短期借款利息　　D. 经营活动中支付银行借款的手续费

84. 下列各项中，应计入管理费用的是(　　)。

A. 企业负担的生产职工养老保险费　　B. 专设售后服务网点的职工薪酬
C. 预计产品质量保证损失　　D. 聘请中介机构年报审计费

85. 下列各项中，企业不应通过“营业外支出”科目核算的是(　　)。

A. 公益性捐赠支出　　B. 毁损固定资产净损失
C. 无法查明原因的现金短缺损失　　D. 违反合同的违约金

86. 2018年10月，某企业销售应税消费品确认应交增值税20万元、消费税30万元、城市维护建设税3.5万元。不考虑其他因素，该企业2018年10月份利润表“税金及附加”项目本期金额为(　　)万元。

A. 50　　B. 53.5　　C. 23.5　　D. 33.5

87. 下列各项中，不应列入利润表“营业收入”项目的是(　　)。

A. 销售商品收入　　B. 处置固定资产净收入
C. 提供劳务收入　　D. 让渡无形资产使用权收入

88. 下列各项中，应列入利润表“营业收入”项目的是(　　)。

A. 销售材料取得的收入　　B. 接受捐赠收到的现金
C. 出售专利权取得的净收益　　D. 出售自用房产取得的净收益

89. 2020年11月20日，甲公司与乙公司签订一项为期3个月的劳务合同，合同总价款为70万元；当日收到乙公司预付合同款项30万元。该劳务符合按完工百分比法确认收入的条件。年末经测算，劳务的完工程度为40%。甲公司2020年年末应确认的该劳务收入为(　　)万元。

A. 12　　B. 28　　C. 30　　D. 70

90. 发出不符合收入确认条件的商品，应借记(　　)科目。

A.“主营业务成本”　　B.“库存商品”
C.“发出商品”　　D.“在途物资”

91. 2020年9月10日，某企业与客户签订销售合同并预收货款55 000元，9月20日，商品发出，增值税专用发票上注明价款为50 000元，增值税税额为6 500元，当月发出商品的同时收到货款，该企业应确认的商品销售收入金额为(　　)元。

A. 50 000　　B. 53 500　　C. 56 500　　D. 55 000

92. 某公司出售专用设备一台，取得价款30万元(不考虑增值税)，发生清理费用5万元(不考虑增值税)，该设备的账面价值为22万元。不考虑其他因素，下列各项中，关于此项交易净损益会计处理结果表述正确的是(　　)。

A. 资产处置损益增加 3 万元　　B. 资产处置损益增加 25 万元
C. 资产处置损益增加 8 万元　　D. 资产处置损益增加 27 万元

93. 甲公司系增值税一般纳税人，2019 年 12 月 31 日，甲公司出售一台原价为 452 万元，已提折旧 364 万元的生产设备，增值税专用发票上注明的价款为 150 万元，增值税税额为 19.5 万元。出售该生产设备发生不含增值税的清理费用 8 万元。不考虑其他因素，甲公司出售该生产设备的利得为(　　)万元。

A. 54　　B. 87.5　　C. 62　　D. 79.5

94. 某企业向客户收取了一笔服务费后承诺在后续两年内为其提供相应的技术咨询服务。不考虑其他因素，下列各项中，该企业收取服务费时应记入的会计科目是(　　)。

A. "主营业务收入"　　B. "预收账款"
C. "其他业务收入"　　D. "其他应收款"

95. 企业对于已经发出但不符合收入确认条件的商品，其成本应贷记的科目是(　　)。

A. "在途物资"　　B. "发出商品"
C. "库存商品"　　D. "主营业务成本"

96. 甲公司为增值税一般纳税人，适用的增值税税率为 13%，2020 年 11 月 20 日，甲公司向乙公司销售一批商品，增值税专用发票注明的销售价款为 200 万元，增值税税额为 26 万元，当日，商品运抵乙公司，乙公司在验收过程中发现有瑕疵，经与甲公司协商，甲公司同意给予 3%的折让。甲公司应当确认的商品销售收入是(　　)万元。

A. 190.12　　B. 200　　C. 190.06　　D. 194

97. 企业销售商品确认收入后，对于客户实际享受的现金折扣，在可变对价不是"极可能"转回时，应当根据可变对价的最佳估计数(　　)。

A. 确认为当期财务费用　　B. 冲减当期的主营业务收入
C. 确认为当期管理费用　　D. 确认当期的主营业务成本

98. 某企业 8 月份共收到银行存款 60 000 元，其中，销售商品货款 20 000 元，增值税税额 2 600 元；接受捐赠 10 000 元；经营性出租固定资产租金 2 000 元，则该月收入为(　　)元。

A. 60 000　　B. 22 000　　C. 20 000　　D. 47 000

99. 某工业企业本月收到上期产品赊销款 20 000 元；本期销售产品 40 000 元，收到货款 30 000 元，余款尚未收到；本期对外出售不需用的原材料收到款项 10 000 元，按权责发生制原则，该企业本月实现的主营业务收入为(　　)元。

A. 30 000　　B. 40 000　　C. 50 000　　D. 60 000

100. 某公司本月收到上期商品赊销款 80 000 元；本月销售商品货款总计 160 000 元，实际收到 120 000 元，余款暂未收到；本月预收下期销售商品的货款 60 000 元，该公司采用权责发生制原则，其本月实现的商品销售收入为(　　)元。

A. 300 000　　B. 60 000　　C. 160 000　　D. 120 000

101. 下列有关收入的说法中，正确的是(　　)。

A. 收入在扣除相关成本费用后，必然会引起企业所有者权益增加
B. 企业销售商品采用预收货款形式的，应于收到货款时确认收入
C. 收入与所有者投入资本无关
D. 企业销售商品采用以旧换新方式的，销售商品的收入应按销售商品价格扣除回收商品的价格确定

102. 收入是指企业在销售商品、提供劳务及让渡资产使用权等日常活动中所形成的(　　)。

A. 经济利益的总流入　　B. 投资人享有的经济利益
C. 全部收入　　D. 经营成果

103. 企业为销售商品、提供劳务等日常活动中所发生的经济利益的流出,称为(　　)。

A. 费用　　B. 生产费用　　C. 经营管理费用　　D. 成本

104. 下列各项中,会导致"营业成本"本期金额增加的有(　　)。

A. 结转销售原材料的成本　　B. 处置固定资产的净损失
C. 行政管理部门计提的固定资产折旧费　　D. 库存商品盘亏净损失

105. 结算分配企业基础生产车间管理人员本月应付工资,此项业务应借记的账户是(　　)。

A."财务费用"　　B."应付工资"　　C."制造费用"　　D."管理费用"

106. 企业转销确实无法支付的应付账款,应按其账面余额转入的会计科目是(　　)。

A."管理费用"　　B."财务费用"
C."其他业务收入"　　D."营业外收入"

107. 下列交易或事项中,不应确认为营业外支出的是(　　)。

A. 公益性捐赠支出　　B. 无形资产出售损失
C. 固定资产盘亏损失　　D. 固定资产减值损失

108. 企业向"希望工程"捐款应借记(　　)科目。

A."营业外支出"　　B."其他业务支出"
C."管理费用"　　D."资本公积"

## 二、多项选择题

1. 企业下列活动形成的经济利益的总流入中,属于收入而不属于利得的有(　　)。

A. 咨询公司提供咨询服务　　B. 商业银行提供咨询服务
C. 安装公司对外转让无形资产使用权　　D. 租赁公司处置固定资产
E. 工业企业对外销售不需用原材料

2. 企业下列各项活动中,不会形成企业收入的有(　　)。

A. 受托方代收代交的消费税
B. 因销售商品而向客户收取的增值税销项税额
C. 处置无形资产
D. 因其他企业违约收取罚款
E. 对外提供运输劳务

3. 在预收款销售方式下,企业通常应在发出商品时确认收入,在此之前预收的货款应贷记(　　)账户。

A."应收账款"　　B."预收账款"　　C."营业外收入"　　D."主营业务收入"
E."其他业务收入"

4. 收入是企业在日常活动中产生的经济利益的总流入。下列各项中,属于收入的有(　　)。

A. 销售商品收入　　B. 提供劳务收入

C. 销售原材料收入　　D. 出租固定资产收入

E. 出售固定资产的收入

5. 收入的特征表现为(　　)。

A. 收入从日常活动中产生,而不是从偶发的交易或事项中产生

B. 收入能导致所有者权益增加,与所有者投入资本有关

C. 收入能导致所有者权益增加,但与所有者投入资本无关

D. 收入可能表现为企业资产的减少

E. 收入可能表现为企业负债的增加

6. 工业企业的主营业务收入是企业在(　　)等经营业务中实现的收入。

A. 销售产品　　B. 出租固定资产

C. 提供工业性劳务　　D. 出租包装物

E. 转让无形资产

7. 按我国企业会计准则规定,下列项目中不应确认为收入的有(　　)。

A. 销售商品收取的增值税

B. 出售飞机票时代收的保险费

C. 旅行社代客户购买景点门票收取的款项

D. 销售商品代垫的运杂费

E. 出售不需用原材料取得的收入

8. 下列税金中,不能通过"税金及附加"账户核算的有(　　)。

A. 增值税　　B. 消费税　　C. 教育费附加　　D. 所得税

E. 城市维护建设税

9. 这些费用中,应在发生时直接确认为期间费用的有(　　)。

A. 管理人员工资支出　　B. 广告费支出

C. 固定资产安装工人工资支出　　D. 专设销售机构的职工工资支出

E. 车间办公费支出

10. 以下各项工资中,不应由"管理费用"列支的有(　　)。

A. 生产人员的工资　　B. 企业行政管理人员的工资

C. 车间管理人员的工资　　D. 在建工程人员的工资

E. 专设销售机构人员的工资

11. 企业发生的下列各项支出中,可能计入财务费用的有(　　)。

A. 银行手续费　　B. 短期借款的利息

C. 带息应付票据的利息费用　　D. 计提的坏账准备

E. 带息应收票据的利息收入

12. 下列属于期间费用的包括(　　)。

A. 生产成本　　B. 财务费用　　C. 管理费用　　D. 销售费用

E. 营业外支出

13. 下列各项中,属于费用的有(　　)。

A. 主营业务成本　　B. 其他业务成本

C. 税金及附加　　D. 财务费用

E. 制造费用

14. 下列各项中，应贷记“财务费用”账户的有（　　）。

A. 银行存款形成的利息收入　　B. 债权投资形成的利息收入

C. 给予购货方的现金折扣　　D. 从销售方取得的现金折扣

E. 无法支付的应付账款

15. 下列各项中，应通过“销售费用”账户核算的有（　　）。

A. 销售商品发生的运输费　　B. 工业企业购入材料支付的保险费

C. 为销售商品而发生的招待费　　D. 商品展览费

E. 专设销售机构人员的工资

16. 下列关于未分配利润的描述中，正确的有（　　）。

A. 未分配利润是企业所有者权益的组成部分

B. 可留待以后年度进行分配，但不得用于弥补亏损

C. 可留待以后年度进行分配的当年结余利润

D. 可留待以后年度进行分配的历年结存利润

E. 未分配利润是企业留存收益的组成部分

17. 下列账户中，应在期末将余额转入“本年利润”账户的有（　　）。

A.“主营业务收入”　　B.“营业外收入”

C.“营业外支出”　　D.“制造费用”

E.“管理费用”

18. 在实际工作中，收入减去费用，并考虑利得和损失的影响后才等于利润。下列各项中，属于利得和损失的项目有（　　）。

A. 自然灾害损失　　B. 材料销售收入

C. 固定资产盘亏　　D. 出租无形资产收入

E. 捐赠支出

19. 下列项目中，影响企业营业利润的有（　　）。

A. 销售费用　　B. 管理费用　　C. 营业外收入　　D. 所得税

E. 税金及附加

20. 以下各账户的余额，期末应结转到“本年利润”账户的有（　　）。

A.“营业外收入”　　B.“营业外支出”

C.“投资收益”　　D.“销售费用”

E.“制造费用”

21. 下列各项中，影响营业利润的项目有（　　）。

A. 主营业务成本　　B. 资产减值损失

C. 营业外收入　　D. 管理费用和销售费用

E. 投资收益

22. 下列各项业务中，应通过“营业外收入”账户核算的有（　　）。

A. 存货盘盈　　B. 转销无法偿付的应付账款

C. 无法查明原因的现金溢余　　D. 固定资产盘盈

E. 接受捐赠

23. 下列各项中，应列入利润表“营业成本”项目的有（　　）。

A. 销售材料成本　　B. 无形资产处置净损失

C. 固定资产盘亏净损失　　D. 销售产品成本

E. 提供劳务成本

24. 某制造企业以经营租赁方式出租一台大型设备，租赁期为2年，每年年末收取租金，按月计提折旧。下列各项中，关于该企业出租设备的会计处理表述正确的有（　　）。

A. 租赁期满时一次性确认收入

B. 计提的出租设备折旧确认为其他业务成本

C. 计提的出租设备减值准备确认为资产减值损失

D. 租金收入确认为其他业务收入

25. 下列各项中，属于企业"营业外支出"科目核算内容的有（　　）。

A. 债务重组损失　　B. 公益性捐赠支出

C. 应收账款坏账损失　　D. 自然灾害导致的存货净损失

26. 下列各项中，应计入营业外收入的有（　　）。

A. 无法支付的应付账款　　B. 大型设备出售净收益

C. 接受捐赠利得　　D. 存货收发计量差错形成的盘盈

27. 下列各项中，关于收入确认表述正确的有（　　）。

A. 已确认收入的商品发生销售退回，除属于资产负债表日后事项外，一般应在发生时冲减当期销售收入

B. 采用预收款方式销售商品，收到预收款时确认收入

C. 采用托收承付方式销售商品，应在发出商品时确认收入

D. 销售折让发生在收入确认之前，销售收入应按扣除销售折让后的金额确认

28. 下列各项中，应计入工业企业其他业务收入的有（　　）。

A. 出售原材料取得的收入

B. 经营性租赁固定资产的现金收入

C. 随同商品出售且单独计价的包装物取得的收入

D. 股权投资取得的现金股利收入

29. 下列各项中，企业应计入营业外支出的有（　　）。

A. 固定资产盘亏损失　　B. 发生的排污费

C. 行政罚款支出　　D. 公益性捐赠支出

30. 下列各项中，应通过"管理费用"科目核算的有（　　）。

A. 支付的排污费　　B. 发生的罚款支出

C. 支付的企业年度财务报告审计费　　D. 支付的广告费

31. 下列各项中，应计入财务费用的有（　　）。

A. 银行承兑汇票手续费　　B. 购买交易性金融资产手续费

C. 商业汇票贴现发生的贴现息　　D. 外币应收账款汇兑损失

32. 下列关于费用的说法中，正确的有（　　）。

A. 费用是企业日常活动中形成的

B. 费用导致的经济利益总流出，与向所有者分配利润无关

C. 企业在筹建期间发生的支出不属于费用

D. 费用会导致所有者权益减少

33. 下列各项中，属于工业企业营业收入的有（　　）。

A. 销售产品取得的收入　　B. 出租无形资产的租金收入
C. 出售无形资产的净收益　　D. 债权投资的利息收入

34. 下列关于管理费用的会计处理，表述正确的有（　　）。
A. 无法查明原因的现金短缺应计入管理费用
B. 行政管理部门负担的工会经费应计入管理费用
C. 转销确实无法支付的应付账款应冲减管理费用
D. 企业在筹建期间发生的开办费应计入管理费用

35. 下列各项中，应列入利润表中“税金及附加”项目的有（　　）。
A. 经营活动中计提的应交教育费附加
B. 经营活动中计提的应交城市维护建设税
C. 销售应税消费品计提的应交消费税
D. 销售应税矿产品计提的应交资源税

36. 下列各项中，应计入营业外收入的有（　　）。
A. 非流动资产毁损报废收益　　B. 债务重组利得
C. 固定资产盘盈利得　　D. 接受捐赠利得

37. 下列各项中，应计入税金及附加的有（　　）。
A. 购置办公楼缴纳的契税　　B. 销售商品应交的增值税
C. 销售应税矿产品的资源税　　D. 销售应税消费品应交的消费税

38. 下列各项中，企业应通过“营业外收入”科目核算的有（　　）。
A. 无法支付的应付账款　　B. 出租包装物实现的收入
C. 无法查明原因的现金溢余　　D. 接受固定资产捐赠

39. 下列各项中，工业企业应计入其他业务成本的有（　　）。
A. 经营租赁出租设备计提的折旧　　B. 销售材料的成本
C. 结转出售单独计价包装物的成本　　D. 出租包装物的成本

40. 下列各项中，不影响企业当期营业利润的有（　　）。
A. 支付的合同违约金　　B. 固定资产因自然灾害发生的毁损净损失
C. 无法查明原因的现金短缺　　D. 公益性捐赠支出

41. 下列关于现金折扣会计处理的表述中，正确的有（　　）。
A. 销售企业在确认销售收入时，根据可变对价的最佳估计数将现金折扣抵减收入
B. 销售企业在取得价款时将实际发生的现金折扣计入财务费用
C. 购买企业在购入商品时将现金折扣直接抵减应确认的应付账款
D. 购买企业在偿付应付账款时将实际发生的现金折扣冲减财务费用

42. 下列各项中，属于让渡资产使用权收入的有（　　）。
A. 债券投资取得的利息　　B. 出租固定资产取得的租金
C. 股权投资取得的现金股利　　D. 转让商标使用权取得的收入

43. 下列各项中，表明已售购货方未获得所购商品控制权的有（　　）。
A. 销售商品的同时，约定日后租回
B. 销售商品的同时，约定日后将以高于原售价的固定价格回购
C. 已售商品附有无条件退货条款，但不能合理估计退货的可能性
D. 向购货方发出商品后，发现商品质量与合同不符，很可能遭受退货

44. 下列关于商品销售收入确认的表述中，正确的有(　　)。

A. 采用预收款方式销售商品，在收取款项时确认收入

B. 以支付手续费方式委托代销商品，委托方应在向受托方移交商品时确认收入

C. 附有销售退回条件但不能合理确定退货可能性的商品销售，应在售出商品退货期届满时确认收入

D. 采用以旧换新方式销售商品，售出的商品应当按照销售商品收入确认条件确认收入，收回商品作为购进商品处理

45. 现金折扣条件“2/10，1/20，$n$/30”的含义分别为(　　)。

A. 10 天内付款给予 2%的折扣

B. 第 11 天至 20 天内付款给予 1%的折扣

C. 第 21 天至 30 天内付款不给予折扣

D. 付款期限为 30 天

46. 下列各项中，属于制造企业产品成本的有(　　)。

A. 制造费用　　B. 燃料及动力　　C. 直接人工　　D. 直接材料

47. 下列账户中，期末结转后应无余额的账户有(　　)。

A.“主营业务收入”　　B.“主营业务成本”

C.“实收资本”　　D.“长期待摊费用”

## 三、判断题

1. 企业取得收入最终会引起所有者权益增加，但与投资者投入资本无关。(　　)

2. 甲企业为了维持与乙企业之间的长期合作关系，在明知乙企业资金周转十分困难的情况下，仍向乙企业销售商品。此时，甲企业可以依据对乙企业的信任，确认该笔销售的收入。(　　)

3. 发出的商品不符合收入确认条件的，也不应确认应交的增值税销项税额。(　　)

4. 凡是企业对已经发出的商品开出了增值税专用发票的，都应确认发出商品的销售收入。(　　)

5. 确认商品销售金额时，不应考虑预计可能发生的现金折扣、商业折扣和销售折让，应按总价予以确认。(　　)

6. 企业无论是作为销售方还是作为购货方，其所发生的现金折扣都通过“财务费用”账户核算。(　　)

7. 不同的成交方式下，商品所有权上的风险和报酬转移的时间是不同的，确认收入的时点也不一致。(　　)

8. 按现行会计制度规定，企业发生的现金折扣应冲减主营业务收入。(　　)

9. 收入能导致所有者权益的增加，也就是说增加了实收资本(股本)。(　　)

10. 企业为客户提供的现金折扣应当在实际发生时冲减当期收入。(　　)

11. 管理费用的发生直接关系到当月产品成本的高低和利润总额的大小。(　　)

12. 企业专设的销售机构的职工工资，应通过“管理费用”账户核算。(　　)

13. 当期发生的销售费用与制造费用的区别仅在于，前者一定影响当期损益，而后者不一定影响当期损益。(　　)

14. 资产减值损失属于企业的费用。(　　)

15.“本年利润”属于损益类账户，所以年终需要转入“利润分配”账户，转账后该账户无余额。（　　）

16.“利润分配”账户的年末借方余额反映企业年末未分配的利润数额。（　　）

17. 利润表是反映企业一定时期经营成果的动态报表。（　　）

18. 企业发生毁损的固定资产的净损失，应计入营业外支出。（　　）

19. 年度终了，除“未分配利润”明细科目外，“利润分配”科目下的其他明细科目应当无余额。（　　）

20. 企业支付专设销售机构固定资产的日常修理费应计入管理费用。（　　）

21. 企业期末进行库存现金清查时发现无法查明原因的现金短缺应计入营业外支出。（　　）

22. 企业已确认销售收入的售出商品发生销售折让，且不属于资产负债表日后事项的，应在发生时冲减当期销售收入。（　　）

23. 年度终了，无论企业盈利或亏损，都需要将“本年利润”科目的本年累计余额转入“利润分配——未分配利润”科目。（　　）

24. 企业采用支付手续费方式委托代销商品，委托方应在发出商品时确认销售商品收入。（　　）

25. 销售商品涉及商业折扣的，应以扣除商业折扣前的金额确定商品销售收入金额。（　　）

26. 企业已完成销售手续但购买方在月末尚未提取的商品，应作为企业的库存商品核算。（　　）

27. 根据收入准则的规定，企业的收入包括销售商品的收入、提供劳务的收入、他人使用本企业资产的收入和营业外收入。（　　）

28. 企业发出商品但尚未确认收入，发出商品时，应借记“发出商品”科目，贷记“库存商品”科目。

29. 按现行制度规定，企业发生的销售折让应作为财务费用。（　　）

30. 费用是企业在全部经济活动中所发生的经济利益的流出。（　　）

## 四、综合题

1. 甲上市公司(简称甲公司)为增值税一般纳税人，适用的增值税税率为 13%；除特殊说明外，不考虑除增值税以外的其他相关税费；所售资产未发生减值；销售商品为正常的生产经营活动，销售价格为不含增值税的公允价格；商品销售成本在销售确认收入时逐笔结转。

2019 年 12 月甲公司发生下述经济业务：

12 月 5 日，收到 B 公司退回的 A 商品一批以及税务机关开具的进货退回相关证明，销售价格为 100 万元，销售成本为 70 万元；该批商品已于 11 月份确认收入，但款项尚未收到，且未计提坏账准备。

要求：根据上述资料编制甲公司相关业务的会计分录(“应交税费”科目要求写出明细科目及专栏名称，答案中的金额单位用万元表示)。

2. 前海公司 5 月 7 日赊销一批产品给利达公司，价格 300 000 元，增值税税率 13%。该批产品的成本是 200 000 元。假定利达公司 5 月 15 日付款。7 月 1 日，利达公司收货后发现有质量问题，将货物全部退回。

要求：请写出前海公司相应的会计分录。

3. 正兴公司为增值税一般纳税人，适用的增值税税率为13%。2019、2020年发生如下业务：

(1)2019年12月31日，公司购进一台设备并交付生产部门使用，取得的增值税专用发票上注明的价款为50万元，增值税税额6.5万元，发票已通过税务机关认证，全部款项已通过银行存款支付。该设备预计使用年限为9年，预计净残值为5万元，采用直线法计提折旧。

(2)2020年1月至12月，企业将该设备出租，全年取得不含税租金收入12万元，增值税税额为1.56万元，款项以银行存款收讫。

要求：根据上述资料，编制相关会计分录。

4. F企业为增值税一般纳税人，2019年发生部分经济业务如下：

(1)4月1日，向B公司赊销商品一批，价目表上标明的价格为200 000元，考虑到B公司一次购货数量较大，给予5%的折扣。开出增值税专用发票售价190 000元，增值税24 700元。该批商品成本130 000元，销售时以银行存款代B公司垫付运杂费1 200元。

(2)5月1日，收到B公司偿还的代垫运杂费1 200元存入银行，同时收到B公司开出并承兑的、用以偿还上述货款的商业汇票一张，面值为214 700元，年利率6%，期限为3个月。

(3)6月20日，开出转账支票预付下半年企业办公楼租金300 000元。

(4)6月30日，计提上述商业汇票第二季度利息收入。

(5)7月31日，本月应承担6月份已预付的办公楼租金50 000元。

(6)8月1日，上述商业汇票到期，收到票款存入银行。

(7)8月1日，上述商业汇票到期，如B公司无力支付票款。

要求：

(1)计算商业汇票到期价值及该票据第二季度利息收入。

(2)根据资料编制会计分录。

5. M企业和B公司均为增值税一般纳税人，2020年双方发生购销业务情况如下：

(1)1月5日，M企业销售给B公司产品一批，货已发出，B公司已验收入库。该批产品售价30 000元，增值税税额3 900元，销售时M企业以现金代垫运费2 100元，货款等尚未收到。

(2)2月1日M企业收到B公司开出并承兑的商业汇票一张，面值为36 000元，年利率5%，期限为4个月。

(3)每月末，按月计提票据利息。

(4)6月1日，票据到期，M企业收到B公司支付的票款存入银行。

(5)如果票据到期，B公司无力支付票款。

要求：

(1)计算票据到期价值以及每月票据利息。

(2)根据上述业务分别为M企业和B公司编制相关的会计分录。

6. 上海虹兴电子公司是生产和销售电子感应器的一家公司，公司为增值税一般纳税人，2019年12月份该公司发生如下业务：

(1)收到西汇交电公司作为投资投入的不需要安装机器设备一台，账面原值为99 000元，已提折旧32 000元，经双方同意按原固定资产的净值确认投资额。

(2)向金星元件公司购进材料一批，买价28 800元，增值税税率13%，金星公司垫付运杂费 820 元，发票及账单已收到，材料尚未到达，货款尚未支付。

(3)生产领用材料一批 98 000 元，其中：产品生产领用 59 000 元，车间一般耗用 13 000 元，管理部门耗用 18 000 元，专设销售机构耗用 8 000 元。

(4)以银行存款归还上半年的银行借款 150 000 元。

(5)计提本月固定资产折旧，生产车间应计提固定资产原值 2 880 000 元，专设销售机构固定资产原值 1 420 000 元，管理部门固定资产原值 1 660 000 元，固定资产年折旧率为 9.6%。

(6)企业本月应付职工工资 300 000 元，其中：生产工人工资 150 000 元，车间管理人员工资 32 000 元，管理人员工资 88 000 元，专设销售机构人员工资 30 000 元。

(7)销售产品一批，不含税售价为 640 000 元，增值税税率为 13%，货款尚未收到。

(8)结转上述已售产品的成本为 420 000 元。

(9)采购员程浩出差归来报销差旅费 6 800 元，原预借 7 000 元，余款退给财务科。

(10)本月完工产品 380 000 元，已验收入库。

(11)出售设备一台，原始价值 186 000 元，已提折旧 148 000 元。

(12)出售设备价格为 52 000 元，价款已通过银行收到。

(13)结转出售设备实现的净收益。

(14)盘亏甲材料 65 千克，每千克计 8.30 元。

(15)上述材料经查验为自然损耗，结转当期损益。

(16)本月主营业务收入 970 000 元，营业外收入 41 000 元，其他业务收入 34 000 元，将本月收入结转利润。

(17)本月主营业务成本 780 000 元，税金及附加 39 000 元，管理费用 88 000 元，其他业务成本 52 000 元，将本月费用成本结转利润。

(18)按本年利润总额的 25%计算应交所得税。

(19)按本年税后利润的 10%计提盈余公积金，按税后利润的 50%以现金股利的方式分配给投资者。

要求：根据上述经济业务，编制相关会计分录。

7. 甲公司为增值税一般纳税人，2020 年该公司发生如下业务：

(1)以银行存款归还上半年的银行借款 150 000 元。

(2)购入不需要安装机器设备一台，取得的增值税专用发票列示买价 90 000 元，增值税税额 11 700 元，支付运杂费 2 000 元，款项均以银行存款支付。

(3)销售产品一批，不含税售价为 640 000 元，增值税税率为 13%，货款尚未收到。

(4)结转上述已售产品的成本为 420 000 元。

(5)出售设备一台，原始价值 186 000 元，已提折旧 148 000 元。

(6)出售设备价格为 52 000 元，价款已通过银行收到。

(7)出售设备支付清理费 600 元，以现金支付。

(8)结转出售设备实现的净收益。

要求：根据上述经济业务，编制有关会计分录。

8. A 企业 2019 年 1 月份发生有关经济业务如下：

(1)销售产品 40 000 元，货款存入银行。

(2)预付 1 至 6 月份企业仓库租金，每月 5 000 元，共计 30 000 元。

(3)收到购货单位预付货款 8 000 元存入银行，产品下月提供。

(4)收到上年应收的销货款 50 000 元,存入银行。

(5)本月应付银行借款利息 6 000 元。

(6)销售产品 10 000 元,货款尚未收到。

要求:根据上述经济业务,分别按权责发生制和收付实现制计算该企业 1 月收入和费用,并填入表内。

| 业务号 | 权责发生制 | | 收付实现制 | |
|---|---|---|---|---|
| | 收入 | 费用 | 收入 | 费用 |
| | | | | |
| | | | | |
| | | | | |
| | | | | |
| | | | | |
| | | | | |
| 合计 | | | | |

9. E 企业 2019 年 6 月发生有关经济业务如下:

(1)销售给 D 企业商品一批,售价 40 000 元,增值税税额 5 200 元,货款尚未收到。

(2)开出转账支票一张,预付给华东企业购买材料款 12 000 元(E 企业不设"预付账款"会计科目)。

(3)销售给 D 企业商品的货款于销售后第 15 天收到,存入银行。

(4)华东企业发来预付货款的材料,价款 10 000 元,增值税税额 1 300 元,余款退回,已收存银行。

(5)月末,厂部办公室负责人报销办公用品费 500 元,电话费 1 200 元,市内交通费 360 元,财务部门以现金支付。

要求:编制相关的会计分录。

10. 瑞祥公司为增值税一般纳税人,采用备抵法核算坏账损失。2019 年 9 月发生部分经济业务如下:

(1)向 B 公司赊销商品一批,价目表上标明的价格为 50 000 元,考虑到 B 公司是老客户,给予 5%的折扣。开出增值税专用发票售价 47 500 元,增值税税额 6 175 元,销售时以银行存款代 B 公司垫付运杂费 1 000 元。

(2)购入的不需安装设备一台交付使用。该设备买价 70 000 元,增值税税额 9 100 元,运杂费 1 100 元,款项以银行存款支付。

(3)企业购进甲材料一批,价款 60 000 元、增值税进项税额 7 800 元、供货方代垫运杂费 800 元,材料已验收入库。上月已预付该批材料价款 60 000 元,余款未付(该企业设置"预付账款"账户)。

(4)收到上述业务(1)B 公司偿还的代垫运杂费 1 000 元存入银行,同时收到 B 公司开出并承兑的用以偿还货税款的商业汇票一张,面值为 53 675 元,年利率 6%,期限为 3 个月。

(5)原来应收 D 公司货款 20 000 元,因对方已破产,不能收回,经批准确认为坏账。

(6)开出转账支票预付明年报纸杂志费 2 400 元。

(7)本月应计折旧生产经营用设备原价 420 000 元、年折旧率 6%，非生产经营用设备原价 90 000 元、年折旧率 4%，房屋建筑物原价 12 000 000 元、年折旧率 3%，按平均年限法计算本月折旧额，并计提本月固定资产折旧，其中：生产车间负担 70%，行政管理部门负担 30%。

(8)发出原材料 69 000 元，其中生产产品领用 52 000 元，车间一般耗用 10 000 元，企业管理部门耗用 5 000 元，专设销售机构耗用 2 000 元。

(9)报废设备一台，账面原价 30 000 元，已提折旧 28 800 元，残值收入 1 300 元，发生清理费用 500 元，款项均以银行存款收付，已清理完毕。

要求：根据上述资料，编制有关的会计分录。

11. 宏光工厂生产甲、乙两种产品。8 月初甲产品生产成本明细账的期初余额为 1 000 元，全月甲产品生产工时为 300 小时、乙产品生产工时为 200 小时。当月发生以下经济业务：

(1)仓库发出材料 5 000 元，其中甲产品耗用 2 000 元，乙产品耗用 2 500 元，车间一般消耗 500 元。

(2)结算本月应付职工工资 6 000 元，其中生产工人工资 5 000 元，车间管理人员工资 1 000 元(生产工人的工资按生产工时比例分配)。

(3)计提车间厂房及机器设备的折旧费 900 元。

(4)结转制造费用 2 400 元，按生产工时比例在甲、乙产品之间分配。

(5)甲产品月末在产品成本为 2 000 元，计算并结转完工甲产品成本。

(6)乙产品月末全部完工，计算并结转完工乙产品成本。

要求：根据上述经济业务，编制会计分录(“生产成本”科目按甲、乙产品写出明细科目)。

12. 东远公司在财产清查中发生下列情况：

(1)盘亏机器一台，原价 80 000 元，累计折旧 30 000 元。报经批准转账。

(2)盘亏材料一批，价值为 4 800 元。经查，其中：属于定额内损耗 2 000 元，由于火灾造成的损失 2 800 元。报经批准转账。

(3)盘盈材料 200 元，经查由于计量不准造成，报经批准予以转账。

要求：根据上述经济业务，编制会计分录。

13. 安安公司 2019 年 10 月份发生下列经济业务：

(1)1 日，收到上级主管部门的投资 500 000 元，存入银行。

(2)2 日，向银行借入短期借款 300 000 元，存入银行。

(3)5 日，向广州某单位购入材料 50 吨，单价 850 元，货款及税款(增值税税率 13%)尚未支付，材料已验收入库。

(4)10 日，采购员张某去外地采购材料，预借差旅费 3 000 元，以现金支付。

(5)12 日，生产车间领用材料 20 000 元用于产品生产。

(6)15 日，以现金支付职工医药费 2 800 元。

(7)18 日，以现金支付业务招待费 2 000 元。

(8)20 日，收到某单位前欠销货款 12 000 元，存入银行。

(9)25 日，向外地某公司出售产品 20 件，单价 1 200 元，增值税销项税额(税率 13%)为 3 120 元，该产品成本为 15 000 元。

(10)26 日，以银行存款 5 000 元支付市电视台广告费。

(11)28 日，计算分配本月职工工资。其中：生产工人工资 36 800 元，车间管理人员工资 8 200 元，公司管理人员 11 000 元。

(12)29 日,结算工资代扣款,代扣社会保险费 6 700 元,代扣个人所得税 2 000 元。

(13)30 日,以银行存款支付职工工资 47 300 元。

(14)31 日,计提本月固定资产折旧费 6 120 元,其中生产用设备折旧 5 100 元,办公用房折旧 1 020 元。

要求:根据上述经济业务,编制会计分录。

14. 明光工厂生产甲、乙两种产品,当月发生以下经济业务:

(1)仓库发出材料 15 000 元,其中甲产品耗用 12 000 元,乙产品耗用 2 500 元,车间一般消耗 500 元。

(2)结算本月应付职工工资,生产甲产品工人工资 30 000 元,生产乙产品工人工资 20 000 元,车间管理人员工资 10 000 元,厂部管理人员工资 15 000 元。

(3)计提固定资产折旧,车间 9 000 元,管理部门 2 200 元。

(4)结转制造费用 19 500 元,按生产工人工资比例在甲、乙产品之间分配。

(5)甲产品期初在产品成本为 1 000 元,本期全部完工,计算并结转完工甲产品成本。乙产品尚未完工。

要求:

(1)根据上述经济业务,编制会计分录("生产成本"科目按甲、乙产品写出明细科目)。

(2)计算月末在产品成本。

15. 某企业 2019 年 6 月份发生的部分经济业务如下:

A 产品月初在产品成本为 7 200 元,B 产品无月初在产品成本。

A、B 两种产品本月生产费用如下:

| 成本项目 | A 产品(3 600 件) | B 产品(2 400 件) |
|---|---|---|
| 直接材料费 | 50 400(元) | 31 200(元) |
| 直接人工费 | 15 600(元) | 11 280(元) |
| 制造费用 | 9 600(元) | 5 520(元) |

A、B 两种产品全部生产完工并验收入库。

要求:

(1)编制完工入库产品的会计分录("库存商品""生产成本"科目要求列示明细科目)。

(2)分别计算 A、B 产品的单位成本。

(3)将本月生产的 A 产品 2 000 件、B 产品 1 500 件向 M 公司出售,销售收入共 117 500 元,增值税 15 275 元,货款及增值税已于上月预收。编制销售产品及结转已销产品的分录。

16. 本月共发生主营业务收入 120 000 元,主营业务成本 82 000 元,财务费用 475 元,销售费用 2 000 元,税金及附加 125 元,营业外支出 1 000 元,营业外收入 5 600 元,应纳税所得额与本月利润总额一致,所得税税率 25%。

要求:

(1)计算本月营业利润、利润总额、应交所得税和净利润。

(2)编制应交所得税、收入费用结转利润的会计分录。

17. 某公司 2019 年度有关会计科目的累计发生额如下表所示:

单位:元

| 会计科目 | 累计借方发生额 | 会计科目 | 累计贷方发生额 |
| --- | --- | --- | --- |
| 主营业务成本 | 273 000 | 主营业务收入 | 525 000 |
| 税金及附加 | 39 900 | 其他业务收入 | 23 100 |
| 其他业务成本 | 19 950 | 财务费用 | 1 050 |
| 销售费用 | 89 250 | 投资收益 | 63 000 |
| 管理费用 | 29 400 | 营业外收入 | 7 560 |
| 营业外支出 | 15 750 | | |
| 所得税费用 | 65 710 | | |

要求:

(1)根据上述资料及其有关计算结果,回答下列问题:

①期间费用的金额合计是(　　)元。

A. 117 600　　B. 89 250　　C. 110 250　　D. 199 500

②"财务费用"科目贷方发生额 1 050 元,表示什么意思?

③根据本题的数据资料形成的会计报表是(　　)。

A. 2019 年度资产负债表　　B. 2019 年 12 月末资产负债表

C. 2019 年度利润表　　D. 2019 年 12 月利润表

④根据上述计算结果,该公司"本年利润"账户年终结转后应(　　)。

A. 有贷方余额　　B. 有借方余额

C. 无余额　　D. 余额方向不确定

(2)根据上述资料计算营业利润、利润总额和净利润(列示计算过程)。

(3)编制将收入费用结转本年利润和年末结转本年净利润的会计分录。

18. 嘉仪公司 2019 年 12 月份的有关经济业务如下:

(1)支付上月份的水电费 5 600 元。

(2)收到上月销售产品的货款 6 500 元。

(3)预付明年一季度的房屋租金 1 800 元。

(4)支付本季度借款利息 3 300 元。

(5)预收销货款 80 000 元。

(6)销售产品一批,售价 56 000 元,已收回货款 36 000 元,其余尚未收回。

(7)本月份应负担年初支付的财产保险费 2 000 元。

(8)计算本月份应付职工工资 12 000 元。

要求:分别按收付实现制和权责发生制计算本月份的收入、费用和利润,填写下表。

| 经济业务序号 | 权责发生制 | | 收付实现制 | |
| --- | --- | --- | --- | --- |
| | 收入 | 费用 | 收入 | 费用 |
| 1 | | | | |
| 2 | | | | |
| 3 | | | | |

续表

| 经济业务序号 | 权责发生制 | | 收付实现制 | |
|---|---|---|---|---|
| | 收入 | 费用 | 收入 | 费用 |
| 4 | | | | |
| 5 | | | | |
| 6 | | | | |
| 7 | | | | |
| 8 | | | | |
| 合　计 | | | | |
| 利润额 | | | | |

19. 达安公司2019年年初的未分配利润为70 000元，2019年全年实现净利润3 500 000元，按10%提取法定盈余公积，按5%提取任意盈余公积，并按本年净利润的50%分配投资者利润。

要求：

(1)编制年末结转净利润及利润分配的有关会计分录。

(2)计算该企业年末未分配利润。

20. 甲企业2019年12月末，部分会计科目余额如下表，要求计算月末资产负债表的有关项目的金额。

| 总账科目 | | | 所属明细科目 | | |
|---|---|---|---|---|---|
| 会计科目 | 借方 | 贷方 | 会计科目 | 借方 | 贷方 |
| 应收账款 | 8 000 | | A公司 | 10 000 | |
| | | | B公司 | | 2 000 |
| 预付账款 | 3 000 | | C公司 | 3 500 | |
| | | | D公司 | | 500 |
| 应付账款 | | 7 000 | E公司 | | 7 800 |
| | | | F公司 | 800 | |
| 预收账款 | | 2 500 | G公司 | | 2 800 |
| | | | H公司 | 300 | |
| 应交税费 | | 700 | | | |
| 应付利润 | | 900 | | | |
| 利润分配 | | 2 000 | 未分配利润 | | 1 000 |

要求：计算月末资产负债表的有关项目的金额(列示必要的计算过程，不画表格，不必平衡)。

21. 丙企业本年主营业务收入970 000元，营业外收入41 000元，其他业务收入34 000元，主营业务成本710 000元，税金及附加39 000元，管理费用88 000元，其他业务成本

52 000 元，营业外支出 70 000 元。

该企业所得税税率 25%，按本年税后利润的 10%计提盈余公积。

要求：

(1)计算本年营业利润、利润总额、应交所得税和净利润。

(2)编制结转本年净利润和计提盈余公积的会计分录。

22. 甲公司 2019 年度损益类各账户年末结转利润账户前的余额如下表所示。

**2019 年度损益类各账户年末结账前余额表**

| 账户名称 | 金额(元) | 账户名称 | 金额(元) |
|---|---|---|---|
| 主营业务收入 | 7 000 000 | 税金及附加 | 80 000 |
| 其他业务收入 | 600 000 | 销售费用 | 400 000 |
| 公允价值变动损益 | 140 000 | 管理费用 | 730 000 |
| 营业外收入 | 60 000 | 财务费用 | 180 000 |
| 主营业务成本 | 3 400 000 | 营业外支出 | 220 000 |
| 其他业务成本 | 410 000 | 所得税费用 | 190 000 |

要求：

(1)计算营业利润 M1；

(2)计算利润总额 M2；

(3)计算净利润 M3。

23. 为以下 18 题，编制相应的会计分录。

(1)康玉公司向迪生公司销售商品一批，开出的增值税专用发票上注明售价为 430 000 元，增值税税额为 55 900 元；康玉公司收到迪生公司开出的不带息银行承兑汇票一张，票面金额为 485 900 元，期限为 3 个月；该批商品由康玉公司的运输队运输并收取运输费，康玉公司开出的增值税专用发票上注明运输费 2 200 元，增值税税额为 198 元，款项尚未收到；该批商品成本为 330 000 元。

(2)2020 年 1 月 5 日，智启公司销售一批商品给书盛公司，开出的增值税专用发票上注明的售价为 9 000 元，增值税税额为 1 170 元。该批商品的成本为 65 000 元。货到后书盛公司发现商品质量不符合合同要求，要求在价格上给予 6%的折让。书盛公司提出的销售折让要求符合原合同的约定，智启公司同意并办妥了相关手续，开具了增值税专用发票(红字)。

①假定此前智启公司已确认该批商品的销售收入，销售款项尚未收到，发生的销售折让允许扣减当期增值税销项税额。

②本例中，假定发生销售折让前，因该项销售在货款收回上存在不确定性，智启公司未确认该批商品的销售收入，纳税义务也未发生；发生销售折让后 2 个月，书盛公司承诺近期付款。

(3)林垣公司收到迪生公司因质量问题而退回的商品 12 件，每件商品成本为 180 元。该批商品系林垣公司 2020 年 6 月 6 日出售给迪生公司 90 件，并已开具增值税专用发票，每件商品售价为 340 元，适用的增值税税率为 13%，货款尚未收到，林垣公司尚未确认销售商品收入。因迪生公司提出的退货要求符合销售合同约定，林垣公司同意退货，并按规定向迪生公司开具了增值税专用发票(红字)。

(4)2020 年 5 月 2 日，荣天公司销售 A 商品一批，增值税专用发票上注明售价为 360 000

元，增值税税额为 46 800 元；该批商品成本为 159 000 元。A 商品于 2020 年 5 月 2 日发出，购货方于 2020 年 5 月 7 日付款，荣天公司对该项销售确认了销售收入。2020 年 9 月 2 日，该商品质量出现严重问题，购货方将该批商品全部退回给荣天公司。荣天公司同意退货，于退货当日支付了退货款，并按规定向购货方开具了增值税专用发票(红字)。

(5)2020 年 8 月 16 日，全安公司与迪生公司签订协议，采用预收款方式向迪生公司销售一批商品。该批商品的实际成本为 550 000 元。协议约定，该批商品销售价格为 720 000 元，增值税税额为 93 600 元；迪生公司应在协议签订时预付 59%的货款(按销售价格计算)，剩余款项于 2020 年 10 月 16 日支付，并一次性开具增值税专用发票。

(6)荣天公司销售一批原材料，开出的增值税专用发票上注明的售价为 11 000 元，增值税税额为 1 430 元，款项已由银行收妥。该批原材料的实际成本为 8 900 元。

(7)木嘉公司为增值税一般纳税人，接受一项设备安装任务：

①该安装任务可一次完成。2020 年 4 月 5 日，木嘉公司完成安装任务，开具的增值税专用发票上注明的安装价款为 8 000 元，增值税税额为 720 元，收到全部款项并存入银行。该安装业务实际发生安装成本 5 000 元。假定安装业务属于木嘉公司的主营业务。

②若上述安装任务需花费一段时间(不超过本会计期间)才能完成，编制提供劳务发生、安装完成确认所提供劳务的收入并结转该项劳务总成本时的分录。

(8)泉健公司为增值税一般纳税人，转让专利权的使用权适用的增值税税率为 6%。本年初泉健公司向木嘉公司转让某专利权的使用权，协议约定转让期为 5 年，每年末收取的使用费为 240 000 元，开具的增值税专用发票上注明的价款为 240 000 元，增值税税额为 14 400 元。本年该专利权计提的摊销额为 140 000 元，每月计提金额为 11 666.67 元。

(9)2019 年 5 月 4 日，福庆公司向慧华公司销售一批产品，开出的增值税专用发票上注明的价款为 200 000 元，增值税税额为 26 000 元；福庆公司已收到慧华公司支付的款项 226 000 元，并将提货单送交慧华公司；该批产品成本为 140 000 元。

(10)2019 年 11 月 30 日，智启公司计算并结转已销售的甲、乙、丙三种产品的实际成本，分别为 11 000 元、21 000 元和 25 000 元。

(11)2020 年 6 月 9 日，书盛公司销售一批原材料，开具的增值税专用发票上注明的售价为 11 000 元，增值税税额为 1 430 元，款项已由银行收妥。该批原材料的实际成本为 7 800 元。

(12)2019 年 11 月 5 日，光展公司将自行开发完成的非专利技术出租给一家公司，该非专利技术成本为 228 000 元，双方约定的租赁期限为 8 年，光展公司每月应摊销 2 375 元。

(13)慧华公司为增值税一般纳税人：

①2019 年 5 月 1 日为宣传新产品发生广告费，取得的增值税专用发票上注明的价款为 80 000 元，增值税税额为 4 800 元，用银行存款支付。

②销售一批产品，取得增值税专用发票上注明的运输费为 8 300 元，增值税税额为 747 元，取得的增值税普通发票上注明的装卸费为 3 600 元，上述款项均用银行存款支付。

③2019 年 5 月 20 日用银行存款支付所销产品保险费合计 10 600 元，取得的增值税专用发票上注明的保险费为 10 000 元，增值税税额为 600 元。

④销售部本月共发生费用 243 000 元，其中：销售人员薪酬 120 000 元，销售部专用办公设备和房屋的折旧费 60 000 元，业务费 63 000 元(用银行存款支付)。

(14)全安公司为增值税一般纳税人：

①2020 年 1 月 6 日，为拓展产品销售市场发生业务招待费 50 000 元，取得的增值税专用发票上注明的增值税税额为 3 000 元，已用银行存款支付价款和税款。

②公司行政部 2020 年 1 月 26 日共发生费用 190 000 元，其中：行政人员薪酬 160 000 元，报销行政人员差旅费 23 000 元(假定报销人员均未预借差旅费)，其他办公、水电费 7 000 元(均用银行存款支付)。

③2020 年 1 月 31 日，公司计提管理部门固定资产折旧 55 000 元，摊销公司管理部门用无形资产成本 70 000 元。

(15)福庆公司为一般纳税人：

①2019 年 11 月 1 日向银行借入生产经营用短期借款 430 000 元，期限 5 个月，年利率 4%，该借款本金到期后一次归还，利息分月预提，按季支付。

②2019 年 11 月 11 日，福庆公司用银行存款支付本月应负担的短期借款利息 26 970 元。

③2019 年 11 月 24 日，福庆公司在购买材料业务中，获得对方给予的现金折扣 4 400 元。

(16)荣天公司为增值税一般纳税人：

①2020 年 5 月 10 日，荣天公司将固定资产报废清理的净收益 190 100 元转做营业外收入。

②2020 年 5 月 16 日，荣天公司在现金清查中盘盈 220 元，按管理权限报经批准后转入营业外收入。

(17)2019 年 9 月 30 日，光展公司本期营业外支出总额为 860 000 元，期末结转本年利润。

(18)2019 年 12 月 31 日，福庆公司本期应交所得税为 5 700 000 元。

# 第 12 章　财务会计报告

## 一、单项选择题

1. 下列属于资产类的会计科目是(　　)。

A.“预收账款”　　B.“应收账款”　　C.“应付账款”　　D.“资本公积”

2. 资产负债表是反映企业(　　)的会计报表。

A. 某一段时期的财务状况　　B. 某一特定日期的经营成果

C. 某一段时期的经营成果　　D. 某一特定时点的财务状况

3. 资产负债表中的资产项目和流动资产项目都是（　　）排列。

A. 按其流动性　　B. 按其重要性

C. 按其有用性　　D. 按其随意性

4. 反映企业一定期间财务成果的报表是(　　)。

A. 资产负债表　　B. 利润表

C. 产品成本表　　D. 现金流量表

5. 下列各项中,不属于流动资产的是(　　)。

A. 原材料　　B. 库存商品

C. 库存现金　　D. 企业购入的生产线

6. 资产负债表中的应收账款项目,应根据(　　)填列。

A.“应收账款”总账账户的期末余额

B.“应收账款”总账账户所属明细账户的期末余额

C.“应收账款”和“应付账款”总账所属明细账户的本期借方余额的合计数

D.“应收账款”和“预收账款”总账所属明细账户的本期借方余额的合计数

7. 下列事项中,不能继续确认为企业资产的是(　　)。

A. 生产企业已过保质期但尚未销售的食品

B. 公允价值大幅降低的交易性金融资产

C. 应收款项发生减值

D. 已停止使用的机床

8. 某公司“应收账款”总分类科目下设“A 公司”和“B 公司”两个明细科目。2019 年 12 月末,“A 公司”明细科目为借方余额 500 000 元,“B 公司”明细科目为贷方余额 100 000 元,则资产负债表中“应收账款”项目为(　　)元。

A. 贷方余额 100 000　　B. 借方余额 400 000

C. 贷方余额 600 000　　D. 借方余额 500 000

9. 资产负债表中“应收票据”项目,是根据(　　)填列。

A. 总账账户的余额减去其备抵科目余额后的净额填列

B. 总账余额和明细账余额计算填列

C. 明细账的余额计算填列

D. 总账账户的余额直接填列

10. 利润表中的净利润是指扣除了(　　)以后的利润。

A. 所得税　　B. 公允价值变动损益

C. 投资收益　　D. 以上选项都是

11.“预收账款”的明细账户期末如有借方余额应填入资产负债表的(　　)。

A.“应付账款”项目　　B.“预付账款”项目

C.“预收账款”项目　　D.“应收账款”项目

12. 营业外收入是企业不经常发生的损益项目,以下不属于营业外收入的是(　　)。

A. 销售商品的收入　　B. 出售固定资产的收益

C. 罚款收入　　D. 政府补助

13. 下列各项中,不会引起利润总额增减变化的是(　　)。

A. 销售费用　　B. 营业外支出　　C. 管理费用　　D. 所得税费用

14.“营业成本”是指(　　)。

A. 主营业务收入与其他业务成本之和　　B. 其他业务成本

C. 主营业务成本　　D. 主营业务成本与其他业务成本之和

15. 我国的资产负债表采用的是(　　)结构。

A. 报告式　　B. 单步式　　C. 多步式　　D. 账户式

16.“预付账款”科目所属明细科目如有贷方余额,应在资产负债表(　　)项目中反映。

A. 应付账款　　B. 预付款项　　C. 预收账款　　D. 应收账款

17. 下列各项中,(　　)不会影响营业利润金额增减。

A. 财务费用　　B. 营业外收入

C. 资产减值损失　　D. 投资收益

18. 税金及附加是指与企业销售收入有关的税金及附加。下列各项中不是税金及附加的项目是(　　)。

A. 城市维护建设税　　B. 消费税

C. 教育费附加　　D. 财产税

19. 下列关于资产流动性的表述中,正确的是(　　)。

A. 应收账款的流动性强于交易性金融资产

B. 交易性金融资产的流动性强于银行存款

C. 库存现金的流动性强于固定资产

D. 固定资产的流动性强于银行存款

20. 资产负债表分为左、右两方。下列各项目,属于左方项目的是(　　)。

A. 资产　　B. 负债　　C. 利润　　D. 所有者权益

21. 某企业期末“应付账款”账户为贷方余额26万元,其所属明细账户的贷方余额合计为33万元,所属明细账户的借方余额合计为7万元;“预付账款”账户为借方余额15万元,其所属明细账户的借方余额合计为20万元,所属明细账户的贷方余额合计为5万元。则该企业资产负债表中“应付账款”和“预付账款”两个科目的期末数分别应为(　　)万元。

A. 53和12　　B. 33和20　　C. 38和27　　D. 26和15

22. 资产负债表中的货币资金项目除了包括现金和银行存款账户的期末余额，还包括(　　)账户的期末余额。

A.“贷款”　　B.“其他货币资金”

C.“现金等价物”　　D.“其他应收账款”

23. 企业发生的大部分费用与其所产生的收入都具有较强的因果关系，但是有些费用的发生只与会计的期间有关，我们把它称作期间费用。以下项目中(　　)不是期间费用。

A. 管理费用　　B. 营业成本　　C. 销售费用　　D. 财务费用

24. 以“资产＝负债＋所有者权益”这一会计等式作为编制依据的财务报表是(　　)。

A. 现金流量表　　B. 资产负债表

C. 利润表　　D. 所有者权益变动表

25. 下列负债中，(　　)列入企业资产负债表中的长期负债。

A. 应付职工薪酬　　B. 应交税费　　C. 应付债券　　D. 应付账款

26. 下列各项中，属于企业对外提供的反映企业某一特定日期财务状况和某一会计期间经营成果、现金流量情况的书面文件是(　　)。

A. 财务报表　　B. 报表附注　　C. 利润表　　D. 资产负债表

27. 注销坏账会影响(　　)。

A. 所有者权益变动表　　B. 利润表

C. 现金流量表　　D. 资产负债表

28.“应付账款”的明细账户期末如有借方余额应填入资产负债表的(　　)。

A.“应收账款”项目　　B.“应付账款”项目

C.“预付账款”项目　　D.“预收账款”项目

29. 下列有关财务会计报告的表述中，不正确的是(　　)。

A. 财务会计报告是指企业根据经过审核的会计账簿记录和有关资料编制并对外提供的反映单位某一特定日期财务状况和某一会计期间的经营成果、现金流量的文件

B. 企业财务会计报告分为年度、半年度、季度和月度财务会计报告

C. 报表附注是财务会计报告的重要组成部分

D. 财务会计报告就是指会计报表

30. 企业财务会计报告所提供的信息资料应具有时效性，这是指编制财务会计报告应符合(　　)的要求。

A. 真实可靠　　B. 相关可比　　C. 全面完整　　D. 编报及时

31. 会计报表编制的依据是(　　)。

A. 会计账簿资料　　B. 会计凭证

C. 记账凭证　　D. 原始凭证

32. 下列不属于财务会计报告的组成内容的是(　　)。

A. 资产负债表　　B. 利润表

C. 报表附注　　D. 财务计划说明书

33. 在编制资产负债表时不能根据有关账户的期末余额直接填列的项目是(　　)。

A. 应收票据　　B. 短期借款　　C. 预计负债　　D. 存货

34. 资产负债表反映资产、负债和所有者权益各项目的(　　)。

A. 年初数、期末数　　B. 上年数、本年数

C. 年初数、本年数　　D. 上年数、本年计划数

35. 下列不属于资产负债表项目的是(　　)。

A. 货币资金　　B. 利润分配　　C. 预收账款　　D. 应付账款

36. 资产负债表的下列项目中，自上而下的正确排列顺序是(　　)。

A. 货币资金、应收账款、固定资产、无形资产、长期股权投资

B. 固定资产、货币资金、长期股权投资、应收账款、无形资产

C. 货币资金、应收账款、固定资产、无形资产、长期股权投资

D. 货币资金、应收账款、长期股权投资、固定资产、无形资产

37. 资产负债表中，负债项目的顺序是按(　　)排列。

A. 项目的重要性程度　　B. 项目的金额大小

C. 项目的支付性大小　　D. 清偿债务的先后

38. 在资产负债表中，下列排序正确的是(　　)。

A. 货币资金、应收账款、交易性金融资产、存货

B. 货币资金、交易性金融资产、应收账款、存货

C. 货币资金、应收账款、存货、交易性金融资产

D. 交易性金融资产、货币资金、应收账款、存货

39. 下列各科目的期末余额，不应在资产负债表“存货”项目列示的是(　　)。

A.“库存商品”　　B.“生产成本”

C.“工程物资”　　D.“委托加工物资”

40. 下列不影响营业利润计算的项目是(　　)。

A. 其他业务收入　　B. 财务费用

C. 管理费用　　D. 营业外支出

41. 某企业 20×7 年 2 月主营业务收入为 100 万元，主营业务成本为 80 万元，管理费用为 5 万元，资产减值损失为 2 万元，投资收益为 10 万元。假定不考虑其他因素，该企业当月的营业利润为(　　)万元。

A. 13　　B. 15　　C. 18　　D. 23

42. 某企业利润表中“本年累计数”栏中主营业务利润为 200 万元，其他业务利润为 50 万元，政府补助为 15 万元，销售费用为 20 万元，管理费用为 10 万元，则其营业利润为(　　)万元。

A. 220　　B. 235　　C. 250　　D. 295

43. 下列各项中，应在企业现金流量表“经营活动产生的现金流量”中反映的是(　　)。

A. 收到的现金股利　　B. 支付的银行借款利息

C. 收到的处置价款　　D. 销售商品、提供劳务收到的现金

44. 现金流量表中，购建和处置固定资产产生的现金流量属于(　　)。

A. 经营活动产生的现金流量　　B. 投资活动产生的现金流量

C. 筹资活动产生的现金流量　　D. 其他活动产生的现金流量

45. 下列各项中，不属于筹资活动产生的现金流量的是(　　)。

A. 取得借款收到的现金

B. 吸收投资收到的现金

C. 处置固定资产收回的现金净额

D. 分配股利、利润或偿付利息支付的现金

46. 下列项目中，不属于上市公司报表附注内容的是（　　）。

A. 或有事项的披露　　B. 公司的会计政策

C. 关联交易的情况　　D. 公司筹资的目的

## 二、多项选择题

1. 资产负债表项目中，根据总账余额直接填列的有（　　）。

A. 短期借款　　B. 实收资本　　C. 货币资金　　D. 应收账款

E. 应付股利

2. 资产负债表项目中，根据总账余额计算填列的有（　　）。

A. 存货　　B. 货币资金　　C. 固定资产　　D. 应付账款

E. 实收资本

3. 下列各资产负债表项目中，应根据明细账户余额分析填列的有（　　）。

A. 短期借款　　B. 预收账款　　C. 应收账款　　D. 应付账款

E. 固定资产

4. 资产负债表表明（　　）。

A. 企业在某一特定日期所拥有或控制的经济资源

B. 企业在某一时期所控制的经济资源

C. 企业在某一特定日期所承担的现有义务

D. 企业在某一特定日期所承担的未来义务

E. 企业在某一特定日期所有者对净资产的要求权

5. 下列项目中，属于流动资产的是（　　）。

A. 库存现金　　B. 外埠存款

C. 经营设备　　D. 期限为 3 个月的短期借款

E. 企业发行的 3 年期债券

6. 下列各项中，属于资产要素特征的有（　　）。

A. 是由过去的交易或事项形成的　　B. 应为企业拥有或控制的

C. 是由现在的交易或事项形成的　　D. 必须是有形的

E. 预期能够给企业带来未来经济利益

7. 下列各项中，属于企业资产的有（　　）。

A. 企业已经付款但尚未运达的材料

B. 企业已经开工建设但尚未完工的厂房

C. 根据采购合同应于 1 个月后购入的商品

D. 根据委托加工合同发出的委托外单位加工但尚未加工完成的材料

E. 已验收入库，但尚未收到发票的材料

8. 下列各项中，属于某一特定企业资产的有（　　）。

A. 库存已失效的存货　　B. 货款已经支付、正在途中运输的存货

C. 盘盈的固定资产　　D. 应收账款

E. 已签订购货合同但尚未交付的商品

9. 下列各项中，影响营业利润的账户有（　　）。

A.“主营业务收入”　　B.“其他业务成本”

C.“税金及附加”　　D.“营业外支出”

10. 资产分类的方法有很多，但按资产变现能力的分类最能体现资产的本质。以下项目中（　　）符合上述分类的要求。

A. 有形资产　　B. 非流动资产

C. 非货币性资产　　D. 流动资产

E. 货币性资产

11. 费用是指企业在日常活动中发生的、会导致所有者权益减少的、与向所有者分配利润无关的经济利益的总流出。以下（　　）项目符合费用的定义。

A. 捐赠支出　　B. 向投资者分配的红利

C. 已售产品的成本　　D. 购买办公用品

E. 支付会议费

12. 利润表反映的是企业最终的经营成果，通过利润表可以解读出（　　）信息。

A. 基本每股收益　　B. 收入规模

C. 财务状况　　D. 资产质量

E. 盈利能力

13. 下列关于资产负债表的说法中，正确的有（　　）。

A. 提供某一期间的负债总额及其结构，表明企业未来需要用多少资产或劳务清偿债务以及清偿时间

B. 提供某一日期资产的总额及其结构，表明企业拥有或控制的资源及其分布情况

C. 提供某一日期的负债总额及其结构，表明企业未来需要用多少资产或劳务清偿债务以及清偿时间

D. 反映所有者所拥有的权益，据以判断资本保值、增值的情况以及对负债的保障程度

14. 下列属于利润表基本要素项目的有（　　）。

A. 收入　　B. 费用　　C. 资产　　D. 留存收益

15. 四大会计报表包括（　　）。

A. 现金流量表　　B. 所有者权益变动表

C. 成本计算表　　D. 资产负债表

E. 利润表

16. 下列账户中，可能影响资产负债表中“预付款项”项目金额的有（　　）。

A.“预付账款”　　B.“预收账款”　　C.“应付账款”　　D.“应收账款”

17. 资产在会计上有严格的定义，只有在同时满足下列条件的情况下，才能确认为企业的一项资产。以下（　　）符合资产的定义。

A. 资产带来的经济利益很可能流入企业

B. 资产是由企业拥有或者控制的

C. 资产的价值能够可靠地计量

D. 资产预期会给企业带来经济利益

E. 资产是由过去的交易或事项产生的

18. 资产负债表反映了企业在某一特定时日的资产、负债和所有者权益的质量和构成情况，它具有（　　）功能（作用）。

A. 反映资产、负债和所有者权益的构成情况

B. 反映财务弹性

C. 反映企业的盈利水平

D. 反映企业的偿债能力

E. 反映资产、负债的流动性状况

19. 现金流量表是反映企业某一特定期间现金变化及其结果的会计报表，为了反映企业的现金流量来自什么类型的活动，现金流量表按企业经济活动分为（　　）。

A. 筹资活动产生的现金流量

B. 经营活动产生的现金流量

C. 经营活动产生的现金流量和投资活动产生的现金流量

D. 投资活动产生的现金流量

20. 收入是指企业在日常经营活动中形成的、会引起所有者权益增加的、与所有者投入资本无关的经济利益的总流入。以下（　　）项目符合收入的定义。

A. 销售产品取得的收入　　B. 政府补助

C. 代客户收取的货款　　D. 投资者投入的货币资金

E. 提供劳务取得的收入

21. 某企业 2019 年 12 月 31 日固定资产账户余额为 3 000 万元，累计折旧账户余额为 900 万元，固定资产减值准备账户余额为 100 万元，工程物资账户余额为 200 万元，则该企业 2019 年 12 月 31 日资产负债表中"固定资产"项目的金额不可能为（　　）。

A. 2 100 万元　　B. 2 900 万元　　C. 2 000 万元　　D. 2 200 万元

22. 下列各项中，属于资产负债表中流动资产项目的有（　　）。

A. 货币资金　　B. 存货　　C. 预收款项　　D. 应收账款

23. 下列关于资产负债表的表述中，正确的有（　　）。

A. 是反映财务状况的报表　　B. 是主要财务报表

C. 是动态报表　　D. 是反映经营成果的报表

24. 下列各项中，（　　）应在年末将余额转入"本年利润"账户。

A."制造费用"　　B."主营业务收入"

C."管理费用"　　D."营业外收入"

25. 流动负债是企业在一年或者长于一年的一个经营周期内偿还的负债。以下项目中（　　）属于企业的流动负债。

A. 应付票据　　B. 应付职工薪酬

C. 应付账款　　D. 长期借款

E. 短期借款

26. 会计报表至少应包括（　　）。

A. 资产负债表　　B. 利润表

C. 现金流量表　　D. 所有者权益变动表

27. 下列属于资产负债表"负债和所有者权益"方填列项目的有（　　）。

A. 累计折旧　　B. 长期应付款　　C. 预付账款　　D. 预收账款

28. 资产负债表中"货币资金"项目，应根据（　　）账户的期末余额合计填列。

A."库存现金"　　B."银行存款"

C.“其他应收款”　　D.“其他货币资金”

29. 不属于资产负债表项目的有(　　)。

A.“库存现金”　　B.“待处理财产损溢”

C.“利润分配——未分配利润”　　D.“原材料”

30. 借助于资产负债表提供的会计信息,可以帮助管理者(　　)。

A. 分析企业资产的结构及其状况

B. 分析企业目前与未来需要支付的债务数额

C. 分析企业的盈利能力

D. 分析企业的现金流量情况

31. 下列项目中,列在资产负债表右方的有(　　)。

A. 固定资产　　B. 长期借款　　C. 应付票据　　D. 应交税费

32. 关于资产负债表,下列说法中正确的有(　　)。

A. 资产方的项目一般按照流动性由大到小排列

B. 是反映企业某一特定日期财务状况的会计报表

C. 属于主要的会计报表

D. 属于对外会计报告

33. 下列各项中,应在资产负债表“应收账款”项目列示的有(　　)。

A.“预收账款”科目所属明细科目的贷方余额

B.“应收账款”科目所属明细科目的借方余额

C.“应收账款”科目所属明细科目的贷方余额

D.“预收账款”科目所属明细科目的借方余额

34. 下列各项中,引起企业资产负债表“存货”项目期末余额发生变动的有(　　)。

A. 计提存货跌价准备

B. 用银行存款购入修理用备件(备品备件)

C. 已经发出但不符合收入确认条件的商品

D. 收到受托代销的商品

35. 利润表是企业的(　　)。

A. 主要会计报表　　B. 经营成果报表

C. 动态报表　　D. 静态报表

36. 下列各项中,影响企业营业利润的有(　　)。

A. 处置无形资产净收益　　B. 出租包装物取得的收入

C. 接受公益性捐赠利得　　D. 经营租出固定资产的折旧额

37. 下列属于现金流量表经营活动现金流量项目的有(　　)。

A. 销售商品、提供劳务收到的现金　　B. 购买商品、接受劳务支付的现金

C. 借款收到的现金　　D. 支付给职工以及为职工支付的现金

## 三、判断题

1. 资产负债表流动资产项目中,“应收账款”项目按减去相关减值准备账户后的金额填列,其他项目一律不得减去减值准备。(　　)

2. 在期末的资产负债表上,“预付账款”明细账的期末借方余额应在流动资产部分单列为

预付账款项目。 （ ）

3. 资产负债表最主要的功能是反映企业的财务状况，即资产、负债和所有者权益的构成及质量。 （ ）

4. 费用会导致所有者权益减少。 （ ）

5. 资产负债表中的资产各项目的合计数等于负债和所有者权益各项目的合计数之和。 （ ）

6. 净利润通常是指企业利润总额扣除所得税以后的差额。也称税后利润。 （ ）

7. 资产负债表左侧各项目是按照各自的流动性大小，即变现能力的强弱来排列的，反映企业资产可变现的数额和变现的速度(流动性)，提供企业支付能力的信息。 （ ）

8. 如果企业的经营周期超过一年，在一个经营周期内变现的资产就不是流动资产。 （ ）

9. 账户式资产负债表分左右两方，右方为负债及所有者权益项目。 （ ）

10. “应收账款”科目所属明细科目期末有贷方余额，应在资产负债表“预付款项”项目内填列。 （ ）

11. 按财务报表编报期间的不同，财务报表分为年度财务报表和中期财务报表。 （ ）

12. 利润表和现金流量表属于动态报表。 （ ）

13. 财务会计报告由会计报表和报表附注组成。 （ ）

14. 资产负债表、利润表和现金流量表都是对内报表。 （ ）

15. 将于一年内到期偿还的长期负债，在资产负债表内应在流动负债下单独反映。 （ ）

16. 报表附注是对在资产负债表、利润表、现金流量表和所有者权益变动表中列示项目的文字描述或明细资料，以及对未能在这些报表中列示项目的说明等。 （ ）

## 四、综合题

1. 某企业 2019 年 12 月 31 日有关账户余额如下：

| | |
|---|---|
| 应收账款——甲(借方) | 10 000 元 |
| ——乙(贷方) | 20 000 元 |
| 预收账款——丙(借方) | 30 000 元 |
| ——丁(贷方) | 40 000 元 |
| 应付账款——A(借方) | 50 000 元 |
| ——B(贷方) | 60 000 元 |
| 预付账款——C(借方) | 70 000 元 |
| ——D(贷方) | 80 000 元 |

要求：计算该企业 2019 年年末资产负债表应收账款、预付账款、应付账款、预收账款项目(列示计算过程)。

2. 振兴公司 2019 年 12 月 31 日部分总分类账和有关明细账的余额如下：

| 总账科目 | 借方余额 | 贷方余额 |
|---|---|---|
| 原材料 | 62 000 | |
| 在途物资 | 3 200 | |
| 应收账款 | 3 700 | |
| 其中:甲企业 | 3 000 | |
| 　　乙企业 | | 1 000 |
| 　　丙企业 | 1 700 | |
| 库存商品 | 25 000 | |
| 生产成本 | 6 000 | |
| 坏账准备——应收账款 | | 200 |
| 应付账款 | | 4 100 |
| 其中:A 企业 | | 4 700 |
| 　　B 企业 | 1 500 | |
| 　　C 企业 | | 900 |
| 工程物资 | 2 200 | |
| 本年利润 | | 5 500 |
| 利润分配 | | 2 600 |

要求:计算资产负债表的下列项目:

(1)应收账款

(2)预付账款

(3)存货

(4)应付账款

(5)预收账款

(6)未分配利润

3. 湘黔公司 2019 年 6 月发生有关经济业务如下:

(1)购进原材料一批,增值税专用发票上注明的材料价款为 500 000 元,增值税税额为 65 000 元,货款已经用银行存款支付,材料已验收入库,原材料采用实际成本计价。

(2)生产车间领用原材料一批,实际成本为 230 000 元。

(3)本月销售产品的销售收入为 900 000 元,应收增值税销项税额为 117 000 元,货款尚未收到。

(4)结转本月销售产品成本 610 000 元。

(5)出售旧设备一台,取得收入 5 000 元;该设备原值为 8 000 元,已计提折旧 5 000 元,发生清理费用 300 元,有关款项均已通过银行结算。清理完毕,结转清理损益。

(6)用银行存款支付本月发生的广告费 4 000 元。

(7)用银行存款支付本月发生的管理部门的差旅费 15 130 元。

(8)本月计提短期借款利息 1 100 元。

(9)计提并以银行存款支付职工工资 100 000 元，其中生产工人 60 000 元，车间管理人员 15 000 元，厂部管理人员 25 000 元。

(10)向希望工程捐款 5 000 元。

(11)该企业采用备抵法计提坏账准备，本月应收账款期末余额 1 100 000 元，预期提取的坏账准备为 11 000 元，计提前坏账准备账户有贷方余额 9 500 元。

(12)支付税收滞纳金 2 000 元。

(13)计算并用银行存款缴纳增值税(增值税税率为 13%)。

(14)按 7%的税率计算缴纳城市维护建设税，按 3%的比例计算缴纳教育费附加，款项已通过银行划转。

(15)按 25%的税率计算 6 月应纳所得税，并用银行存款缴纳。

要求：

(1)编制有关经济业务的会计分录[业务(11)(13)(14)(15)应先计算，列出计算过程，再做会计分录；对于“应交税费”账户，须列出明细账户，涉及增值税的，还应列出专栏]。

(2)编制该企业 2019 年 6 月份的利润表。格式见下表：

**利润表**

编制单位： 年 月 单位:元

| 项 目 | 行次 | 本月数 | 本年累计数 |
|---|---|---|---|
| 一、营业收入 | 1 | | (略) |
| 减:营业成本 | 2 | | |
| 税金及附加 | 3 | | |
| 销售费用 | 4 | | |
| 管理费用 | 5 | | |
| 财务费用 | 6 | | |
| 资产减值损失 | 7 | | |
| 加:公允价值变动损益 | 8 | | |
| 投资收益 | 9 | | |
| 二、营业利润 | 10 | | |
| 加:营业外收入 | 11 | | |
| 减:营业外支出 | 12 | | |
| 三、利润总额 | 13 | | |
| 减:所得税费用 | 14 | | |
| 四、净利润 | 15 | | |

4. 某制造业企业 2×20 年 11 月 30 日的总分类账和原材料明细分类账余额见下表。

**总分类账余额**

单位:元

| 会计科目 | 借方 | 贷方 | 会计科目 | 借方 | 贷方 |
|---|---|---|---|---|---|
| 库存现金 | 13 000 | | 短期借款 | | 1 500 000 |
| 银行存款 | 290 000 | | 应付账款 | | 25 000 |
| 应收账款 | 210 000 | | 应付职工薪酬 | | 45 000 |
| 其他应收款 | 12 000 | | 应交税费 | | 40 000 |

续表

| 会计科目 | 借方 | 贷方 | 会计科目 | 借方 | 贷方 |
|---|---|---|---|---|---|
| 原材料 | 900 000 | | 应付利润 | | 80 000 |
| 库存商品 | 500 000 | | 其他应付款 | | 35 000 |
| 生产成本 | 400 000 | | 实收资本 | | 1 800 000 |
| 固定资产 | 2 800 000 | | 盈余公积 | | 350 000 |
| 累计折旧 | | 800 000 | 本年利润 | | 400 000 |
| | | | 利润分配 | | 50 000 |

**原材料明细分类账余额**

| 名　称 | 数量(吨) | 单价(元) | 金额(元) |
|---|---|---|---|
| 甲材料 | 2 000 | 300 | 600 000 |
| 乙材料 | 1 500 | 200 | 300 000 |

2×20 年 12 月份,该企业发生下列经济业务:

(1)3 日,购进甲材料 100 吨,单价 300 元,材料已验收入库,货款 30 000 元和增值税进项税额 3 900 元均已通过银行支付。

(2)6 日,从某单位购进乙材料 400 吨,单价 200 元,材料已验收入库,货款 80 000 元和增值税进项税额 10 400 元尚未支付。

(3)16 日,仓库发出材料,发出材料汇总表见下表。

| 项　目 | 甲材料 | | 乙材料 | | 合　计 | |
|---|---|---|---|---|---|---|
| | 数量(吨) | 金额(元) | 数量(吨) | 金额(元) | 数量(吨) | 金额(元) |
| 制造产品耗用 | 120 | 36 000 | 450 | 90 000 | | 126 000 |
| 其中:A 产品 | 70 | 21 000 | 200 | 40 000 | | 61 000 |
| B 产品 | 50 | 15 000 | 250 | 50 000 | | 65 000 |
| 管理部门耗用 | 10 | 3 000 | | | | 3 000 |
| 合计 | 130 | 39 000 | 450 | 90 000 | | 129 000 |

(4)17 日,以现金支付企业行政管理部门日常零星开支 3 000 元。

(5)18 日,以银行存款支付下年度房租 15 000 元。

(6)21 日,从银行提取现金 60 000 元以备发放工资。

(7)21 日,以现金 60 000 元发放工资。

(8)26 日,以银行存款 9 000 元支付水电费,其中 A 产品耗用 4 000 元,B 产品耗用 3 000 元,企业行政管理部门耗用 2 000 元。

(9)26 日,销售 A 产品 100 件,货款 200 000 元和增值税销项税额 26 000 元均已存入银行。

(10)27 日,销售 B 产品 200 件,货款 160 000 元,增值税销项税额 20 800 元。收到款项

100 000 元存入银行，其余部分尚未收回。

(11)29 日，以银行存款支付销售费用 3 000 元。

(12)31 日，分配本月工资，其中 A 产品生产工人工资 35 000 元，B 产品生产工人工资 10 000 元，企业行政管理人员工资 5 000 元。

(13)31 日，计提固定资产折旧 10 000 元，其中生产车间折旧费 8 000 元，企业行政管理部门折旧费 2 000 元。

(14)31 日，结转本月完工产品成本，其中 A 产品完工 180 件，共 216 000 元，B 产品完工 300 件，计 120 000 元。

(15)31 日，计算本月应纳消费税金，税率为 10%。

(16)31 日，结转本月销售收入。

(17)31 日，结转本月产品销售成本，其中 A 产品已销产品成本为 120 000 元，B 产品成本为 80 000 元。

(18)31 日，结转本月的各项成本费用。

(19)31 日，企业没有纳税调整项目，所得税税率为 25%。计算本月应交企业所得税，并结转。

(20)31 日，本月应提取法定盈余公积金 7 950 元。

(21)31 日，本月应向投资者分派利润 20 000 元。

(22)31 日，结转净利润及已分配利润。

要求：根据上述业务编制会计分录。

5. 百联公司 2020 年 1 月至 11 月实现利润总额 400 000 元，累计已交所得税 100 000 元。2020 年 12 月份发生的经济业务如下：

(1)销售乙产品 30 件，价款总额 90 000 元，增值税销项税额 11 700 元；以银行存款支付代垫运费 800 元。全部款项尚未收到。

(2)以银行存款支付 12 月份短期借款利息 5 000 元(该企业未预提借款利息)。

(3)结转本月已销产品的生产成本 40 000 元。

(4)计提本月行政管理部门使用固定资产的折旧费 20 000 元。

(5)12 月份，公司税金及附加 7 000 元，营业外收入 3 000 元，营业外支出 1 000 元，未发生销售费用和投资收益，利润总额为 20 000 元，所得税税率 25%(除上述资料外，不考虑其他因素)。

要求：

(1)编制 12 月份上述经济业务(1)至业务(4)的会计分录(只要求写出总账科目)。

(2)计算 2020 年百联公司的利润总额、应交所得税总额及净利润。

(3)编制 12 月份应交所得税的会计分录。

(4)根据上述资料，将正确数字填入利润表相关项目的括号内。

利润表

编报单位:百联公司　　2020 年 12 月　　单位:元

| 项　目 | 本月数 | 本年累计数 |
|---|---|---|
| 一、营业收入 | (　　　) | |
| 减:营业成本 | (　　　) | |
| 税金及附加 | 7 000 | |
| 销售费用 | 0 | |
| 管理费用 | (　　　) | (略) |
| 财务费用 | (　　　) | |
| 加:投资收益 | 0 | |
| 二、营业利润 | (　　　) | |
| 加:营业外收入 | 3 000 | |
| 减:营业外支出 | 1 000 | |
| 三、利润总额 | (　　　) | |
| 减:所得税 | (　　　) | |
| 四、净利润 | (　　　) | |

# 第 13 章　财务报表分析

## 一、单项选择题

1. 若流动比率大于 1，则下列结论正确的是(　　)。

A. 营运资金为正数　　B. 速动比率大于 1

C. 短期偿债能力绝对有保障　　D. 现金比率大于 1

2. 企业销售毛利率与上年基本一致，而销售净利率却有较大幅度下降，原因可能是(　　)。

A. 主营业务收入上升　　B. 其他业务利润下降

C. 期间费用上升　　D. 主营业务成本上升

3. 财务报表分析常见的方法有以下各项，但(　　)除外。

A. 趋势分析　　B. 结构分析　　C. 外部分析　　D. 比率分析

4. 下列指标中，属于财务绩效评价体系中资产运营状况指标的是(　　)。

A. 现金流动负债比率　　B. 速动比率

C. 盈余现金保障倍数　　D. 存货周转率

5. 不能反映企业营运能力的指标是(　　)。

A. 净资产收益率　　B. 总资产周转率

C. 应收账款周转率　　D. 存货周转率

6. 2020 年 12 月 31 日，A 公司流动资产 600 万元，速动比率为 2.5，流动比率为 3。2020 年该公司销售成本为 200 万元，则按年末存货余额计算的存货周转率为(　　)。

A. 2　　B. 1　　C. 3　　D. 6

7. 下列选项中，不属于财务报表分析基本内容的是(　　)。

A. 营运能力分析　　B. 决策能力分析

C. 偿债能力分析　　D. 获利能力分析

8. 单个的财务比率很难判断好坏，只有与(　　)进行比较才有意义。

A. 下列选项都是　　B. 历史标准

C. 行业标准　　D. 竞争对手标准

9. 反映企业财务风险的指标是(　　)。

A. 营业利润率　　B. 资产报酬率　　C. 资产负债率　　D. 存货周转率

10. 通过计算、分析影响财务指标的各项因素及其影响程度，用以了解财务指标发生变动或差异原因的方法是(　　)。

A. 平衡分析法　　B. 比较分析法　　C. 因素分析法　　D. 比率分析法

11. 某企业税后净利润为 75 万元，所得税税率为 25%，利息支出为 50 万元，则该企业的利息费用保障倍数为(　　)。

A. 4　　B. 2　　C. 3　　D. 1

12. 某企业 2020 年营业收入为 6 000 万元，年初应收账款余额为 300 万元，年末应收账款余额为 500 万元，坏账准备按应收账款余额的 10%提取，每年按 360 天计算，该公司的应收账款周转次数为(　　)次。

A. 15　　B. 22　　C. 24　　D. 16.67

13. 不能反映企业盈利能力的指标是(　　)。

A. 资产周转率　　B. 净利润率　　C. 净资产报酬率　　D. 毛利率

14. 下列各项财务指标中，能够综合反映企业成长性和投资风险的是(　　)。

A. 市盈率　　B. 每股收益　　C. 销售净利率　　D. 每股净资产

15. 下列项目投资决策评价指标中，一般作为辅助性指标的是(　　)。

A. 净现值　　B. 内部收益率

C. 净现值率　　D. 总投资收益率

## 二、多项选择题

1. 在其他条件不变的情况下，会引起总资产周转率上升的经济业务包括(　　)。

A. 促销取得成效，收入有了显著增加　　B. 用银行存款归还企业债券

C. 发放现金股利　　D. 发放股票股利

2. 财务报表分析通过会计报表数据之间的关系了解企业的财务状况和经营成果。常用的财务报表分析方法有(　　)。

A. 趋势分析法　　B. 比率分析法

C. 结构分析法　　D. 杜邦分析法

3. 长期偿债能力主要取决于企业的(　　)。

A. 资产的流动性　　B. 获利能力

C. 资产的管理能力　　D. 资本结构

4. 反映企业营运能力的指标主要有(　　)。

A. 存货周转率　　B. 坏账比率

C. 应收账款周转率　　D. 总资产报酬率

5. 下列选项中，反映股东投资回报的财务指标有(　　)。

A. 每股收益　　B. 资产负债率

C. 资产收益率　　D. 净资产收益率

6. 在分析获取现金能力的情况时，可以选用的指标主要有(　　)。

A. 现金流量适合比率　　B. 每股经营现金流量

C. 每元销售现金净流入　　D. 现金满足投资比率

7. 反映现金流量的财务比率包括(　　)。

A. 财务单性比率　　B. 现金偿债比率

C. 现金收益比率　　D. 现金周转比率

8. 下列各项业绩评价指标中，属于非财务计量指标的有(　　)。

A. 创新　　B. 雇员培训　　C. 质量和服务　　D. 市场占有率

9. 财务报表分析的基本原则有(　　)。

A. 目的性　　B. 多元立体性　　C. 动态性　　D. 时效性

10. 反映企业盈利能力的指标主要有（　　）。

A. 毛利率　　B. 营业利润率　　C. 净利润率　　D. 净资产报酬率

11. 比率分析法通常用于分析企业的（　　）。

A. 财务弹性　　B. 生产能力　　C. 营运能力　　D. 财务风险

12. 反映企业财务风险的比率主要有（　　）。

A. 利息保障倍数　　B. 资产负债率

C. 资产报酬率　　D. 速动比率

13. 财务比率分析通常采用的比较标准有（　　）。

A. 定额标准　　B. 竞争对手标准

C. 行业标准　　D. 历史标准

14. 在一定周期内，应收账款周转次数多，周转天数少表明（　　）。

A. 收账速度快　　B. 信用管理政策宽松

C. 应收账款流动性强　　D. 应收账款管理效率高

15. 在其他因素不变的情况下，下列财务评价指标中，指标数值越大表明项目可行性越强的有（　　）。

A. 净现值　　B. 现值指数　　C. 内含报酬率　　D. 动态回收期

## 三、判断题

1. 构成比率是指某项财务分析指标的各构成部分数值占总体数值的百分比。（　　）

2. 财务杠杆既可以用资产负债率，又可以用资产与所有者权益的倍数来表达。（　　）

3. 公司资产的流动性可用流动比率或速动比率来评价，一般而言流动比率为 1，速动比率为 2 时，就认为公司有偿还债务的能力。（　　）

4. 进行财务报表的结构分析主要是为了了解企业报表各个项目在构成上的变化及其合理性和趋势。（　　）

5. 毛利是营业收入扣除营业成本和税金及附加后的金额。毛利率等于营业收入除以毛利。（　　）

6. 利息保障倍数是企业息税前利润与利息费用之比，反映支付借款利息的能力。（　　）

7. 现金流量表中的“投资活动”不仅是对外投资的概念，还包括对内投资，实际上是长期资产的取得和处置活动。（　　）

8. 回报率是衡量投入和产出的比率，通常将总资产或净资产作为投入的指标，产出的指标则通过息税前利润或净利润来表达。（　　）

9. 企业财务风险是指企业不能清偿到期债务的风险。（　　）

10. 进行财务报表的趋势分析主要是为了通过报表项目在时间上的变化了解企业财务状况和经营成果的趋势走向。（　　）

11. 反映企业营运能力的指标主要是资产周转率，资产周转率越快表明企业营运能力越强。（　　）

12. 资产结构可以体现企业的行业特征，资本密集型的企业流动资产占比较高，轻工企业固定资产占比较高。（　　）

13. 在净利润一定的前提下，按总资产计算的报酬率要高于按净资产计算的报酬率。（　　）

14. 经济危机时期，企业经营环境恶化，销售下降，应当逐步降低债务水平，以减少破产风险。（　）

15. 在企业承担总风险能力一定且利率相同的情况下，对于经营杠杆水平较高的企业，应当保持较低的负债水平。（　）

16. 市盈率是反映股票投资价值的重要指标，该指标数值越大，表明投资者越看好该股票的投资预期。（　）

## 四、综合题

长江公司为一家工业类股份制上市公司，财务数据如下：

(1)营业成本 2017 年为 12 232 万元，存货余额 2016 年年末为 2 015 万元，2017 年年末为 2 145 万元。计算该公司 2017 年存货周转率。

(2)2015 年净利润为 913 万元，所得税费用为 316 万元，利息支出为 502 万元。计算该公司 2015 年利息保障倍数。

(3)2016 年年末流动负债为 2 094 万元，该年经营活动现金净流量为 1 818 万元。计算该公司 2016 年现金流量比率。

(4)2017 年年末流动资产为 3 534 万元，其中：存货为 2 181 万元，预付款项为 2.1 万元，其他流动资产（待摊费用）为 2.4 万元，流动负债为 2 020 万元。计算该公司 2017 年速动比率。

(5)2016 年年末流动资产为 3 503 万元，流动负债为 1 762 万元。计算该公司 2016 年流动比率。

(6)营业收入 2017 年为 15 400 万元，应收账款期末余额 2016 年为 942 万元，2017 年为 1 027 万元。计算该公司 2017 年应收账款周转率。

(7)销售收入 2017 年为 15 575 万元，总资产余额 2016 年年末为 9 776 万元，2017 年年末为 10 365 万元。计算该公司 2017 年总资产周转率。

(8)2017 年年末资产总额为 112 210 万元，负债总额为 62 130 万元。计算该公司 2017 年资产负债率。

(9)净利润 2018 年为 944 万元，股东权益余额 2017 年年末为 5 258 万元，2018 年年末为 5 047 万元。计算该公司 2018 年净资产收益率。

(10)2016 年营业收入为 15 211 万元，营业成本为 11 261 万元。计算该公司 2016 年营业毛利率。

(11)净利润 2017 年为 954 万元，总资产平均余额为 9 483 万元，所得税费用为 328 万元，利息支出为 521 万元。计算该公司 2017 年总资产净利率和总资产报酬率。

# 各章参考答案

## 第1章 总 论

### 一、单项选择题

1. C　2. A　3. D　4. C　5. C　6. A　7. A　8. B
9. C　10. A　11. B　12. C　13. B　14. D　15. C　16. C
17. C　18. B　19. B　20. A

### 二、多项选择题

1. AD　2. AD　3. CD　4. BCD　5. ABCE
6. AD　7. ACD　8. ABCDE　9. AB　10. BCD
11. ABCD　12. AB　13. ABD　14. ABC　15. AB
16. ABCD

### 三、判断题

1. ×　2. ×　3. ×　4. √　5. √　6. ×　7. √　8. √
9. ×　10. ×　11. ×　12. √　13. √　14. ×　15. √　16. √
17. ×　18. √　19. √　20. ×　21. ×　22. ×　23. √　24. √
25. ×　26. √　27. √

## 第2章 会计循环

### 一、单项选择题

1. D　2. A　3. D　4. A　5. C　6. A　7. C　8. C
9. D　10. C　11. A　12. B　13. D　14. B　15. A　16. B
17. A　18. B　19. C　20. B　21. A　22. A　23. B　24. B
25. B　26. A　27. C　28. B　29. A　30. D

### 二、多项选择题

1. AE　2. AD　3. AC　4. ABDE　5. BCDE
6. BC　7. BCD　8. ABCD　9. AB　10. ABD
11. ABC　12. AB　13. ABCD

### 三、判断题

| | | | | | | | |
|---|---|---|---|---|---|---|---|
| 1. × | 2. √ | 3. × | 4. √ | 5. × | 6. × | 7. √ | 8. √ |
| 9. √ | 10. × | 11. √ | 12. √ | | | | |

# 第3章　货币资金及应收款项

### 一、单项选择题

| | | | | | | | |
|---|---|---|---|---|---|---|---|
| 1. D | 2. D | 3. C | 4. B | 5. B | 6. C | 7. C | 8. D |
| 9. D | 10. B | 11. D | 12. B | 13. A | 14. C | 15. B | 16. C |
| 17. C | 18. C | 19. B | 20. C | 21. B | 22. D | 23. A | 24. C |
| 25. B | 26. A | 27. C | 28. C | 29. B | 30. A | 31. B | 32. D |
| 33. D | 34. B | 35. A | 36. C | 37. A | 38. C | 39. D | |

### 二、多项选择题

| | | | | |
|---|---|---|---|---|
| 1. ABCDE | 2. ABDE | 3. BD | 4. ABCD | 5. AE |
| 6. ABCD | 7. ACDE | 8. BC | 9. AC | 10. BCD |
| 11. ABC | 12. AD | 13. AB | 14. ABD | 15. ABC |
| 16. ACD | 17. AC | 18. BD | 19. AB | 20. ABCD |
| 21. ABD | 22. BCD | 23. AC | 24. BCD | 25. ABCD |

### 三、判断题

| | | | | | | | |
|---|---|---|---|---|---|---|---|
| 1. √ | 2. × | 3. √ | 4. × | 5. √ | 6. √ | 7. × | 8. × |
| 9. × | 10. × | 11. √ | 12. × | 13. √ | 14. √ | 15. × | 16. × |
| 17. √ | 18. × | 19. × | 20. √ | 21. √ | 22. × | 23. × | 24. × |
| 25. √ | 26. √ | 27. × | | | | | |

### 四、综合题

1.

| | | |
|---|---|---|
| (1)借:库存现金 | 5 000 | |
| 　　贷:银行存款 | | 5 000 |
| (2)借:库存现金 | 11 300 | |
| 　　贷:主营业务收入 | | 10 000 |
| 　　　应交税费——应交增值税(销项税额) | | 1 300 |
| (3)借:管理费用 | 20 000 | |
| 　　贷:库存现金 | | 20 000 |
| (4)借:其他应收款——李某 | 2 000 | |
| 　　贷:库存现金 | | 2 000 |
| (5)借:管理费用 | 1 860 | |
| 　　库存现金 | 140 | |
| 　　贷:其他应收款——李某 | | 2 000 |
| (6)借:待处理财产损溢——待处理流动资产损溢 | 200 | |

贷:库存现金 200

借:其他应收款——小王 100

管理费用 100

贷:待处理财产损溢——待处理流动资产损溢 200

2.

(1)借:银行存款 120 000

贷:应收账款 120 000

(2)借:应收账款 11 300

贷:主营业务收入 10 000

应交税费——应交增值税(销项税额) 1 300

(3)借:应收账款 51 050

贷:主营业务收入 45 000

应交税费——应交增值税(销项税额) 5 850

银行存款 200

(4)借:应收票据 22 600

贷:主营业务收入 20 000

应交税费——应交增值税(销项税额) 2 600

3.

(1)2015 年 12 月 31 日提取坏账准备时:

借:信用减值损失 24 000

贷:坏账准备 24 000

(2)2016 年 10 月实际发生坏账时:

借:坏账准备 12 500

贷:应收账款 12 500

(3)2016 年年末提取坏账准备时:

借:信用减值损失[36 000−(24 000−12 500)] 24 500

贷:坏账准备 24 500

(4)2017 年 6 月收回以前年度已注销的应收账款

借:应收账款 3 000

贷:坏账准备 3 000

借:银行存款 3 000

贷:应收账款 3 000

(5)2017 年年末提取坏账准备时:

借:信用减值损失[50 000−(36 000+3 000)] 11 000

贷:坏账准备 11 000

4.

**银行存款余额调节表**

2018 年 7 月 31 日

| 银行存款日记账余额:60 000 | 银行对账单余额:52 000 |
|---|---|
| | (1)−1 500 |
| (2)−3 500 | |
| | (3)+7 500 |

续表

| | |
|---|---|
| (4)+1 500 | |
| 调节后余额:58 000 | 调节后余额:58 000 |

5.

(1)借:应收账款 1 808 000
　　贷:主营业务收入 1 600 000
　　　应交税费——应交增值税(销项税额) 208 000
(2)借:应收票据 1 808 000
　　贷:应收账款 1 808 000
(3)借:银行存款 1 808 000
　　贷:应收票据 1 808 000

6.

(1)借:应收账款 406 800
　　贷:主营业务收入 360 000
　　　应交税费——应交增值税(销项税额) 46 800
(2)借:银行存款 406 800
　　贷:应收账款 406 800

7.

(1)借:预付账款——乙公司 22 560
　　贷:银行存款 22 560
(2)借:原材料 37 600
　　应交税费——应交增值税(进项税额) 4 888
　　贷:预付账款——乙公司 42 488
(3)借:预付账款——乙公司 19 928
　　贷:银行存款 19 928

# 第4章　存　货

## 一、单项选择题

1. A　2. C　3. C　4. D　5. C　6. C　7. A　8. C
9. D　10. A　11. D　12. B　13. B　14. C　15. B　16. A
17. B　18. A　19. D　20. C　21. A　22. B　23. D　24. A
25. B　26. B　27. A　28. B　29. A　30. A　31. D　32. A
33. C　34. C　35. D　36. B　37. C　38. C　39. C　40. C
41. C　42. D　43. D　44. C　45. C　46. A　47. D　48. A
49. C　50. B　51. B　52. B　53. B

## 二、多项选择题

1. ABDE　2. BCDE　3. ACD　4. AC　5. ACD
6. AB　7. CD　8. ABC　9. ABCD　10. ABD
11. CD　12. ABCD　13. ABCD　14. BD　15. ABCD

16. ABC　17. CD　18. ABC　19. AB　20. ABCD
21. ABC　22. AB　23. ABD

## 三、判断题

1. ×　2. ×　3. ×　4. ×　5. √　6. ×　7. √　8. ×
9. √　10. √　11. ×　12. √　13. √　14. ×　15. ×　16. √
17. ×　18. √　19. ×　20. ×　21. ×　22. ×　23. ×　24. √
25. √　26. ×　27. ×

## 四、综合题

1.

(1)加权平均单价:(1 600+1 236+836)÷(800+600+400)=2.04(元)

本月发出成本:2.04×1 150=2 346(元)

期末结存成本:2.04×(800+1 000−1 150)=1 326(元)

(2)实地盘存 1 338−账面结存 1 326=盘盈 12(元)

| | | |
|---|---|---|
| 借:原材料——A 材料 | 12 | |
| 贷:待处理财产损溢——待处理流动资产损溢 | | 12 |
| 借:待处理财产损溢——待处理流动资产损溢 | 12 | |
| 贷:管理费用 | | 12 |

(3)本月发出成本:1 600+2 072−1 338=2 334(元)

期末结存成本:1 338(元)

(4)①B　②B

2.

| | | |
|---|---|---|
| (1)借:在途物资 | 30 000 | |
| 应交税费——应交增值税(进项税额) | 3 900 | |
| 贷:应付票据 | | 33 900 |
| (2)借:原材料 | 21 200 | |
| 贷:应付账款 | | 20 400 |
| 库存现金 | | 800 |
| (3)借:原材料 | 29 200 | |
| 待处理财产损溢——待处理流动资产损溢 | 800 | |
| 贷:在途物资 | | 30 000 |
| (4)借:应付票据 | 33 900 | |
| 贷:短期借款 | | 33 900 |

(5)加权平均单价=(9 190+21 200+29 200)÷(1 000+2 000+2 900)=10.10

| | | |
|---|---|---|
| 借:生产成本 | 46 460 | |
| 制造费用 | 4 040 | |
| 管理费用 | 1 010 | |
| 贷:原材料 | | 51 510 |
| (6)借:待处理财产损溢——待处理流动资产损溢 | 1 000 | |
| 贷:原材料 | | 1 000 |
| 借:管理费用 | 50 | |
| 其他应收款 | 650 | |

营业外支出 300

贷:待处理财产损溢——待处理流动资产损溢 1 000

3.

(1)先进先出法:

发出A材料的成本=(25×1 700+27×500)+(27×500+29×780)=92 120(元)

月末结存A材料的成本=25×1 700+(27×1 000+29×2 400)-92 120=46 980(元)

[也可以用(2 400-780)×29=46 980(元)]

(2)一次加权平均法:

加权平均单位成本=(25×1 700+27×1 000+29×2 400)÷(1 700+1 000+2 400)

=27.27(元)

发出A材料的成本=27.27×3 480=94 915.29(元)

月末结存A材料的成本=25×1 700+(27×1 000+29×2 400)-94 915.29

=44 184.71(元)

[也可以用(2 400-780)×27.27=44 177.40(元),允许结果有误差]

4.

(1)先进先出法:5月20日:

发出材料成本=20×60+20×70=2 600(元)

结存材料成本=10×70=700(元)

(2)月末一次加权平均法:

加权平均单价:(750+2 700+2 100+800)/(15+85)=63.5(元)

发出材料成本=80×63.5=50 800(元)

结存材料成本=20×63.5=12 700(元)

5.

(1)借:原材料——B材料 6 000

应交税费——应交增值税(进项税额) 780

贷:应付账款 6 780

(2)借:原材料——A材料 102 000

应交税费——应交增值税(进项税额) 13 000

贷:应付账款 113 000

银行存款 2 000

(3)借:应付账款 80 000

贷:银行存款 80 000

(4)借:管理费用 30 000

制造费用 10 000

生产成本 260 000

贷:原材料——A材料 300 000

(5)借:库存商品 6 000

贷:生产成本 6 000

6.

(1)M1=5 000×10+1 500×11+3 000×11.5+(3 000-1 000)×13=127 000(元)

M2=1 000×13=13 000(元)

(2)E1=(5 000×10+1 500×11+3 000×11.5+3 000×13)/(5 000+1 500+3 000+3 000)=11.2(元)

M3=E1×(3 500+5 000+3 000)=128 800(元)

M4=E1×(5 000+1 500+3 000+3 000-3 500-5 000-3 000)=11 200(元)

7.

| | | |
|---|---|---|
| (1)借:库存商品——Y产品 | 3 600 000 | |
| ——Z产品 | 1 520 000 | |
| 贷:生产成本——基本生产成本(Y产品) | | 3 600 000 |
| ——基本生产成本(Z产品) | | 1 520 000 |
| (2)借:主营业务成本 | 2 660 000 | |
| 贷:库存商品——Y产品 | | 1 380 000 |
| ——Z产品 | | 1 280 000 |
| (3)①借:待处理财产损溢 | 39 550 | |
| 贷:原材料 | | 35 000 |
| 应交税费——应交增值税(进项税额转出) | | 4 550 |
| 批准处理后,由过失人赔款部分: | | |
| 借:其他应收款 | 22 000 | |
| 贷:待处理财产损溢 | | 22 000 |
| 确认材料毁损净损失: | | |
| 借:管理费用 | 17 550 | |
| 贷:待处理财产损溢 | | 17 550 |
| ②批准处理前: | | |
| 借:原材料 | 56 700 | |
| 贷:待处理财产损溢 | | 56 700 |
| 批准处理后: | | |
| 借:待处理财产损溢 | 56 700 | |
| 贷:管理费用 | | 56 700 |
| (4)批准处理前: | | |
| 借:待处理财产损溢 | 101 700 | |
| 贷:原材料 | | 90 000 |
| 应交税费——应交增值税(进项税额转出) | | 11 700 |
| 批准处理后: | | |
| 借:管理费用 | 101 700 | |
| 贷:待处理财产损溢 | | 101 700 |
| (5)①借:资产减值损失——计提存货跌价准备 | 40 000 | |
| 贷:存货跌价准备 | | 40 000 |
| ②借:存货跌价准备 | 30 000 | |
| 贷:资产减值损失——计提存货跌价准备 | | 30 000 |
| (6)借:库存商品 | 68 000 | |
| 应交税费——应交增值税(进项税额) | 8 840 | |
| 贷:银行存款 | | 76 840 |
| (7)借:银行存款 | 327 700 | |
| 贷:主营业务收入 | | 290 000 |
| 应交税费——应交增值税(销项税额) | | 37 700 |
| (8)①借:生产成本——基本生产成本 | 1 800 | |
| 贷:银行存款 | | 1 800 |
| ②借:生产成本——基本生产成本 | 430 000 | |
| ——辅助生产成本 | 100 000 | |

| | | |
|---|---|---|
| 贷:原材料 | | 530 000 |
| ③借:生产成本——基本生产成本 | 320 000 | |
| 制造费用 | 64 000 | |
| 管理费用 | 49 400 | |
| 销售费用 | 13 800 | |
| 贷:应付职工薪酬——工资 | | 447 200 |
| ④借:库存商品 | 5 700 000 | |
| 贷:生产成本——基本生产成本 | | 5 700 000 |
| ⑤借:制造费用——办公费 | 47 100 | |
| ——修理费 | 1 000 | |
| ——水电费 | 4 600 | |
| 贷:银行存款 | | 52 700 |
| ⑥借:生产成本——基本生产成本 | 790 000 | |
| 贷:制造费用 | | 790 000 |
| ⑦借:委托加工物资 | 72 800 | |
| 贷:库存商品 | | 72 800 |
| ⑧借:委托加工物资 | 68 300 | |
| 贷:原材料 | | 68 300 |
| (9)①借:资产减值损失——计提存货跌价准备 | 1 900 | |
| 贷:存货跌价准备 | | 1 900 |
| ②借:存货跌价准备 | 1 500 | |
| 贷:资产减值损失——计提存货跌价准备 | | 1 500 |
| ③借:存货跌价准备 | 400 | |
| 贷:资产减值损失——计提存货跌价准备 | | 400 |
| (10)借:原材料——C 材料 | 420 000 | |
| 应交税费——应交增值税(进项税额) | 54 600 | |
| 贷:银行存款 | | 474 600 |
| (11)①借:在途物资 | 17 000 | |
| 应交税费——应交增值税(进项税额) | 2 210 | |
| 贷:银行存款 | | 19 210 |
| ②借:原材料——F 材料 | 17 000 | |
| 贷:在途物资 | | 17 000 |
| (12)①借:生产成本——基本生产成本 | 55 000 | |
| ——辅助生产成本 | 42 000 | |
| 制造费用 | 5 100 | |
| 销售费用 | 800 | |
| 管理费用 | 3 600 | |
| 贷:原材料——K 材料 | | 106 500 |
| ②借:委托加工物资 | 13 000 | |
| 应交税费——应交增值税(进项税额) | 1 690 | |
| 贷:银行存款 | | 14 690 |
| ③借:委托加工物资 | 9 000 | |
| 应交税费——应交增值税(进项税额) | 1 170 | |
| 贷:银行存款 | | 10 170 |

| | | |
|---|---|---|
| ④借:库存商品 | 143 700 | |
| 贷:委托加工物资 | | 143 700 |
| ⑤借:在途物资 | 350 000 | |
| 应交税费——应交增值税(进项税额) | 45 500 | |
| 贷:银行存款 | | 395 500 |
| (13)借:原材料 | 18 000 | |
| 贷:银行存款 | | 18 000 |
| (14)①借:制造费用 | 600 000 | |
| 贷:原材料 | | 600 000 |
| ②借:库存商品 | 250 000 | |
| 应交税费——应交增值税(进项税额) | 32 500 | |
| 贷:应付票据 | | 282 500 |
| ③借:销售费用 | 41 000 | |
| 贷:库存商品 | | 41 000 |
| ④借:发出商品 | 260 000 | |
| 贷:库存商品 | | 260 000 |
| ⑤借:资产减值损失——计提的存货跌价准备 | 17 000 | |
| 贷:存货跌价准备 | | 17 000 |

# 第5章 金融资产

## 一、单项选择题

1. D　2. A　3. A　4. D　5. B　6. B　7. C　8. B
9. B　10. B　11. C　12. A　13. C　14. B　15. C　16. B
17. A　18. B　19. A　20. C　21. A　22. C　23. D　24. B
25. D　26. D　27. C　28. D　29. A　30. D　31. C　32. B
33. B　34. D　35. D

## 二、多项选择题

1. BCD　2. ABCD　3. ABD　4. ABCD　5. ABD
6. AD　7. BD　8. ABCDE　9. BC　10. AB
11. AD　12. ABCDE　13. ABD　14. ACD　15. ABCD
16. AC　17. BDE　18. AD　19. ABE　20. AC
21. CD　22. ABD

## 三、判断题

1. √　2. ×　3. √　4. √　5. ×　6. ×　7. ×　8. √
9. ×　10. √　11. ×　12. √　13. ×　14. √　15. ×　16. ×
17. √　18. √　19. √　20. ×　21. √　22. √　23. √　24. ×
25. ×　26. √　27. ×　28. √　29. ×

## 四、综合题

1.(单位:万元)

(1)借:其他货币资金——存出投资款　2 300
　贷:银行存款　2 300
借:交易性金融资产——成本　574
　应收股利　6
　投资收益　1
　应交税费——应交增值税(进项税额)　0.06
　贷:其他货币资金——存出投资款　581.06
(2)借:其他货币资金——存出投资款　6
　贷:应收股利　6
(3)借:公允价值变动损益　10
　贷:交易性金融资产——公允价值变动　10
(4)借:其他货币资金——存出投资款　680
　交易性金融资产——公允价值变动　10
　贷:交易性金融资产——成本　574
　　投资收益　110.34
　　应交税费——转让金融产品应交增值税　5.66

2.(单位:万元)

(1)借:债权投资——成本　2 000
　　　——利息调整　30
　贷:银行存款　2 030

(2)2016 年 12 月 31 日应确认的债券投资收益=2 030×3.79%=76.94(万元)

借:应收利息(2 000×4.2%)　84
　贷:投资收益　76.94
　　债权投资——利息调整　7.06

(3)借:银行存款　84
　贷:应收利息　84

(4)2017 年 12 月 31 日应确认的债券投资收益=(2 030−7.06)×3.79%=76.67(万元)

借:应收利息(2 000×4.2%)　84
　贷:投资收益　76.67
　　债权投资——利息调整　7.33

(5)借:银行存款　84
　贷:应收利息　84
借:银行存款　2 025
　贷:债权投资——成本　2 000
　　　——利息调整(30−7.06−7.33)　15.61
　投资收益　9.39

3.(单位:万元)

A 公司取得丙公司股票时应划分为其他权益工具投资,A 公司 2020 年 12 月 31 日确认所持有丙公司股票公允价值变动的会计分录为:

借:其他权益工具投资——公允价值变动(12×100−800)　400
　贷:资本公积——其他综合收益　400

# 第6章 长期股权投资

## 一、单项选择题

| | | | | | | | |
|---|---|---|---|---|---|---|---|
| 1. D | 2. A | 3. A | 4. A | 5. B | 6. B | 7. B | 8. A |
| 9. D | 10. C | 11. A | 12. C | 13. C | 14. D | 15. A | 16. D |
| 17. C | 18. B | 19. D | 20. A | 21. B | 22. A | | |

## 二、多项选择题

| | | | | |
|---|---|---|---|---|
| 1. ABCD | 2. AB | 3. ACD | 4. ABCDE | 5. ACD |
| 6. ABCE | 7. ABC | 8. AD | 9. AD | 10. AC |
| 11. AB | 12. ABCDE | 13. BC | 14. BE | 15. ACD |
| 16. ABDE | 17. AC | 18. ACE | 19. ABD | 20. ABDE |

## 三、判断题

| | | | | | | | |
|---|---|---|---|---|---|---|---|
| 1. × | 2. × | 3. √ | 4. × | 5. × | 6. × | 7. × | 8. √ |
| 9. × | 10. × | 11. √ | 12. × | 13. √ | 14. × | 15. × | 16. √ |
| 17. × | 18. × | 19. √ | 20. √ | 21. √ | 22. √ | 23. × | 24. √ |
| 25. √ | 26. × | | | | | | |

## 四、综合题

(单位:万元)

(1)SM公司对Y公司的长期股权投资2019年采用成本法核算,2020年应采用权益法核算。

(2)2019年1月1日,取得长期股权投资:

| | | |
|---|---|---|
| 借:长期股权投资 | 700 | |
| 　累计摊销 | 64 | |
| 　贷:无形资产 | | 320 |
| 　　营业外收入 | | 44 |
| 　　银行存款 | | 400 |

2019年2月26日,分派上年股利:

| | | |
|---|---|---|
| 借:应收股利 | 60 | |
| 　贷:投资收益 | | 60 |

2019年3月1日,收到现金股利:

| | | |
|---|---|---|
| 借:银行存款 | 60 | |
| 　贷:应收股利 | | 60 |

(3)2020年1月2日,追加投资:

| | | |
|---|---|---|
| 借:长期股权投资——成本 | 450 | |
| 　贷:银行存款 | | 450 |

转换为权益法核算:

初始投资时,产生正商誉100万元(300+400−4 000×15%)

追加投资时,产生正商誉41.4万元(450−4 086×10%)

综合考虑后形成的商誉是正商誉,不用进行调整。

对分配的现金股利进行调整：

借：盈余公积　　6

　利润分配——未分配利润　　54

　贷：长期股权投资——成本　　60

对应根据净利润确认的损益进行调整：

借：长期股权投资——损益调整　　70.5

　贷：盈余公积　　7.05

　　利润分配——未分配利润　　63.45

两个投资时点之间，Y公司可辨认净资产公允价值变动总额为86万元(4 086－4 000)，其中由于实现净利润分配现金股利引起的变动额为70万元(470－400)，因此，其他权益变动为16万元，还需做调整分录：

借：长期股权投资(16×15%)　　2.4

　贷：资本公积　　2.4

2020年3月28日，宣告分配上年股利：

借：应收股利　　95

　贷：长期股权投资　　95

2020年4月1日，收到现金股利：

借：银行存款　　95

　贷：应收股利　　95

2020年12月31日：

Y公司调整后的净利润＝500－(136－120)×50%＝492(万元)

借：长期股权投资——损益调整　　123

　　　　　　——其他综合收益　　5

　贷：投资收益　　123

　　其他综合收益　　5

# 第7章　固定资产

## 一、单项选择题

| | | | | | | | |
|---|---|---|---|---|---|---|---|
| 1. C | 2. C | 3. A | 4. C | 5. B | 6. C | 7. C | 8. C |
| 9. C | 10. D | 11. C | 12. C | 13. D | 14. A | 15. C | 16. C |
| 17. A | 18. C | 19. A | 20. B | 21. C | 22. C | 23. D | 24. C |
| 25. C | 26. D | 27. A | 28. A | 29. C | 30. B | 31. D | 32. A |
| 33. D | 34. A | 35. A | 36. A | 37. C | 38. A | 39. B | 40. B |
| 41. D | 42. B | 43. D | 44. D | 45. B | 46. B | 47. D | 48. C |
| 49. C | 50. D | 51. A | 52. A | 53. B | 54. C | 55. D | 56. D |
| 57. C | 58. B | | | | | | |

## 二、多项选择题

| | | | | |
|---|---|---|---|---|
| 1. BDE | 2. ABDE | 3. ACDE | 4. ABCE | 5. BCD |
| 6. ABE | 7. BD | 8. ABD | 9. ABC | 10. ABC |
| 11. AC | 12. AB | 13. ABD | 14. ACD | 15. AD |
| 16. ABCD | 17. AD | 18. AB | 19. ABD | 20. ABCD |

21. ABC　22. AD　23. BCD　24. ABC　25. CD
26. ABCD　27. AB　28. BC　29. BC　30. BC
31. AC　32. ACD

## 三、判断题

1. ×　2. √　3. ×　4. ×　5. √　6. ×　7. ×　8. ×
9. √　10. ×　11. √　12. √　13. ×　14. √　15. ×　16. √
17. ×　18. √　19. ×　20. ×　21. ×　22. ×　23. √　24. ×
25. √　26. √　27. ×　28. √　29. √　30. √　31. ×　32. ×
33. ×　34. ×　35. √　36. ×　37. ×　38. √

## 四、综合题

1.(单位:万元)

(1)2019 年 12 月 31 日:

该设备安装完毕并达到预定可使用状态的成本＝495＋5＝500(万元)

| | | |
|---|---|---|
| 借:在建工程 | 495.00 | |
| 　应交税费——应交增值税(进项税额) | 64.35 | |
| 　贷:银行存款 | | 559.35 |
| 借:在建工程 | 5 | |
| 　贷:应付职工薪酬 | | 5 |
| 借:固定资产 | 500 | |
| 　贷:在建工程 | | 500 |

(2)2020 年该设备应计提的折旧额＝500×2÷10＝100(万元)

2021 年该设备应计提的折旧额＝(500－100)×2÷10＝80(万元)

(3)2022 年 12 月 31 日:

该设备的账面价值＝500－100－80－(500－100－80)×2÷10＝256(万元)

可收回金额＝250(万元)

应计提减值准备＝256－250＝6(万元)

| | | |
|---|---|---|
| 借:资产减值损失 | 6 | |
| 　贷:固定资产减值准备 | | 6 |

(4)2023 年对该设备应计提的折旧额＝250×2÷5＝100(万元)

(5)2023 年 12 月 31 日出售该设备的相关会计分录为:

| | | |
|---|---|---|
| 借:固定资产清理 | 150 | |
| 　累计折旧 | 344 | |
| 　固定资产减值准备 | 6 | |
| 　贷:固定资产 | | 500 |
| 借:固定资产清理 | 1 | |
| 　贷:银行存款 | | 1 |
| 借:银行存款 | 113 | |
| 　资产处置损益 | 51 | |
| 　贷:固定资产清理 | | 151 |
| 　　应交税费——应交增值税(销项税额) | | 13 |

2.

(1)借:固定资产 102 700
　　应交税费——应交增值税 13 000
　　贷:银行存款 115 700

(2)借:待处理财产损溢 13 000
　　累计折旧 55 000
　　贷:固定资产 68 000

(3)借:资产减值损失 17 000
　　贷:固定资产减值准备 17 000

(4)借:固定资产清理 50 000
　　累计折旧 25 000
　　固定资产减值准备 15 000
　　　贷:固定资产 90 000

借:银行存款 60 000
　　贷:固定资产清理 60 000

借:固定资产清理 10 000
　　贷:资产处置损益 10 000

3.

(1)借:固定资产清理 80 000
　　累计折旧 40 000
　　贷:固定资产 120 000

(2)借:固定资产清理 1 000
　　贷:银行存款 1 000

(3)借:银行存款 4 800
　　贷:固定资产清理 4 800

(4)借:其他应收款——保险公司 60 000
　　贷:固定资产清理 60 000

(5)借:营业外支出 16 200
　　贷:固定资产清理 16 200

4.

(1)购入工程物资时:

借:工程物资 500 000
　　应交税费——应交增值税(进项税额) 65 000
　　贷:银行存款 565 000

(2)工程领用工程物资时:

借:在建工程 500 000
　　贷:工程物资 500 000

(3)工程领用库存商品和原材料时:

借:在建工程 90 000
　　贷:库存商品 80 000
　　　原材料 10 000

(4)分配工程人员工资、发生的其他费用时:

借:在建工程 130 000
　　贷:应付职工薪酬 100 000

银行存款 30 000

(5)工程完工转入固定资产成本:

生产线成本=500 000+80 000+10 000+130 000=720 000(元)

借:固定资产 720 000

贷:在建工程 720 000

5.

(1)借:固定资产 101 000

应交税费——应交增值税(进项税额) 13 000

贷:银行存款 113 000

库存现金 1 000

(2)借:制造费用 1 700

管理费用 200

贷:累计折旧 1 900

(3)借:待处理财产损溢——待处理非流动资产损溢 3 800

累计折旧 1 200

贷:固定资产 5 000

借:营业外支出 3 800

贷:待处理财产损溢——待处理非流动资产损溢 3 800

6.

(1)借:在建工程 423 000

应交税费——应交增值税(进项税额) 52 000

贷:银行存款 475 000

(2)借:在建工程 2 600

贷:原材料 2 000

应付职工薪酬 600

借:固定资产 425 600

贷:在建工程 425 600

(3)借:固定资产 110 000

贷:实收资本 110 000

(4)年折旧额=(50 000−2 000)/5=9 600(元)

借:制造费用 9 600

贷:累计折旧 9 600

7.

(1)M1=(1−3/100)/5×100=19.4

M2=M1/12=1.62

M3=140 000×M1/100=27 160

M4=140 000×M2/100=2 268

(2)E1=2/5

M5=140 000×E1=56 000

M6=(140 000−M5)×E1=33 600

M7=(140 000−M5−M6)×E1=20 160

M8=(140 000−M5−M6−M7−140 000×3/100)/2=13 020

M9=(140 000−M5−M6−M7−140 000×3/100)/2=13 020

(3)M10=140 000×(1−3/100)×5/15=45 266.67

M11＝140 000×(1－3/100)×4/15＝36 213.33

M12＝140 000×(1－3/100)×3/15＝27 160

M13＝140 000×(1－3/100)×2/15＝18 106.67

M14＝140 000×(1－3/100)×1/15＝9 053.33

8.

(1)借:固定资产 35 750
　　应交税费——应交增值税(进项税额) 4 595
　　贷:银行存款 40 345

(2)借:在建工程 170 000
　　应交税费——应交增值税(进项税额) 22 100
　　贷:银行存款 192 100

2020年7月15日,支付安装费时:

借:在建工程 41 000
　　应交税费——应交增值税(进项税额) 3 690
　　贷:银行存款 44 690

2020年7月21日,设备安装完毕交付使用时:

借:固定资产 650 000
　　贷:在建工程 650 000

(3)借:固定资产——A设备 20 368 000
　　　　——B设备 30 552 000
　　　　——C设备 50 920 000
　　应交税费——应交增值税(进项税额) 13 180 400
　　贷:银行存款 115 020 400

(4)借:管理费用 16 000
　　应交税费——应交增值税(进项税额) 2 080
　　贷:银行存款 18 080

(5)借:资产减值损失 110 000
　　贷:固定资产减值准备 110 000

(6)借:固定资产清理 400 000
　　累计折旧 1 500 000
　　贷:固定资产 1 900 000

借:银行存款 1 090 000
　　贷:固定资产清理 1 000 000
　　　　应交税费——应交增值税(销项税额) 90 000

借:固定资产清理 600 000
　　贷:资产处置损益 600 000

(7)借:固定资产清理 3 600 000
　　累计折旧 800 000
　　贷:固定资产 4 400 000

借:原材料 40 000
　　贷:固定资产清理 40 000

借:固定资产清理 16 000
　　应交税费——应交增值税(进项税额) 1 440
　　贷:银行存款 17 440

借:其他应收款 1 700 000
　　贷:固定资产清理 1 700 000
借:银行存款 1 700 000
　　贷:其他应收款 1 700 000
借:营业外支出——非常损失 1 876 000
　　贷:固定资产清理 1 876 000

(8)购入工程物资时:
借:工程物资 600 000
　　应交税费——应交增值税(进项税额) 78 000
　　贷:银行存款 678 000

工程领用全部工程物资时:
借:在建工程 600 000
　　贷:工程物资 600 000

工程领用本企业生产的水泥时:
借:在建工程 430 000
　　贷:库存商品 430 000

分配工程人员薪酬时:
借:在建工程 80 000
　　贷:应付职工薪酬 80 000

支付工程发生的其他费用时:
借:在建工程 30 000
　　应交税费——应交增值税(进项税额) 2 700
　　贷:银行存款 32 700

工程完工转入固定资产的成本:
借:固定资产 1 140 000
　　贷:在建工程 1 140 000

(9)借:在建工程 8 500 000
　　贷:银行存款 8 500 000

(10)借:工程物资 250 000
　　贷:在建工程 250 000

9.

购入进行安装时:
借:在建工程 259 900
　　贷:银行存款 259 900

支付安装费时:
借:在建工程 51 230
　　贷:银行存款 51 230

设备安装完毕交付使用时:
借:固定资产 311 130
　　贷:在建工程 311 130

10. 相关会计分录如下:

(1)借:生产成本 260 000
　　制造费用 26 000
　　管理费用 14 000

贷:原材料 300 000
(2)借:制造费用 8 000
管理费用 2 000
贷:累计折旧 10 000

# 第8章 无形资产

## 一、单项选择题

| | | | | | | | |
|---|---|---|---|---|---|---|---|
| 1. A | 2. D | 3. A | 4. A | 5. A | 6. C | 7. A | 8. B |
| 9. C | 10. B | 11. B | 12. C | 13. B | 14. A | 15. D | 16. B |
| 17. D | 18. A | 19. C | 20. D | 21. A | 22. A | 23. B | 24. A |
| 25. A | 26. B | 27. B | 28. B | 29. B | 30. A | 31. D | 32. B |
| 33. D | 34. A | 35. B | 36. B | 37. A | 38. B | 39. B | 40. A |

## 二、多项选择题

| | | | | |
|---|---|---|---|---|
| 1. ABC | 2. AB | 3. ABCD | 4. AC | 5. AD |
| 6. ABD | 7. BC | 8. ACD | 9. AB | 10. AD |
| 11. AC | 12. ABD | 13. BCD | 14. AB | 15. BC |
| 16. ACD | 17. BC | 18. ABD | 19. AC | 20. BCD |
| 21. ABC | 22. AC | 23. ACD | 24. BD | 25. ABD |
| 26. ABCD | | | | |

## 三、判断题

| | | | | | | | |
|---|---|---|---|---|---|---|---|
| 1. √ | 2. × | 3. × | 4. × | 5. × | 6. √ | 7. × | 8. √ |
| 9. √ | 10. √ | 11. × | 12. × | 13. × | 14. × | 15. × | |

## 四、综合题

1.(单位:万元)
(1)借:研发支出——费用化支出 130
——资本化支出 150
贷:银行存款 280
(2)借:管理费用 130
贷:研发支出——费用化支出 130
(3)借:无形资产 150
贷:研发支出——资本化支出 150
(4)借:管理费用 2.50
贷:累计摊销 2.50
(5)借:银行存款 160.00
累计摊销 12.50
贷:无形资产 150.00
应交税费 8.00
资产处置损益 14.50

2.

| | | |
|---|---|---|
| (1)借:无形资产——非专利技术 | 810 000 | |
| 　应交税费——应交增值税(进项税额) | 48 600 | |
| 　贷:银行存款 | | 858 600 |
| (2)借:其他业务成本 | 45 000 | |
| 　贷:累计摊销 | | 45 000 |
| (3)借:资产减值损失——计提无形资产减值准备 | 390 000 | |
| 　贷:无形资产减值准备 | | 390 000 |
| (4)借:银行存款 | 498 200 | |
| 　累计摊销 | 400 000 | |
| 　贷:无形资产 | | 770 000 |
| 　　应交税费——应交增值税(销项税额) | | 28 200 |
| 　　资产处置损益 | | 100 000 |
| (5)借:管理费用 | 49 000 | |
| 　贷:累计摊销 | | 49 000 |
| (6)发生的研发支出: | | |
| 借:研发支出——费用化支出 | 2 100 000 | |
| 　贷:银行存款 | | 2 100 000 |
| 发生的研发支出全部属于研究阶段的支出: | | |
| 借:管理费用 | 2 100 000 | |
| 　贷:研发支出——费用化支出 | | 2 100 000 |
| 发生开发支出并符合资本化确认条件: | | |
| 借:研发支出——资本化支出 | 340 000 | |
| 　应交税费——应交增值税(进项税额) | 44 200 | |
| 　贷:银行存款 | | 384 200 |
| 该技术研发完成并形成无形资产: | | |
| 借:无形资产 | 340 000 | |
| 　贷:研发支出——资本化支出 | | 340 000 |

# 第9章 负 债

## 一、单项选择题

| | | | | | | | |
|---|---|---|---|---|---|---|---|
| 1. A | 2. A | 3. C | 4. B | 5. D | 6. A | 7. C | 8. B |
| 9. C | 10. C | 11. C | 12. D | 13. B | 14. D | 15. A | 16. A |
| 17. B | 18. C | 19. C | 20. C | 21. A | 22. D | 23. A | 24. B |
| 25. B | 26. C | 27. B | 28. C | 29. D | 30. D | 31. C | 32. B |
| 33. D | 34. B | 35. C | | | | | |

## 二、多项选择题

| | | | | |
|---|---|---|---|---|
| 1. BCD | 2. ABD | 3. BC | 4. BCD | 5. AB |
| 6. BC | 7. AC | 8. AC | 9. BC | 10. ABCD |
| 11. AB | 12. BCD | 13. ABCD | 14. AB | 15. AD |

16. ABCD　17. ABCD　18. AB　19. ABCD　20. ABC

## 三、判断题

| | | | | | | | |
|---|---|---|---|---|---|---|---|
| 1. √ | 2. √ | 3. × | 4. × | 5. √ | 6. × | 7. √ | 8. √ |
| 9. × | 10. × | 11. √ | 12. × | 13. √ | 14. × | 15. × | 16. √ |
| 17. × | 18. × | 19. × | 20. × | | | | |

## 四、综合题

1. 会计分录：

| | | |
|---|---|---|
| (1)借:原材料 | 4 000 | |
| 应交税费——应交增值税(进项税额) | 520 | |
| 贷:应付账款 | | 4 520 |
| (2)借:固定资产 | 32 000 | |
| 应交税费——应交增值税(进项税额) | 3 990 | |
| 贷:应付账款 | | 35 990 |
| (3)借:银行存款 | 20 000 | |
| 贷:预收账款 | | 20 000 |
| (4)借:应付职工薪酬 | 378 000 | |
| 贷:其他应付款 | | 360 000 |
| 应交税费——应交个人所得税 | | 18 000 |
| 借:生产成本 | 1 070 000 | |
| 制造费用 | 260 000 | |
| 管理费用 | 330 000 | |
| 销售费用 | 140 000 | |
| 在建工程 | 338 000 | |
| 贷:应付职工薪酬——工资 | | 2 138 000 |
| (5)借:财务费用 | 4 600 | |
| 贷:应付利息 | | 4 600 |
| (6)借:应付账款 | 2 000 | |
| 贷:银行存款 | | 2 000 |
| (7)借:短期借款 | 10 000 | |
| 贷:银行存款 | | 10 000 |

2.

| B企业 | A企业 |
|---|---|
| (1)借:预付账款 5 000<br>贷:银行存款 5 000 | (1)借:银行存款 5 000<br>贷:预收账款 5 000 |
| (2)借:原材料 20 000<br>应交税费——应交增值税(进项税额) 2 600<br>贷:应付账款 22 600 | (2)借:应收账款 22 600<br>贷:主营业务收入 20 000<br>应交税费——应交增值税(进项税额) 2 600 |
| (3)借:应付账款 22 600<br>贷:银行存款 22 600 | (3)借:银行存款 22 600<br>贷:应收账款 22 600 |

续表

| B企业 | A企业 |
| --- | --- |
| (4)借:原材料 6 000<br>应交税费——应交增值税(进项税额) 780<br>贷:预付账款 6 780<br>借:预付账款 1 780<br>贷:银行存款 1 780 | (4)借:预收账款 6 780<br>贷:主营业务收入 6 000<br>应交税费——应交增值税(进项税额) 780<br>借:银行存款 1 780<br>贷:预收账款 1 780 |

3.

(1)借:原材料 20 600
应交税费——应交增值税(进项税额) 2 600
贷:应付账款 23 200

(2)借:原材料 3 500
应交税费——应交增值税(进项税额) 390
贷:应付票据 3 890

(3)借:预付账款 6 000
贷:银行存款 6 000

(4)借:应付票据 3 890
贷:银行存款 3 890

(5)借:原材料 5 100
应交税费——应交增值税(进项税额) 650
贷:预付账款 5 750

(6)借:银行存款 250
贷:预付账款 250

(7)借:生产成本——A 200 000
——B 100 000
制造费用 70 000
管理费用 130 000
贷:应付职工薪酬——工资 500 000

(8)借:生产成本——A 56 000
——B 28 000
制造费用 19 600
管理费用 36 400
贷:应付职工薪酬——社会保险费 120 000
——职工福利 20 000

4.

(1)收到杰马公司预付的货款时:

借:银行存款 90 000
贷:预收账款——杰马公司 90 000

向杰马公司发出货物:

借:预收账款——杰马公司 248 600
贷:主营业务收入 220 000
应交税费——应交增值税(销项税额) 28 600

收到杰马公司补付的货款时:

借:银行存款　158 600
　贷:预收账款——杰马公司　158 600
(2)确认应付账款时:
借:原材料　90 800
　应交税费——应交增值税(进项税额)　11 772
　贷:应付账款——林垣公司　102 572
偿还应付账款时:
借:应付账款——林垣公司　102 572
　贷:银行存款　102 572
(3)借:生产成本　430 000
　制造费用　122 000
　管理费用　99 100
　销售费用　16 000
　贷:应付职工薪酬——职工工资、奖金、津贴和补贴　667 100
(4)借:应付职工薪酬——职工福利费　36 160
　税金及附加　3 200
　贷:主营业务收入　32 000
　　应交税费——应交增值税(销项税额)　4 160
　　　　——应交消费税　3 200
结转产品成本时:
借:主营业务成本　22 000
　贷:库存商品　22 000
(5)2019年1月1日,借入短期借款时:
借:银行存款　1 000 000
　贷:短期借款　1 000 000
2019年1月31日,计提1月份应付利息时:
借:财务费用　3 333.33
　贷:应付利息　3 333.33
2019年3月31日,支付第一季度银行借款利息时:
借:财务费用　3 333.33
　应付利息　6 666.66
　贷:银行存款　9 999.99
2019年10月1日,偿还银行借款本金时:
借:短期借款　1 000 000
　贷:银行存款　1 000 000
5.
(1)开出并承兑商业汇票购入材料时:
借:原材料　70 000
　应交税费——应交增值税(进项税额)　9 100
　贷:应付票据　79 100
支付商业汇票承兑手续费时:
借:财务费用　30.19
　应交税费——应交增值税(进项税额)　1.81
　贷:银行存款　32

(2)2019 年 10 月 17 日，支付商业汇票款时：

| | | |
|---|---|---|
| 借：应付票据 | 79 100 | |
| 　　贷：银行存款 | | 79 100 |

(3)银行承兑汇票到期，全安公司无力支付票款时：

| | | |
|---|---|---|
| 借：应付票据 | 79 100 | |
| 　　贷：短期借款 | | 79 100 |

6.

购入原材料时：

| | | |
|---|---|---|
| 借：原材料 | 35 030 | |
| 　　贷：银行存款 | | 35 030 |

销售产品时：

| | | |
|---|---|---|
| 借：银行存款 | 50 470 | |
| 　　贷：主营业务收入 | | 49 000 |
| 　　　　应交税费——应交增值税 | | 1 470 |

缴纳增值税时：

| | | |
|---|---|---|
| 借：应交税费——应交增值税 | 1 470 | |
| 　　贷：银行存款 | | 1 470 |

7.

| | | |
|---|---|---|
| 借：财务费用 | 174 000 | |
| 　　贷：应付利息 | | 174 000 |
| 借：应付利息 | 174 000 | |
| 　　贷：银行存款 | | 174 000 |

# 第 10 章　所有者权益

## 一、单项选择题

| | | | | | | | |
|---|---|---|---|---|---|---|---|
| 1. A | 2. B | 3. A | 4. A | 5. A | 6. A | 7. D | 8. C |
| 9. C | 10. A | 11. C | 12. D | 13. C | 14. B | 15. A | 16. C |
| 17. A | 18. B | 19. C | 20. B | 21. A | 22. A | 23. D | 24. A |
| 25. B | 26. C | 27. B | 28. C | 29. C | 30. A | 31. C | 32. A |
| 33. B | 34. B | 35. A | 36. B | 37. C | 38. B | 39. B | 40. D |
| 41. C | 42. A | 43. B | | | | | |

## 二、多项选择题

| | | | | |
|---|---|---|---|---|
| 1. BC | 2. ABDE | 3. ABD | 4. ACDE | 5. AE |
| 6. AB | 7. AB | 8. BCD | 9. AB | 10. BCD |
| 11. BC | 12. ABCD | 13. AC | 14. AB | 15. ABD |
| 16. ABC | 17. CD | 18. CD | 19. BCD | 20. ABC |
| 21. ABC | 22. ABCD | 23. ABD | | |

## 三、判断题

| | | | | | | | |
|---|---|---|---|---|---|---|---|
| 1. √ | 2. × | 3. √ | 4. × | 5. × | 6. √ | 7. √ | 8. × |

9. √　10. √　11. √　12. ×　13. √　14. √　15. √　16. ×
17. ×　18. ×　19. ×　20. ×　21. √　22. √　23. √　24. √

**四、综合题**

1. 各项目计算如下：

资产总额＝900 000＋720 000＋160 000＝1 780 000(元)

流动资产＝720 000＋160 000＝880 000(元)

非流动资产＝900 000(元)

负债总额＝160 000(元)

所有者权益总额＝900 000＋720 000＝1 620 000(元)

2.(单位:万元)

| | | |
|---|---|---|
| (1)收到A公司投资时: | | |
| 借:固定资产 | 300 | |
| 贷:实收资本——A | | 300 |
| 收到B公司投资时: | | |
| 借:固定资产 | 200 | |
| 无形资产 | 100 | |
| 贷:实收资本——B | | 300 |
| 或 | | |
| 借:固定资产 | 200 | |
| 贷:实收资本——B | | 200 |
| 借:无形资产 | 100 | |
| 贷:实收资本——B | | 100 |
| 收到C公司投资时: | | |
| 借:银行存款 | 300 | |
| 贷:实收资本——C | | 300 |
| (2)收到D公司投资时: | | |
| 借:银行存款 | 400 | |
| 贷:实收资本——D | | 300 |
| 资本公积——资本溢价 | | 100 |

3.(单位:万元)

| | | |
|---|---|---|
| (1)借:本年利润 | 200 | |
| 贷:利润分配——未分配利润 | | 200 |
| (2)借:利润分配——提取法定盈余公积 | 20 | |
| ——提取任意盈余公积 | 10 | |
| 贷:盈余公积——法定盈余公积 | | 20 |
| ——任意盈余公积 | | 10 |
| (3)借:利润分配——向投资者分配股利 | 40 | |
| 贷:应付股利 | | 40 |
| (4)借:利润分配——未分配利润 | 70 | |
| 贷:利润分配——提取法定盈余公积 | | 20 |
| ——提取任意盈余公积 | | 10 |
| ——向投资者分配股利 | | 40 |

4.

| | | |
|---|---|---|
| (1)借:银行存款 | 150 000 | |
| 　　贷:实收资本 | | 150 000 |
| (2)借:盈余公积 | 60 000 | |
| 　　贷:实收资本 | | 60 000 |
| (3)借:利润分配——提取法定盈余公积 | 55 000 | |
| 　　　　　　——提取任意盈余公积 | 27 500 | |
| 　　　　　　——应付利润 | 250 000 | |
| 　　贷:盈余公积 | | 82 500 |
| 　　　应付利润 | | 250 000 |

5.

| | | |
|---|---|---|
| (1)借:固定资产 | 126 000 | |
| 　　贷:实收资本——A | | 100 000 |
| 　　　资本公积——资本溢价 | | 26 000 |
| (2)借:原材料 | 110 000 | |
| 　　应交税费——应交增值税(进项税额) | 14 300 | |
| 　　贷:实收资本——B | | 100 000 |
| 　　　资本公积——资本溢价 | | 24 300 |
| (3)借:银行存款 | 390 000 | |
| 　　贷:实收资本——C | | 300 000 |
| 　　　资本公积——资本溢价 | | 90 000 |

6.

| | | |
|---|---|---|
| (1)借:应付账款 | 120 000 | |
| 　　贷:银行存款 | | 120 000 |
| (2)借:其他应收款 | 1 500 | |
| 　　贷:库存现金 | | 1 500 |
| (3)借:固定资产 | 30 000 | |
| 　　贷:实收资本 | | 30 000 |
| (4)借:库存现金 | 2 000 | |
| 　　银行存款 | 8 000 | |
| 　　贷:应收账款 | | 10 000 |
| (5)借:银行存款 | 100 000 | |
| 　　贷:短期借款 | | 100 000 |
| (6)借:原材料 | 68 000 | |
| 　　贷:银行存款 | | 50 000 |
| 　　　应付账款 | | 18 000 |

7.

| | | |
|---|---|---|
| (1)借:预付账款 | 60 000 | |
| 　　贷:银行存款 | | 60 000 |
| (2)借:固定资产 | 302 000 | |
| 　　应交税费——应交增值税(进项税额) | 39 000 | |
| 　　贷:银行存款 | | 341 000 |

(3)运费分配:A材料:4 500/(100+50)×100=3 000

　　　　　　B材料:4 500/(100+50)×50=1 500

| | | |
|---|---|---|
| 借:原材料——A | 203 000 | |
| ——B | 151 500 | |
| 应交税费——应交增值税(进项税额) | 45 500 | |
| 贷:银行存款 | | 400 000 |
| (4)借:生产成本——甲 | 100 000 | |
| ——乙 | 150 000 | |
| 贷:原材料——A | | 250 000 |
| (5)借:应收账款 | 678 000 | |
| 贷:主营业务收入 | | 600 000 |
| 应交税费——应交增值税(进项税额) | | 78 000 |
| (6)借:银行存款 | 678 000 | |
| 贷:应收账款 | | 678 000 |
| (7)借:制造费用 | 6 000 | |
| 管理费用 | 1 000 | |
| 贷:累计折旧 | | 7 000 |
| (8)借:制造费用 | 2 000 | |
| 贷:银行存款 | | 2 000 |
| (9)借:生产成本——甲 | 35 000 | |
| ——乙 | 25 000 | |
| 制造费用 | 3 000 | |
| 管理费用 | 7 000 | |
| 贷:应付职工薪酬 | | 70 000 |
| (10)借:管理费用 | 800 | |
| 库存现金 | 200 | |
| 贷:其他应收款 | | 1 000 |

8.

| | | |
|---|---|---|
| (1)借:银行存款 | 2 400 000 | |
| 贷:实收资本——甲 | | 240 000 |
| ——乙 | | 240 000 |
| ——丙 | | 1 920 000 |
| (2)借:银行存款 | 60 000 000 | |
| 贷:股本 | | 10 000 000 |
| 资本公积——股本溢价 | | 50 000 000 |
| (3)借:固定资产 | 1 900 000 | |
| 应交税费——应交增值税(进项税额) | 247 000 | |
| 贷:实收资本——杰马公司 | | 2 147 000 |
| (4)借:原材料 | 80 000 | |
| 应交税费——应交增值税(进项税额) | 10 400 | |
| 贷:实收资本——泉健公司 | | 90 400 |
| (5)①借:银行存款 | 1 100 000 | |
| 贷:实收资本——甲 | | 638 000 |
| ——乙 | | 220 000 |
| ——丙 | | 242 000 |
| ②借:资本公积 | 1 100 000 | |

| | | |
|---|---|---|
| 贷:实收资本——甲 | | 638 000 |
| ——乙 | | 220 000 |
| ——丙 | | 242 000 |
| ③借:盈余公积 | 116 000 | |
| 贷:实收资本——甲 | | 67 280 |
| ——乙 | | 23 200 |
| ——丙 | | 25 520 |
| (6)借:银行存款 | 242 500 000 | |
| 贷:股本 | | 50 000 000 |
| 资本公积——股本溢价 | | 192 500 000 |
| (7)借:本年利润 | 2 300 000 | |
| 贷:利润分配——未分配利润 | | 2 300 000 |
| 借:利润分配——提取法定盈余公积 | 230 000 | |
| ——应付现金股利 | 890 000 | |
| 贷:盈余公积 | | 230 000 |
| 应付股利 | | 890 000 |
| 借:利润分配——未分配利润 | 1 120 000 | |
| 贷:利润分配——提取法定盈余公积 | | 230 000 |
| ——应付现金股利 | | 890 000 |
| (8)借:盈余公积 | 540 000 | |
| 贷:利润分配——盈余公积补亏 | | 540 000 |
| (9)借:盈余公积 | 390 000 | |
| 贷:股本 | | 390 000 |
| (10)借:利润分配——应付现金股利或利润 | 6 200 000 | |
| 盈余公积 | 2 200 000 | |
| 贷:应付股利 | | 8 400 000 |
| 借:应付股利 | 8 400 000 | |
| 贷:银行存款 | | 8 400 000 |

# 第 11 章　收入、费用和利润

## 一、单项选择题

| | | | | | | | |
|---|---|---|---|---|---|---|---|
| 1. C | 2. D | 3. A | 4. C | 5. A | 6. D | 7. C | 8. D |
| 9. C | 10. D | 11. C | 12. C | 13. D | 14. A | 15. A | 16. A |
| 17. B | 18. C | 19. C | 20. D | 21. B | 22. A | 23. B | 24. D |
| 25. B | 26. C | 27. A | 28. C | 29. B | 30. C | 31. D | 32. D |
| 33. A | 34. B | 35. D | 36. C | 37. D | 38. A | 39. C | 40. A |
| 41. D | 42. C | 43. B | 44. D | 45. A | 46. D | 47. D | 48. C |
| 49. D | 50. C | 51. A | 52. D | 53. C | 54. B | 55. D | 56. C |
| 57. D | 58. B | 59. B | 60. D | 61. A | 62. C | 63. C | 64. A |
| 65. C | 66. A | 67. D | 68. B | 69. C | 70. A | 71. A | 72. C |
| 73. C | 74. D | 75. D | 76. C | 77. D | 78. C | 79. C | 80. D |

| | | | | | | | |
|---|---|---|---|---|---|---|---|
| 81. B | 82. D | 83. A | 84. D | 85. C | 86. D | 87. B | 88. A |
| 89. B | 90. C | 91. A | 92. A | 93. A | 94. B | 95. C | 96. D |
| 97. B | 98. B | 99. B | 100. C | 101. C | 102. A | 103. A | 104. A |
| 105. C | 106. D | 107. D | 108. A | | | | |

## 二、多项选择题

| | | | | |
|---|---|---|---|---|
| 1. ABCE | 2. ABCD | 3. AB | 4. ABCD | 5. AC |
| 6. AC | 7. ABCD | 8. AD | 9. ABD | 10. ACDE |
| 11. ABCE | 12. BCD | 13. ABCD | 14. ABD | 15. ADE |
| 16. ADE | 17. ABCE | 18. ACE | 19. ABE | 20. ABCD |
| 21. ABDE | 22. BCE | 23. ADE | 24. BCD | 25. ABD |
| 26. AC | 27. AD | 28. ABC | 29. ACD | 30. AC |
| 31. ACD | 32. ABD | 33. AB | 34. ABD | 35. ABCD |
| 36. ABD | 37. CD | 38. ACD | 39. ABCD | 40. ABCD |
| 41. AD | 42. ABCD | 43. ABCD | 44. CD | 45. ABCD |
| 46. ABCD | 47. AB | | | |

## 三、判断题

| | | | | | | | |
|---|---|---|---|---|---|---|---|
| 1. √ | 2. × | 3. × | 4. × | 5. × | 6. √ | 7. √ | 8. × |
| 9. × | 10. × | 11. × | 12. × | 13. × | 14. √ | 15. × | 16. × |
| 17. √ | 18. √ | 19. × | 20. × | 21. × | 22. √ | 23. √ | 24. × |
| 25. × | 26. × | 27. × | 28. √ | 29. × | 30. × | | |

## 四、综合题

1. 甲公司相关业务的会计分录如下：

| | 借方 | 贷方 |
|---|---|---|
| 借:主营业务收入 | 100 | |
| 　应交税费——应交增值税(进项税额) | 13 | |
| 　贷:应收账款 | | 113 |
| 借:库存商品 | 70 | |
| 　贷:主营业务成本 | | 70 |

2. 5月7日：

| | 借方 | 贷方 |
|---|---|---|
| 借:应收账款 | 339 000 | |
| 　贷:主营业务收入 | | 300 000 |
| 　　应交税费——应交增值税(销项税额) | | 39 000 |
| 借:主营业务成本 | 200 000 | |
| 　贷:库存商品 | | 200 000 |

5月15日：

| | 借方 | 贷方 |
|---|---|---|
| 借:银行存款 | 339 000 | |
| 　贷:应收账款 | | 339 000 |

7月1日：

| | 借方 | 贷方 |
|---|---|---|
| 借:主营业务收入 | 300 000 | |
| 　应交税费——应交增值税(销项税额) | 39 000 | |
| 　贷:银行存款 | | 339 000 |

借:库存商品　200 000
　贷:主营业务成本　200 000

3.(单位:万元)

(1)2019 年 12 月 31 日:

借:固定资产　50
　应交税费——应交增值税(进项税额)　6.5
　贷:银行存款　56.5

(2)2020 年:

年折旧=(50-5)/9=5(万元)

借:其他业务成本　5
　贷:累计折旧　5

借:银行存款　13.56
　贷:其他业务收入　12
　　应交税费——应交增值税(销项税额)　1.56

4.

(1)票据到期价值=214 700×(1+6%×3/12)=217 920.50(元)

第二季度票据利息收入=214 700×6%×2/12=2 147(元)

(2)

①借:应收账款　215 900
　贷:主营业务收入　19 0 000
　　应交税费——应交增值税(销项税额)　247 00
　　银行存款　1 200

借:主营业务成本　130 000
　贷:库存商品　130 000

②借:银行存款　1 200
　应收票据　214 700
　贷:应收账款　215 900

③借:预付账款　300 000
　贷:银行存款　300 000

④借:应收利息　2 147
　贷:财务费用　2 147

⑤借:管理费用　50 000
　贷:预付账款　50 000

⑥借:银行存款　217 920.50
　贷:应收票据　214 700
　　应收利息　2 147
　　财务费用　1 073.50

⑦借:应收账款　217 920.50
　贷:应收票据　214 700
　　应收利息　2 147
　　财务费用　1 073.50

5.

(1)票据到期价值=36 000×(1+5%×4/12)=36 600(元)

每月票据利息=36 000×5%×1/12=150(元)

(2)会计分录:

| M企业 | | | B公司 | | |
|---|---|---|---|---|---|
| (1)借:应收账款 | 36 000 | | 借:原材料 | 32 100 | |
| 贷:主营业务收入 | | 30 000 | 应交税费——应交增值税(进项税额) | 3 900 | |
| 应交税费——应交增值税(销项税额) | | 3 900 | 贷:应付账款 | | 36 000 |
| 库存现金 | | 2 100 | | | |
| (2)借:应收票据 | 36 000 | | 借:应付账款 | 36 000 | |
| 贷:应收账款 | | 36 000 | 贷:应付票据 | | 36 000 |
| (3)借:应收利息 | 150 | | 借:财务费用 | 150 | |
| 贷:财务费用 | | 150 | 贷:应付利息 | | 150 |
| (4)借:银行存款 | 36 600 | | 借:应付票据 | 36 000 | |
| 贷:应收票据 | | 36 000 | 应付利息 | 600 | |
| 应收利息 | | 600 | 贷:银行存款 | | 36 600 |
| (5)借:应收账款 | 36 600 | | 借:应付票据 | 36 000 | |
| 贷:应收票据 | | 36 000 | 应付利息 | 600 | |
| 应收利息 | | 600 | 贷:应付账款 | | 36 600 |

6.

(1)借:固定资产　　67 000
　　贷:实收资本　　67 000

(2)借:在途物资　　29 620
　　应交税费——应交增值税(进项税额)　　3 744
　　贷:应付账款　　33 364

(3)借:生产成本　　59 000
　　制造费用　　13 000
　　管理费用　　18 000
　　销售费用　　8 000
　　贷:原材料　　98 000

(4)借:短期借款　　150 000
　　贷:银行存款　　150 000

(5)借:制造费用　　23 040
　　管理费用　　11 360
　　销售费用　　13 280
　　贷:累计折旧　　47 680

(6)借:生产成本　　150 000
　　制造费用　　32 000
　　管理费用　　88 000
　　销售费用　　30 000
　　贷:应付职工薪酬——应付工资　　300 000

(7)借:应收账款　　723 200
　　贷:主营业务收入　　640 000
　　　　应交税费——应交增值税(销项税额)　　83 200

(8)借:主营业务成本　　420 000

| | | |
|---|---|---|
| 贷:库存商品 | | 420 000 |
| (9)借:管理费用 | 6 800 | |
| 库存现金 | 200 | |
| 贷:其他应收款——程浩 | | 7 000 |
| (10)借:库存商品 | 380 000 | |
| 贷:生产成本 | | 380 000 |
| (11)借:固定资产清理 | 38 000 | |
| 累计折旧 | 148 000 | |
| 贷:固定资产 | | 186 000 |
| (12)借:银行存款 | 52 000 | |
| 贷:固定资产清理 | | 52 000 |
| (13)借:固定资产清理 | 14 000 | |
| 贷:资产处置损益 | | 14 000 |
| (14)借:待处理财产损溢 | 539.50 | |
| 贷:原材料 | | 539.50 |
| (15)借:管理费用 | 539.50 | |
| 贷:待处理财产损溢 | | 539.50 |
| (16)借:主营业务收入 | 970 000 | |
| 营业外收入 | 41 000 | |
| 其他业务收入 | 34 000 | |
| 贷:本年利润 | | 1 045 000 |
| (17)借:本年利润 | 959 000 | |
| 贷:主营业务成本 | | 780 000 |
| 税金及附加 | | 39 000 |
| 管理费用 | | 88 000 |
| 其他业务成本 | | 52 000 |
| (18)借:所得税费用 | 21 500 | |
| 贷:应交税费——应交所得税 | | 21 500 |
| (19)借:利润分配——提取法定盈余公积 | 6 450 | |
| ——应付投资者利润 | 32 250 | |
| 贷:盈余公积 | | 6 450 |
| 应付股利 | | 32 250 |

7.

| | | |
|---|---|---|
| (1)借:短期借款 | 150 000 | |
| 贷:银行存款 | | 150 000 |
| (2)借:固定资产 | 92 000 | |
| 应交税费——应交增值税(进项税额) | 11 700 | |
| 贷:银行存款 | | 103 700 |
| (3)借:应收账款 | 723 200 | |
| 贷:主营业务收入 | | 640 000 |
| 应交税费——应交增值税(销项税额) | | 83 200 |
| (4)借:主营业务成本 | 420 000 | |
| 贷:库存商品 | | 420 000 |
| (5)借:固定资产清理 | 38 000 | |

累计折旧 148 000
贷:固定资产 186 000
(6)借:银行存款 52 000
贷:固定资产清理 52 000
(7)借:固定资产清理 600
贷:库存现金 600
(8)借:固定资产清理 13 400
贷:资产处置损益 13 400

8.

| 业务号 | 权责发生制 | | 收付实现制 | |
|---|---|---|---|---|
| | 收入 | 费用 | 收入 | 费用 |
| 1 | 40 000 | | 40 000 | |
| 2 | | 5 000 | | 30 000 |
| 3 | — | | 8 000 | |
| 4 | — | | 50 000 | |
| 5 | | 6 000 | | — |
| 6 | 10 000 | | — | |
| 合计 | 50 000 | 11 000 | 98 000 | 30 000 |

9.

(1)借:应收账款 45 200
贷:主营业务收入 40 000
应交税费——应交增值税(销项税额) 5 200
(2)借:应付账款 12 000
贷:银行存款 12 000
(3)借:银行存款 45 200
贷:应收账款 45 200
(4)借:原材料 10 000
应交税费——应交增值税(进项税额) 1 300
银行存款 700
贷:应付账款 12 000
(5)借:管理费用 2 060
贷:库存现金 2 060

10.

(1)借:应收账款 54 675
贷:主营业务收入 47 500
应交税费——应交增值税(销项税额) 6 175
银行存款 1 000
(2)借:固定资产 71 100
应交税费——应交增值税(进项税额) 9 100
贷:银行存款 80 200
(3)借:原材料 60 800

| | | |
|---|---|---|
| 应交税费——应交增值税(进项税额) | 7 800 | |
| 贷:预付账款 | | 68 600 |
| (4)借:银行存款 | 1 000 | |
| 应收票据 | 53 675 | |
| 贷:应收账款 | | 54 675 |
| (5)借:坏账准备 | 20 000 | |
| 贷:应收账款——D | | 20 000 |
| (6)借:预付账款 | 2 400 | |
| 贷:银行存款 | | 2 400 |

(7)计提折旧额=(420 000×6%+90 000×4%+12 000 000×3%)/12=32 400(元)

| | | |
|---|---|---|
| 借:制造费用(32 400×0.7) | 22 680 | |
| 管理费用(32 400×0.3) | 9 720 | |
| 贷:累计折旧 | | 32 400 |
| (8)借:生产成本 | 52 000 | |
| 制造费用 | 10 000 | |
| 管理费用 | 5 000 | |
| 销售费用 | 2 000 | |
| 贷:原材料 | | 69 000 |
| (9)借:固定资产清理 | 1 200 | |
| 累计折旧 | 28 800 | |
| 贷:固定资产 | | 30 000 |
| 借:固定资产清理 | 500 | |
| 贷:银行存款 | | 500 |
| 借:银行存款 | 1 300 | |
| 贷:固定资产清理 | | 1 300 |
| 借:营业外支出 | 400 | |
| 贷:固定资产清理 | | 400 |

11.

| | | |
|---|---|---|
| (1)借:生产成本——甲 | 2 000 | |
| ——乙 | 2 500 | |
| 制造费用 | 500 | |
| 贷:原材料 | | 5 000 |
| (2)借:生产成本——甲 | 3 000 | |
| ——乙 | 2 000 | |
| 制造费用 | 1 000 | |
| 贷:应付职工薪酬 | | 6 000 |
| (3)借:制造费用 | 900 | |
| 贷:累计折旧 | | 900 |

(4)制造费用分配率=2 400/(300+200)=4.8(元/小时)

甲产品=300×4.8=1 440

乙产品=200×4.8=960

| | | |
|---|---|---|
| 借:生产成本——甲 | 1 440 | |
| ——乙 | 960 | |
| 贷:制造费用 | | 2 400 |

(5)甲产品完工成本＝1 000＋(2 000＋3 000＋1 440)－2 000＝5 440(元)

| | | |
|---|---|---|
| 借:库存商品——甲 | 5 440 | |
| 贷:生产成本——甲 | | 5 440 |

(6)乙产品完工成本＝2 500＋2 000＋960＝5 460(元)

| | | |
|---|---|---|
| 借:库存商品——乙 | 5 460 | |
| 贷:生产成本——乙 | | 5 460 |

12.

| | | |
|---|---|---|
| (1)借:待处理财产损溢 | 50 000 | |
| 累计折旧 | 30 000 | |
| 贷:固定资产 | | 80 000 |
| 借:营业外支出 | 50 000 | |
| 贷:待处理财产损溢 | | 50 000 |
| (2)借:待处理财产损溢 | 4 800 | |
| 贷:原材料 | | 4 800 |
| 借:管理费用 | 2 000 | |
| 营业外支出 | 2 800 | |
| 贷:待处理财产损溢 | | 4 800 |
| (3)借:原材料 | 200 | |
| 贷:待处理财产损溢 | | 200 |
| 借:待处理财产损溢 | 200 | |
| 贷:管理费用 | | 200 |

13.

| | | |
|---|---|---|
| (1)借:银行存款 | 500 000 | |
| 贷:实收资本 | | 500 000 |
| (2)借:银行存款 | 300 000 | |
| 贷:短期借款 | | 300 000 |
| (3)借:原材料 | 42 500 | |
| 应交税费——应交增值税(进项税额) | 5 525 | |
| 贷:应付账款 | | 48 025 |
| (4)借:其他应收款 | 3 000 | |
| 贷:库存现金 | | 3 000 |
| (5)借:生产成本 | 20 000 | |
| 贷:原材料 | | 20 000 |
| (6)借:应付职工薪酬——职工福利 | 2 800 | |
| 贷:库存现金 | | 2 800 |
| (7)借:管理费用 | 2 000 | |
| 贷:库存现金 | | 2 000 |
| (8)借:银行存款 | 12 000 | |
| 贷:应收账款 | | 12 000 |
| (9)借:应收账款 | 27 120 | |
| 贷:主营业务收入 | | 24 000 |
| 应交税费——应交增值税(销项税额) | | 3 120 |
| 借:主营业务成本 | 15 000 | |
| 贷:库存商品 | | 15 000 |

(10)借:销售费用 5 000

　　贷:银行存款 5 000

(11)借:生产成本 36 800

　　制造费用 8 200

　　管理费用 11 000

　　贷:应付职工薪酬 56 000

(12)借:应付职工薪酬 8 700

　　贷:其他应付款 6 700

　　　应交税费——应交个人所得税 2 000

(13)借:应付职工薪酬 47 300

　　贷:银行存款 47 300

(14)借:制造费用 5 100

　　管理费用 1 020

　　贷:累计折旧 6 120

14.

(1)借:生产成本——甲 12 000

　　　——乙 2 500

　　制造费用 500

　　贷:原材料 15 000

(2)借:生产成本——甲 30 000

　　　——乙 20 000

　　制造费用 10 000

　　管理费用 15 000

　　贷:应付职工薪酬 75 000

(3)借:制造费用 9 000

　　管理费用 2 200

　　贷:累计折旧 11 200

(4)制造费用分配率=19 500/(30 000+20 000)=0.39(元/小时)

甲产品=30 000×0.39=11 700(元)

乙产品=20 000×0.39=7 800(元)

借:生产成本——甲 11 700

　　　——乙 7 800

　贷:制造费用 19 500

(5)甲产品完工成本=1 000+(12 000+30 000+11 700)=54 700(元)

借:库存商品——甲 54 700

　贷:生产成本——甲 54 700

期末在产品成本=2 500+20 000+7 800=30 300(元)

15.

(1)①借:库存商品——A 82 800

　　　——B 48 000

　　贷:生产成本——A 82 800

　　　——B 48 000

②A产品单位成本=82 800/3 600=23(元/件)

B产品单位成本=48 000/2 400=20(元/件)

(2)借:预收账款 132 775
　　贷:主营业务收入 117 500
　　　　应交税费——应交增值税(销项税额) 15 275
　借:主营业务成本——A 46 000
　　　　　　　　——B 30 000
　　贷:库存商品——A 46 000
　　　　　　　——B 30 000

16.

(1)营业利润=120 000−82 000−475−2 000−125=35 400(元)

利润总额=35 400−1 000+5 600=40 000(元)

应交所得税=40 000×0.25=10 000(元)

净利润=40 000−10 000=30 000(元)

(2)①借:所得税费用 10 000
　　　贷:应交税费——应交所得税 10 000
②借:本年利润 95 600
　　贷:主营业务成本 82 000
　　　　税金及附加 125
　　　　财务费用 475
　　　　销售费用 2 000
　　　　营业外支出 1 000
　　　　所得税费用 10 000
(3)借:主营业务收入 120 000
　　　营业外收入 56 000
　　贷:本年利润 125 600

17.

(1)①A

②企业当期的利息的收入大于利息费用,有收益

③C

④C

(2)营业利润=(525 000+23 100)−(273 000+19 950)−39 900−89 250−29 400+1 050+63 000
　　　　　=160 650(元)

利润总额=160 650+7 560−15 750=152 460(元)

净利润=152 460−65 710=86 750(元)

(3)①结转收入费用时:
　借:主营业务收入 525 000
　　　其他业务收入 23 100
　　　财务费用 1 050
　　　投资收益 63 000
　　　营业外收入 7 560
　　贷:本年利润 619 710
　借:本年利润 532 960
　　贷:主营业务成本 273 000
　　　　其他业务成本 19 950
　　　　税金及附加 39 900

销售费用 89 250

管理费用 29 400

营业外支出 15 750

所得税费用 65 710

②结转本年净利润时：

借：本年利润 86 750

贷：利润分配——未分配利润 86 750

18.

| 经济业务序号 | 权责发生制 | | 收付实现制 | |
|---|---|---|---|---|
| | 收入 | 费用 | 收入 | 费用 |
| 1 | | | | 5 600 |
| 2 | | | 6 500 | |
| 3 | | | | 1 800 |
| 4 | | 1 100 | | 3 300 |
| 5 | | | 80 000 | |
| 6 | 56 000 | | 36 000 | |
| 7 | | 2 000 | | |
| 8 | | 12 000 | | |
| 合计 | 56 000 | 15 100 | 122 500 | 10 700 |
| 利润额 | 40 900 | | 111 800 | |

19.

(1)借：本年利润 3 500 000

贷：利润分配——未分配利润 3 500 000

借：利润分配——提取法定盈余公积 350 000

——提取任意盈余公积 175 000

贷：盈余公积——法定盈余公积 350 000

——任意盈余公积 175 000

借：利润分配——应付现金股利 1 700 000

贷：应付股利 1 700 000

借：利润分配——未分配利润 2 225 000

贷：利润分配——提取法定盈余公积 350 000

——提取任意盈余公积 175 000

——应付现金股利 1 700 000

(2)期末未分配利润＝70 000＋(3 500 000－2 225 000)＝1 345 000(元)

20.

(1)应收账款＝10 000＋300＝10 300(元)

(2)预付账款＝3 500＋800＝4 300(元)

(3)应付账款＝7 800＋500＝8 300(元)

(4)预收账款＝2 800＋2 000＝4 800(元)

(5)应交税费＝700(元)

(6)未分配利润＝1 000＋2 000＝3 000(元)

21.

(1)营业利润＝970 000＋34 000－710 000－52 000－39 000－88 000＝115 000(元)

利润总额＝115 000＋41 000－70 000＝86 000(元)

净利润＝86 000×(1－25%)＝64 500(元)

(2)借:本年利润　64 500
　　贷:利润分配——未分配利润　64 500
　借:利润分配——提取法定盈余公积　6 450
　　贷:盈余公积　6 450

22.

(1)营业利润 M1＝(7 000 000＋600 000＋140 000－3 400 000－410 000－80 000－400 000－730 000－180 000)＝2 540 000(元)

(2)利润总额 M2＝M1＋60 000－220 000＝2 380 000(元)

(3)净利润 M3＝M2－190 000＝2 190 000(元)

23.

(1)借:应收票据　485 900
　　应收账款　2 398
　　贷:主营业务收入　430 000
　　　其他业务收入　2 200
　　　应交税费——应交增值税(销项税额)　56 098

同时结转成本:
　借:主营业务成本　330 000
　　贷:库存商品　330 000

(2)①销售实现时:
　借:应收账款　10 170
　　贷:主营业务收入　9 000
　　　应交税费——应交增值税(销项税额)　1 170

确认销售成本时:
　借:主营业务成本　65 000
　　贷:库存商品　65 000

发生销售折让时:
　借:主营业务收入　540
　　应交税费——应交增值税(销项税额)　70.2
　　贷:应收账款　610.2

实际收到款项时:
　借:银行存款　9 559.8
　　贷:应收账款　9 559.8

②发出商品时:
　借:发出商品　65 000
　　贷:库存商品　65 000

书盛公司承诺付款,智启公司确认销售时:
　借:应收账款　9 559.8
　　贷:主营业务收入　8 460
　　　应交税费——应交增值税(销项税额)　1 099.8

确认销售成本时：

| | | |
|---|---|---|
| 借:主营业务成本 | 65 000 | |
| 贷:发出商品 | | 65 000 |

实际收到款项时：

| | | |
|---|---|---|
| 借:银行存款 | 9 559.8 | |
| 贷:应收账款 | | 9 559.8 |

(3)销售发出商品时：

| | | |
|---|---|---|
| 借:应收账款 | 34 578 | |
| 贷:主营业务收入 | | 30 600 |
| 应交税费——应交增值税(销项税额) | | 3 978 |

同时确认销售成本时：

| | | |
|---|---|---|
| 借:主营业务成本 | 16 200 | |
| 贷:库存商品 | | 16 200 |

收到退回的商品时：

| | | |
|---|---|---|
| 借:主营业务收入 | 4 080 | |
| 应交税费——应交增值税(销项税额) | 530.4 | |
| 贷:应收账款 | | 4 610.4 |

确认退回的销售成本时：

| | | |
|---|---|---|
| 借:库存商品 | 2 160 | |
| 贷:主营业务成本 | | 2 160 |

(4)销售实现时：

| | | |
|---|---|---|
| 借:应收账款 | 406 800 | |
| 贷:主营业务收入 | | 360 000 |
| 应交税费——应交增值税(销项税额) | | 46 800 |

同时确认销售成本时：

| | | |
|---|---|---|
| 借:主营业务成本 | 159 000 | |
| 贷:库存商品 | | 159 000 |

收到货款时：

| | | |
|---|---|---|
| 借:银行存款 | 406 800 | |
| 贷:应收账款 | | 406 800 |

销售退回时：

| | | |
|---|---|---|
| 借:主营业务收入 | 360 000 | |
| 应交税费——应交增值税(销项税额) | 46 800 | |
| 贷:银行存款 | | 406 800 |

同时确认退回的销售成本时：

| | | |
|---|---|---|
| 借:库存商品 | 159 000 | |
| 贷:主营业务成本 | | 159 000 |

(5)收到59%货款时：

| | | |
|---|---|---|
| 借:银行存款 | 424 800 | |
| 贷:预收账款 | | 424 800 |

收到剩余货款及增值税税款、交付商品并开具增值税专用发票时：

| | | |
|---|---|---|
| 借:预收账款 | 424 800 | |
| 银行存款 | 388 800 | |
| 贷:主营业务收入 | | 720 000 |

| | | |
|---|---|---|
| 　　应交税费——应交增值税(销项税额) | | 93 600 |
| 确认销售成本时: | | |
| 　借:主营业务成本 | 550 000 | |
| 　　贷:库存商品 | | 550 000 |
| (6)取得原材料销售收入时: | | |
| 　借:银行存款 | 12 430 | |
| 　　贷:其他业务收入 | | 11 000 |
| 　　　应交税费——应交增值税(销项税额) | | 1 430 |
| 结转已销原材料的实际成本时: | | |
| 　借:其他业务成本 | 8 900 | |
| 　　贷:原材料 | | 8 900 |
| (7)①木嘉公司在安装业务完成时: | | |
| 　借:银行存款 | 8 720 | |
| 　　贷:主营业务收入 | | 8 000 |
| 　　　应交税费——应交增值税(销项税额) | | 720 |
| 同时确认劳务成本时: | | |
| 　借:主营业务成本 | 5 000 | |
| 　　贷:银行存款 | | 5 000 |
| ②提供劳务发生有关支出时: | | |
| 　借:合同履约成本 | 5 000 | |
| 　　贷:银行存款 | | 5 000 |
| 安装完成确认所提供劳务的收入并结转该项劳务总成本时: | | |
| 　借:银行存款 | 8 720 | |
| 　　贷:主营业务收入 | | 8 000 |
| 　　　应交税费——应交增值税(销项税额) | | 720 |
| 同时确认劳务成本时: | | |
| 　借:主营业务成本 | 5 000 | |
| 　　贷:合同履约成本 | | 5 000 |
| (8)年末确认转让专利权使用费收入时: | | |
| 　借:应收账款 | 254 400 | |
| 　　贷:其他业务收入 | | 240 000 |
| 　　　应交税费——应交增值税(销项税额) | | 14 400 |
| 每月计提专利权摊销额时: | | |
| 　借:其他业务成本 | 11 666.67 | |
| 　　贷:累计摊销 | | 11 666.67 |
| (9)借:银行存款 | 226 000 | |
| 　　　贷:主营业务收入 | | 200 000 |
| 　　　　应交税费——应交增值税(销项税额) | | 26 000 |
| 　借:主营业务成本 | 140 000 | |
| 　　贷:库存商品 | | 140 000 |
| (10)借:主营业务成本 | 57 000 | |
| 　　　贷:库存商品——甲产品 | | 11 000 |
| 　　　　　　　　——乙产品 | | 21 000 |
| 　　　　　　　　——丙产品 | | 25 000 |

| | | |
|---|---|---|
| (11)借:银行存款 | 12 430 | |
| 贷:其他业务收入 | | 11 000 |
| 应交税费——应交增值税(销项税额) | | 1 430 |
| 借:其他业务成本 | 7 800 | |
| 贷:原材料 | | 7 800 |
| (12)借:其他业务成本 | 2 375 | |
| 贷:累计摊销 | | 2 375 |
| (13)①借:销售费用——广告费 | 80 000 | |
| 应交税费——应交增值税(进项税额) | 4 800 | |
| 贷:银行存款 | | 84 800 |
| ②借:销售费用 | 11 900 | |
| 应交税费——应交增值税(进项税额) | 747 | |
| 贷:银行存款 | | 12 647 |
| ③借:销售费用——保险费 | 10 000 | |
| 应交税费——应交增值税(进项税额) | 600 | |
| 贷:银行存款 | | 10 600 |
| ④借:销售费用 | 243 000 | |
| 贷:应付职工薪酬 | | 120 000 |
| 累计折旧 | | 60 000 |
| 银行存款 | | 63 000 |
| (14)①借:管理费用——业务招待费 | 50 000 | |
| 应交税费——应交增值税(进项税额) | 3 000 | |
| 贷:银行存款 | | 53 000 |
| ②借:管理费用 | 190 000 | |
| 贷:应付职工薪酬 | | 160 000 |
| 库存现金 | | 23 000 |
| 银行存款 | | 7 000 |
| ③借:管理费用 | 125 000 | |
| 贷:累计折旧 | | 55 000 |
| 累计摊销 | | 70 000 |
| (15)①借:财务费用——利息支出 | 1 433.33 | |
| 贷:应付利息 | | 1 433.33 |
| ②借:财务费用——利息支出 | 26 970 | |
| 贷:银行存款 | | 26 970 |
| ③借:应付账款 | 4 400 | |
| 贷:财务费用 | | 4 400 |
| (16)①借:固定资产清理 | 190 100 | |
| 贷:营业外收入——非流动资产毁损报废收益 | | 190 100 |
| ②借:库存现金 | 220 | |
| 贷:待处理财产损溢 | | 220 |
| 借:待处理财产损溢 | 220 | |
| 贷:营业外收入 | | 220 |
| (17)借:本年利润 | 860 000 | |
| 贷:营业外支出 | | 860 000 |

(18)借:所得税费用　　5 700 000
　　贷:应交税费——应交所得税　　5 700 000

# 第12章　财务会计报告

## 一、单项选择题

| | | | | | | | |
|---|---|---|---|---|---|---|---|
| 1. B | 2. D | 3. A | 4. B | 5. D | 6. D | 7. A | 8. D |
| 9. A | 10. B | 11. D | 12. A | 13. D | 14. D | 15. D | 16. A |
| 17. B | 18. D | 19. C | 20. A | 21. C | 22. B | 23. B | 24. B |
| 25. C | 26. A | 27. D | 28. C | 29. D | 30. D | 31. A | 32. D |
| 33. D | 34. A | 35. B | 36. D | 37. D | 38. B | 39. C | 40. D |
| 41. D | 42. A | 43. D | 44. B | 45. C | 46. D | | |

## 二、多项选择题

| | | | | |
|---|---|---|---|---|
| 1. ABE | 2. AB | 3. BCD | 4. ACE | 5. AB |
| 6. ABE | 7. ABDE | 8. BCD | 9. ABC | 10. BD |
| 11. CDE | 12. ABE | 13. BCD | 14. AB | 15. ABDE |
| 16. AC | 17. BDE | 18. ADE | 19. ABD | 20. AE |
| 21. ABD | 22. ABD | 23. AB | 24. BCD | 25. ABCE |
| 26. ABCD | 27. BD | 28. ABD | 29. ABCD | 30. AB |
| 31. BCD | 32. ABCD | 33. BD | 34. AB | 35. ABC |
| 36. BD | 37. ABD | | | |

## 三、判断题

| | | | | | | | |
|---|---|---|---|---|---|---|---|
| 1. × | 2. × | 3. √ | 4. √ | 5. √ | 6. √ | 7. √ | 8. × |
| 9. √ | 10. × | 11. √ | 12. √ | 13. √ | 14. × | 15. √ | 16. √ |

## 四、综合题

1.

应收账款＝10 000＋30 000＝40 000(元)

预收账款＝40 000＋20 000＝60 000(元)

预付账款＝70 000＋50 000＝120 000(元)

应付账款＝60 000＋80 000＝140 000(元)

2.

(1)应收账款＝3 000＋1 700－200＝4 500(元)

(2)预付账款＝1 500(元)

(3)存货＝62 000＋3 200＋6 000＋25 000＝96 200(元)

(4)应付账款＝4 700＋900＝5 600(元)

(5)预收账款＝1 000(元)

(6)未分配利润＝5 500＋2 600＝8 100(元)

3.

(1)借:原材料　　500 000

| | | |
|---|---|---|
| 应交税费——应交增值税(进项税额) | 65 000 | |
| 贷:银行存款 | | 565 000 |
| (2)借:生产成本 | 230 000 | |
| 贷:原材料 | | 230 000 |
| (3)借:应收账款 | 1 017 000 | |
| 贷:主营业务收入 | | 900 000 |
| 应交税费——应交增值税(销项税额) | | 117 000 |
| (4)借:主营业务成本 | 610 000 | |
| 贷:库存商品 | | 610 000 |
| (5)借:固定资产清理 | 3 000 | |
| 累计折旧 | 5 000 | |
| 贷:固定资产 | | 8 000 |
| 借:银行存款 | 5 000 | |
| 贷:固定资产清理 | | 5 000 |
| 借:固定资产清理 | 300 | |
| 贷:银行存款 | | 300 |
| 借:固定资产清理 | 1 700 | |
| 贷:资产处置损益 | | 1 700 |
| (6)借:销售费用 | 4 000 | |
| 贷:银行存款 | | 4 000 |
| (7)借:管理费用 | 15 130 | |
| 贷:银行存款 | | 15 130 |
| (8)借:财务费用 | 1 100 | |
| 贷:应付利息 | | 1 100 |
| (9)借:生产成本 | 60 000 | |
| 制造费用 | 15 000 | |
| 管理费用 | 25 000 | |
| 贷:应付职工薪酬 | | 100 000 |
| 借:应付职工薪酬 | 100 000 | |
| 贷:银行存款 | | 100 000 |
| (10)借:营业外支出 | 5 000 | |
| 贷:银行存款 | | 5 000 |
| (11)本月计提坏账准备数=11 000－9 500=1 500(元) | | |
| 借:信用减值损失 | 1 500 | |
| 贷:坏账准备 | | 1 500 |
| (12)借:营业外支出 | 2 000 | |
| 贷:银行存款 | | 2 000 |
| (13)本期缴纳增值税=117 000－65 000=52 000(元) | | |
| 借:应交税费——应交增值税(已交税金) | 52 000 | |
| 贷:银行存款 | | 52 000 |
| (14)本期应交城市维护建设税=52 000×7%=3 640(元) | | |
| 本期应交教育费附加=52 000×3%=1 560(元) | | |
| 借:税金及附加 | 5 200 | |
| 贷:应交税费——应交教育费附加 | | 1 560 |

——应交城市维护建设税　　3 640

借:应交税费——应交教育费附加　　1 560

——应交城市维护建设税　　3 640

贷:银行存款　　5 200

(15)本月应交所得税=(900 000－610 000－5 200－4 000－15 130－25 000－1 100－1 500＋1 700－5 000－2 000)×25%=58 192.50(元)

借:所得税费用　　58 192.50

贷:应交税费——应交所得税　　58 192.50

借:应交税费——应交所得税　　58 192.50

贷:银行存款　　58 192.50

**利润表**

编制单位:湘黔公司　　2019 年 6 月　　单位:元

| 项　目 | 行次 | 本月数 | 本年累计数 |
|---|---|---|---|
| 一、营业收入 | 1 | 900 000 | (略) |
| 减:营业成本 | 2 | 610 000 | |
| 税金及附加 | 3 | 5 200 | |
| 销售费用 | 4 | 4 000 | |
| 管理费用 | 5 | 40 130 | |
| 财务费用 | 6 | 1 100 | |
| 资产减值损失 | 7 | 1 500 | |
| 加:公允价值变动损益 | 8 | | |
| 投资收益 | 9 | | |
| 二、营业利润 | 10 | 238 070 | |
| 加:营业外收入 | 11 | 1 700 | |
| 减:营业外支出 | 12 | 7 000 | |
| 三、利润总额 | 13 | 232 770 | |
| 减:所得税费用 | 14 | 58 192.50 | |
| 四、净利润 | 15 | 174 577.50 | |

4.

会计分录如下:

(1)借:原材料——甲材料　　30 000

应交税费——应交增值税(进项税额)　　39 00

贷:银行存款　　33 900

(2)借:原材料——乙材料　　80 000

应交税费——应交增值税(进项税额)　　10 400

贷:应付账款　　90 400

(3)借:生产成本——A 产品　　61 000

——B 产品　　65 000

管理费用　　3 000

贷:原材料——甲材料　　39 000

——乙材料　　90 000

(4)借:管理费用　　3 000

贷:库存现金　　3 000

| | | |
|---|---|---|
| (5)借:预付账款 | 15 000 | |
| 贷:银行存款 | | 15 000 |
| (6)借:库存现金 | 60 000 | |
| 贷:银行存款 | | 60 000 |
| (7)借:应付职工薪酬——工资 | 60 000 | |
| 贷:库存现金 | | 60 000 |
| (8)借:生产成本——A产品 | 4 000 | |
| ——B产品 | 3 000 | |
| 管理费用 | 2 000 | |
| 贷:银行存款 | | 9 000 |
| (9)借:银行存款 | 226 000 | |
| 贷:主营业务收入 | | 200 000 |
| 应交税费——应交增值税(销项税额) | | 26 000 |
| (10)借:银行存款 | 100 000 | |
| 应收账款 | 80 800 | |
| 贷:主营业务收入 | | 160 000 |
| 应交税费——应交增值税(销项税额) | | 20 800 |
| (11)借:销售费用 | 3 000 | |
| 贷:银行存款 | | 3 000 |
| (12)借:生产成本——A产品 | 35 000 | |
| ——B产品 | 10 000 | |
| 管理费用 | 5 000 | |
| 贷:应付职工薪酬——工资 | | 50 000 |
| (13)借:制造费用 | 8 000 | |
| 管理费用 | 2 000 | |
| 贷:累计折旧 | | 10 000 |
| (14)借:库存商品——A产品 | 216 000 | |
| ——B产品 | 120 000 | |
| 贷:生产成本——A产品 | | 216 000 |
| ——B产品 | | 120 000 |
| (15)借:税金及附加 | 36 000 | |
| 贷:应交税费 | | 36 000 |
| (16)借:主营业务收入 | 360 000 | |
| 贷:本年利润 | | 360 000 |
| (17)借:主营业务成本 | 200 000 | |
| 贷:库存商品 | | 200 000 |
| (18)借:本年利润 | 254 000 | |
| 贷:主营业务成本 | | 200 000 |
| 税金及附加 | | 36 000 |
| 管理费用 | | 15 000 |
| 销售费用 | | 3 000 |
| (19)借:所得税费用 | 26 500 | |
| 贷:应交税费——应交所得税 | | 26 500 |
| 借:本年利润 | 26 500 | |

贷:所得税费用　　26 500

(20)借:利润分配——提取法定盈余公积　　7 950
　　贷:盈余公积——法定盈余公积　　7 950

(21)借:利润分配——应付股利　　20 000
　　贷:应付股利　　20 000

(22)借:本年利润　　79 500
　　贷:利润分配——未分配利润　　79 500

借:利润分配——未分配利润　　27 950
　贷:利润分配——提取法定盈余公积　　7 950
　　　　　　——应付股利　　20 000

5.

(1)

①借:应收账款　　102 500
　贷:主营业务收入　　90 000
　　应交税费　　11 700
　　银行存款　　800

②借:财务费用　　5 000
　贷:银行存款　　5 000

③借:主营业务成本　　40 000
　贷:库存商品　　40 000

④借:管理费用　　20 000
　贷:累计折旧　　20 000

(2)2020 年利润总额=400 000+20 000=420 000(元)

2020 年应交所得税总额=420 000×25%=105 000(元)

2020 年度净利润=420 000−105 000=31 500(元)

(3)借:所得税费用　　5 000
　　贷:应交税费——应交所得税　　5 000

(4)

**利润表**

编报单位:百联公司　　2020 年 12 月　　单位:元

| 项　目 | 本月数 | 本年累计数 |
|---|---|---|
| 一、营业收入 | (90 000) | |
| 减:营业成本 | (40 000) | |
| 税金及附加 | (7 000) | |
| 销售费用 | 0 | |
| 管理费用 | (20 000) | (略) |
| 财务费用 | (5 000) | |
| 加:投资收益 | 0 | |
| 二、营业利润 | (18 000) | |
| 加:营业外收入 | 3 000 | |

续表

| 项　目 | 本月数 | 本年累计数 |
|---|---|---|
| 减:营业外支出 | 1 000 | |
| 三、利润总额 | (20 000) | |
| 减:所得税 | (5 000) | |
| 四、净利润 | (15 000) | |

# 第 13 章　财务报表分析

## 一、单项选择题

1. A　2. C　3. C　4. D　5. A　6. A　7. B　8. A
9. C　10. C　11. C　12. A　13. A　14. A　15. D

## 二、多项选择题

1. AB　2. ABCD　3. BD　4. AC　5. AD
6. BC　7. ABC　8. ABCD　9. AB　10. ABCD
11. CD　12. ABD　13. BCD　14. ACD　15. ABC

## 三、判断题

1. √　2. √　3. ×　4. √　5. √　6. √　7. √　8. √
9. √　10. √　11. √　12. ×　13. ×　14. √　15. √　16. √

## 四、综合题

(1)(2 015+2 145)/2=2 080(万元)
存货周转率=12 232/2 080=5.88
(2)利息保障倍数=(913+316+502)/502=3.45(倍)
(3)现金流量比率=1 818/2 094×100=86.82
(4)速动比率=(3 534−2 181−2.1−2.4)/2 020=0.67
(5)流动比率=3 503/1 762=1.99
(6)(942+1 027)/2=984.5(万元)
应收账款周转率=15 400/984.5=15.64
(7)(9 776+10 365)/2=10 070.5
总资产周转率=15 575/10 070.5=1.55
(8)资产负债率=62 130/112 210×100%=55.37%
(9)(5 258+5 047)/2=5 152.5(万元)
净资产收益率=944/5 152.5×100%=18.32%
(10)营业毛利率=(15 211−11 261)/15 211×100%=25.97%
(11)总资产净利率=954/9 483×100%=10.06%
总资产报酬率=(954+328+521)/9 483×100%=19.01%